功能性国际城市

——基于全球产业价值链理论的城市战略功能平台构建

张健 【著】

图书在版编目(CIP)数据

功能性国际城市：基于全球产业价值链理论的城市战略功能平台构建 / 张健著. -- 上海：同济大学出版社,2021.7
ISBN 978-7-5608-9660-1

Ⅰ.①功… Ⅱ.①张… Ⅲ.①城市建设－国际化－研究－中国 Ⅳ.①F299.21

中国版本图书馆CIP数据核字(2021)第141909号

功能性国际城市——基于全球产业价值链理论的城市战略功能平台构建
张健 著

策划编辑 吕炜　　**责任编辑** 吕炜　　**助理编辑** 吴世强　　**责任校对** 徐春莲

出版发行	同济大学出版社　www.tongjipress.com.cn (地址：上海市四平路1239号　邮编：200092　电话：021-65985622)
经　　销	全国各地新华书店
排　　版	南京月叶图文制作有限公司
印　　刷	上海安枫印务有限公司
开　　本	889mm×1194mm　1/16
印　　张	15.5
字　　数	496 000
版　　次	2021年7月第1版　2021年7月第1次印刷
书　　号	ISBN 978-7-5608-9660-1
定　　价	129.00元

本书若有印装质量问题,请向本社发行部调换　　版权所有　侵权必究

序

当今世界面临百年未有之大变局,全球治理体系和国际秩序变革加速,新一轮科技革命和产业变革如火如荼。伴随着全球范围内生产力空间布局的整合,城市群已成为全球产业价值链组织、治理的关键性空间载体。在经济全球化时代,世界级城市群是生产力空间布局的最高形式,国与国的竞争主要是通过世界级城市群来进行。综合国力的竞争,其实质和基础就是基于全球产业价值链的经济产业竞争。世界级城市群具有全球产业价值链的高度连通性,能高效地获取全球性的高端生产要素,能在全球产业价值链的价值创造和价值链治理上发挥更为重要的作用,从而成为世界城市网络体系中至关重要的价值中枢和功能中枢。

在已经进入中国特色社会主义新时代和高质量发展新阶段的当下中国,发展城市群已经成为共识。京津冀协同发展、长三角一体化、粤港澳大湾区这些重大顶层设计,均是生产力空间布局中具有重大意义的国家战略。这些具有全球影响力的城市群,是我国经济发展最活跃、开放程度最高、创新能力最强的区域,在国家现代化建设大局和全方位开放格局中具有举足轻重的战略地位。如何更好地实现城市群在引领全国高质量发展、完善改革开放空间布局、打造发展强劲增长极等方面的作用,进而提升城市群在世界经济格局中的能级和水平,引领全国参与全球合作和竞争,是新时期城市群发展要面对的命题。

世界级城市群的高质量发展,除了受其中处在核心地位的全球城市的带动引领外,还与世界级城市群中为数众多、地域范围广的二级城市(包括众多的地级市)向功能性国际城市成功进阶有关。这些城市的发展对全球城市区域的空间构建、世界级城市群整体竞争力的提升至关重要。唯有成功进阶功能性国际城市,才能在世界城市网络体系中承担起特定的职能分工并具有独特价值。这需要城市决策者对城市进行准确的功能定位,并坚定地走专业化崛起和国际化的道路。

向功能性国际城市的顺利进阶,关键在于构建与功能性国际城市相对应的城市战略性功能平台,这是城市发展的规律,也是世界上不少先进城市的成功实践所展现出的结论。这些功能平台包括战略性枢纽平台、现代科创服务功能平台、国际会展博览功能平台、城市共享空间功能平台、国际旅游度假功能平台等。当然,不同城市的战略性功能平台会有所区别,在规模和能级上会有所不同,但都必须具有国际化的属性和服务能级,这是所有功能性国际城市的战略性功能平台的共性。

国内不少城市,包括京津冀、长三角和粤港澳大湾区这些世界级城市群中的很多二级城市,由于不具有符合世界城市网络体系需求的独特网络价值,正面临着被边缘化的风险。这些城市的决策者和管理者,也意识到这一问题,开始制订战略蓝图并付诸实践。但从实际效果来看,并不理想,这些城市普遍缺少高瞻远瞩的战略定位，没有行之有效的发展措施，有限的城市资源在打造功能性国际城市中捉襟见肘。未来一个阶段，是这些二级城市的战略机遇期，也是难得的窗口期，一旦失去就可能意味着这些城市将被彻底地边缘化。城市发展比以往任何时候更迫切地需要科学的理论指导。

张健作为一名城市规划工作者，对城市发展理论有着深刻的理解。对国内外先进城市的广泛游历和对若干国内城市重大规划项目的规划实践，使得他对城市和城市群的发展规律、城市发展的历史方位感、城市面对的战略挑战和主要矛盾，都有着独到且深入的见解。作为一名兼具深厚理论功底和丰富规划实践经验的专业人士，他完成了这本书的写作。这本书不仅有扎实的理论基石，翔实的案例分析，还包含了作者亲自负责的四个城市规划实践项目，对于二级城市如何实现向功能性国际城市的进阶，以及如何构建战略性功能平台，都具有非常强的实践指导价值。希望这本书所讨论的问题，能够引发更多专家学者和城市决策者、管理者的深入思考。

城市，让生活更美好！这是我们城市规划从业者的共同心愿，以此作为结语，共勉！

是为序。

吴庐生

2021年4月21日于上海

前言

随着经济全球化的深入发展，国家之间综合国力的竞争主要通过世界级城市群这一先进生产力高度集聚的空间载体来进行。正是因为对这一规律的深刻认识，当前，城市群已经成为我国生产力空间布局明确而坚定的战略选择。京津冀协同发展、长三角一体化、粤港澳大湾区这些重大国家战略皆围绕"打造有全球竞争力的、能引领全国参与全球竞争的世界级城市群"这个核心。

世界级城市群中有"全球城市""区域性国际城市""功能性国际城市"三级城市。处于核心的是全球城市，它在社会、经济、文化或政治层面对全球事务有举足轻重的影响，扮演着全球金融中心、跨国公司总部和国际组织总部集聚地、主要的交通枢纽等重要角色。中间层是区域性国际城市，其总体影响力比全球城市小，但也有着雄厚的经济实力和区域性国际高端资源，具有一定程度的全球影响力。但在世界级城市群中，为数最多、地域最广的还是功能性国际城市，它们发展的成功与否，对世界级城市群的整体竞争力有着至关重要的影响。功能性国际城市，是在世界城市体系中承担特定职能分工、在世界城市网络体系中具有独特价值和国际化属性的城市。它们能便捷快速地连接到世界城市体系中去，它们通过准确定位、专业化崛起来实现自身在世界城市体系中的特定职能和独特价值。

一个区域或一座城市基于全球产业价值链的经济产业竞争力，是决定其在世界城市体系中功能地位和扮演角色的基础和核心。一座城市越能高效地获取全球性的高端生产要素，就越能在全球产业价值链上进行更高的价值创造并获得产业价值链治理的话语权，就越有条件在全球生产要素的空间再布局中获得新机会，这座城市也将在世界城市体系中成为具有更高价值的城市网络节点。

当前世界级城市群中为数众多的二级城市并不具有符合世界城市网络体系需求的独特网络价值，它们正面临着被边缘化的危机。它们的唯一出路在于向功能性国际城市进阶，而成功进阶的关键在于构建城市的战略性功能平台。只有构建了高效的、具有国际化属性和服务能级的城市战略性功能平台，城市才有机会融入全球产业链，获取全球产业价值链中包括知识、信息、人才和资本等在内的创新密度大、价值含量高的核心生产要素，才有机会成为世界城市网络体系中的价值节点。根据先进城市的发展规律，这些战略性功能平台包括但不限于以下类型：具有全球联通度的战略性枢纽平台、中央商务区战略性功能平台、城市共享空间功能平台、科技商务区战略创新功能平台、文化创意战略性功能平台、国际贸易和物流功能平台、国际会展博览功能平台、国际旅游度假功能平台、智能制造产业基地功能平台、具有国际属性的特色小镇等。这些城市战略性功能平台，对补齐这些二级城市在现代生产性服务业和消费性服务业高价值端的短板，具有非常重要的现实意义。

本书上篇概述了功能性国际城市研究的理论和研究背景,包括功能性国际城市的界定和演进动力,研究的理论基石(包括基于全球产业价值链的产业理论体系和基于世界城市网络体系的城市理论),以及全球经济和我国发展战略的深刻变革。中篇重点阐述了功能性国际城市中常见的十大战略性功能平台,通过对先进城市的案例分析,阐述了战略性功能平台的构建。下篇是关于功能性国际城市的战略性功能平台构建实践。四个城市规划实践案例都是我亲自参与规划实践的,包括邢东新区构建推动邢台走向功能性国际城市的战略大平台,秦皇岛西港区构建一流国际旅游功能性城市的中央功能区,临沂高新区构建临沂迈向功能性国际城市的战略引擎,济南新旧动能转换先行区崔寨科学城片区构建济南向更高国际化水平城市进阶的战略创新空间。

本书顺利完成,首先要感谢我的导师戴复东院士和师母吴庐生先生,戴院士虽然离开我们已经三年有余,但他的谆谆教诲至今仍萦绕在我耳畔,一辈子都不会忘怀。其次,感谢本书所涉及规划项目的领导,他们具有全球视野和战略思维,高屋建瓴地为规划指明了方向;感谢规划管理部门的领导和专家,他们使得规划更具有实操性、更接地气。最后,感谢苏涛永教授、雷鹏飞博士,他们为本书提供了建设性修改意见。

本书包含了较多的案例分析,其中有部分图片和案例资料来源于网络公开资料,但由于条件所限,无法找到原作者,在此一并表示感谢。如有版权方面的事宜需要商榷,可与我联系,电子邮箱为575153873@qq.com。

2020年11月于上海

目录

序
前言

上篇　功能性国际城市的理论研究

1　功能性国际城市的内涵与核心演进动力 …… 003
  1.1　功能性国际城市的概念　/ 004
  1.2　基于全球产业价值链理论的世界城市网络体系演进动力机制　/ 004
  1.3　进阶功能性国际城市的关键在于城市战略性功能平台的构建　/ 005

2　理论基石一：基于全球产业价值链的产业理论 …… 007
  2.1　迈克尔·波特的价值链理论　/ 008
  2.2　全球价值链理论　/ 012
  2.3　产业聚集理论　/ 022
  2.4　生产性服务业理论　/ 027
  2.5　彼德·霍尔的文化工业理论　/ 031
  2.6　经典产业选择理论　/ 033

3　理论基石二：基于世界城市网络体系的城市理论 …… 035
  3.1　弗里德曼的世界城市假说　/ 036
  3.2　萨森的全球城市假说　/ 038
  3.3　克鲁格曼的新经济地理学　/ 039
  3.4　霍尔的巨型城市区域理论　/ 044
  3.5　全球城市区域：全球城市发展的地域空间基础　/ 045
  3.6　卡斯特的流空间理论　/ 049
  3.7　城市网络理论　/ 050
  3.8　经典城市理论　/ 054

4 全球经济和国家发展战略背景的深刻变革 057
- 4.1 全球经济的深刻变革 / 058
- 4.2 国家发展战略的转变 / 060

中篇　十大战略性功能平台

5 十大战略性功能平台的构建与案例分析 065
- 5.1 战略性枢纽功能平台 / 067
- 5.2 中央商务区战略性功能平台 / 071
- 5.3 城市共享空间功能平台 / 079
- 5.4 科技商务区战略创新功能平台 / 088
- 5.5 文化创意战略性功能平台 / 097
- 5.6 国际贸易和物流功能平台 / 108
- 5.7 国际会展博览功能平台 / 110
- 5.8 国际旅游度假功能平台 / 113
- 5.9 智能制造产业基地功能平台 / 117
- 5.10 泛城市区域的国际化功能平台空间——特色小镇 / 123

下篇　功能性国际城市的战略功能平台构建实践

6 邢东新区——邢台走向功能性国际城市的战略大平台 129
- 6.1 战略谋划：邢台迈向功能性国际城市，迫切需要构建战略大平台 / 130
- 6.2 战略破局：将邢东新区作为邢台国际化的战略突破口 / 135
- 6.3 战略落位：以高铁枢纽和中央生态公园为支点，打造国际化邢东新区 / 142

7 秦皇岛西港区——一流国际旅游功能性城市的中央功能区 177
- 7.1 关于秦皇岛发展的重大战略思考 / 178
- 7.2 以城定港——西港区的发展方向 / 180
- 7.3 西港区的战略定位——世界级国际旅游城市中央功能区 / 181
- 7.4 秦皇岛的产业分析与引擎平台 / 182
- 7.5 西港区的城市功能定位 / 189
- 7.6 西港区功能规划 / 190

7.7　西港区城市设计九大要点　／193

3　临沂高新区——临沂迈向功能性国际城市的战略引擎 199

8.1　临沂高新区：临沂城市进阶需要新的战略空间　／200

8.2　"生态智城"定位下的八大产业平台和总体空间规划　／205

8.3　重点片区设计：生态和创新双轮驱动下的城市战略性功能平台构建　／210

9　济南新旧动能转换先行区崔寨科学城片区——济南向更高国际化水平城市进阶的战略创新空间 219

9.1　济南新旧动能转换先行区——济南走向国际化大都市的历史新机遇　／220

9.2　济南新旧动能转换先行区总体规划要点概述　／221

9.3　崔寨科学城片区城市设计要点及战略平台构建　／223

参考文献 234

城市，让生活更美好

——2010年上海世界博览会

上 篇

功能性国际城市的理论研究

1

功能性国际城市的内涵与核心演进动力

1.1 功能性国际城市的概念

1.2 基于全球产业价值链理论的世界城市网络体系演进动力机制

1.3 进阶功能性国际城市的关键在于城市战略性功能平台的构建

1.1 功能性国际城市的概念

功能性国际城市,是指在世界城市体系中承担特定职能分工、在世界城市网络体系中具有独特价值和国际化属性的城市。一般而言,功能性国际城市具有发达的现代生产性服务业和消费性服务业的高价值端,能够在世界级城市群中承担一个或者多个特定的具有国际化特点的功能。

在经济全球化时代,世界级城市群是生产力空间布局的最高形式,城市的功能定位必须在世界城市体系或者城市群的大视野下进行。城市的各种结构性因素(资源、区位、产业等)决定了城市在一定区域范围内所能承担的政治、经济、文化、社会职能。世界城市体系的功能分工、分级随着全球化的深化拓展而不断演进。根据要素禀赋、战略地位、产业优势等因素,世界城市体系中的城市可以分为全球城市(Global City)、区域性国际城市(Regional International City)、功能性国际城市(Functional International City)三级。其中,全球城市或世界城市,指在社会、经济、文化或政治层面对全球事务有举足轻重影响的城市。目前,世界上公认的全球城市仅纽约、伦敦和东京三个,它们扮演着全球金融中心、跨国公司总部、国际组织总部、主要的交通枢纽等重要角色。区域性国际城市,总体影响力比全球城市小,主要有三方面特征:经济实力雄厚、区域性国际高端资源流量与交易量巨大、具有一定的全球影响力,如巴黎、柏林、北京、上海、香港、大阪、芝加哥等。

相比全球城市和区域性国际城市,功能性国际城市在全球城市体系中的影响力、控制力和城市规模、经济总量都不如前两类城市,在全球治理和产业链掌控方面尚没有太大的话语权。但功能性国际城市也有其特征:一是具有国际化属性,一般具有较好的全球联通度,通过自身的航空、港口等国际战略通道,或者连接区域内全球城市的快速通道,能够便捷快速地连接到全球城市体系中去,更为便捷地实现全球范围内信息、知识、高端人才、资金和其他生产要素的获取和流通,更好地承接跨国公司在全球范围内的生产力布局;二是在世界城市体系中承担特定职能,具有独特的价值。在城市主导功能定位上高度聚焦,以专业化的功能实现自身在城市价值网络中的突破。如欧盟和北约总部所在地布鲁塞尔将自身定位为"欧洲之都",聚集了大批高科技公司的印度班加罗尔将自身定位为"亚洲硅谷",荷兰鹿特丹将自身定位为"国际航运中心"。

1.2 基于全球产业价值链理论的世界城市网络体系演进动力机制

第二次世界大战以来,世界范围内由跨国公司主导的经济全球化和生产区域化快速发展,也成为推动世界格局演进的国际性和区域性动力。而这两大动力都基于全球产业价值链理论基础,跨国公司根据全球产业价值链上的价值创造、分配和价值链治理要求,在全球范围内进行生产要素的空间再布局和再组合。世界经济全球化加速发展、经济活动的日益全球化,极大地推动了以制造业为主的经济生产活动在全球范围内不断扩散;同时,商务交易的复杂性增加,伴随着通信技术的发展,对这种生产活动的控制不断地向世界级大城市集中。承担着高度集中化的世界经济控制中心功能的全球城市,以及以全球城市为核心的世界级城市群,已经成为经济全球化时代国家参与国际竞争的载体和平台,生产力要素也加速在全球范围内进行新的空间布局演进和整合。这一全球化趋势反过来推动着国内或者说区域性的城市进一步发展,朝着更高水平、更高质量的城市化发展方向演进。正是在这样的动力推动下,以全球城市为核心的,包括一批功能性国际城市在内的世界级城市群不断形成,并在空间上表现为全球城市区域。

在这一演进过程中,原来松散的城市群落会演变成有机的、基于产业链分工和职能协同的城市网络体系,并逐步形成多中心、网络化、扁平化的空间形态。这一演进过程伴随着网络内部城市战略地位的重塑和城市职能、产业链的重新分配。随着全球城市区域的形成,区域内除首位城市以外,周边其他城市也开始承担部分全球城市的功能,并与全球城市一起成为全球市场竞争的地域功能平台。全球城市区域中围绕全球城市的众多周边城市,就是功能性国际城市。它们在世界城市体系中承担特定的职能分工,在世界城市网络体系中具有独特的价值和国际化属性。区域内城市之间的经济关系,逐步从传统的垂直产业分工体系,向网络化、扁平化的职能分工体系转变。这是世界城市群发展所呈现出来的普遍规律。

1.3 进阶功能性国际城市的关键在于城市战略性功能平台的构建

对于全球城市区域中的众多周边二级城市而言,并非天然地具有符合世界城市网络体系需求的独特网络价值,就能承担城市网络所需要的特定职能分工。事实上,目前很多全球城市区域中的二级城市正处在被边缘化的过程中,既没有战略性产业、战略性通道这些核心城市竞争力要素,现代生产性服务业滞后,缺少符合国际化要求的消费性服务业高价值端,也没有建立起与全球城市的互补互融关系,没有能够真正融入全球产业链和价值链中去。

当然,我们必须看到,对于这些周边二级城市而言,危机与机遇是并存的。当前全球城市区域的价值网络构架正在演进之中,尚未定型,每一座二级城市都有承担特定职能分工、打造世界城市网络体系中独特价值节点的战略机遇。把握这一历史机遇,关键是要有明确且富有远见的城市功能战略定位,在世界城市体系中寻找自身的功能坐标。很显然,功能性国际城市符合这些全球城市区域中的二级节点城市的战略定位。

世界级城市群中的二级城市如何才能实现向功能性国际城市的进阶?从城市

规划学科来看,关键在于城市要加快构建城市功能平台,主要是现代生产性服务业和消费性服务业的高价值端集聚平台。城市本身是"最具深度的基础设施",在全球化经济时代,城市本该具有带领区域连通世界和获取价值链核心要素的强大平台功能。融入全球产业链,获取全球产业价值链中的核心要素,如知识、信息、人才和资本等创新密度大、价值含量高的核心生产要素,除了要有机场、高铁、航运等战略通道,让世界创新性的商务流、人才流、信息流等便捷地汇聚于目标城市,更要紧的是城市要有对核心要素的承接能力、利用能力、消化和吸收乃至进一步创新的能力。这些能力的构建,就需要城市具有战略性的功能平台。

从现代生产性服务业看,包括现代物流、信息服务、服务外包、金融、科技服务、商务会展、科技研发等在内的现代生产性服务业,具有创新性要素高度集聚、创新活动密集的特点,隐性知识频繁、高质量地在创新人群和组织中的传播、扩散,自然会对活动产生空间高度集聚性的内在要求。因此,建设城市级的现代生产性服务业集聚区,对发展现代生产性服务业至关重要。

从消费性服务业的高价值端看,城市创新要素的获取,核心是获取知识、信息和人才等高端创新要素。在这些要素中,人才是最具有主观能动性的因素,只有融入城市群乃至全球范围去获取、利用好高端人才这个要素,才能够保证持续的创新,才能够生产、吸纳和利用好知识与信息这些创新要素。对于高端人才尤其是国际人才的吸引,城市中适合高端人才生活方式的设施和环境至关重要,而这正是高度发展的消费性服务业所能提供的。为适应国际化的生活方式,在城市的平台建设上,要以创新要素集聚的城市活力空间和现代消费性服务业的平台建设为要旨,构建适合国际人才生活方式的消费性服务业平台,包括国际社区、国际医院、国际购物和国际消费中心这样的城市平台空间。

理论基石一：基于全球产业价值链的产业理论

2.1 迈克尔·波特的价值链理论

2.2 全球价值链理论

2.3 产业聚集理论

2.4 生产性服务业理论

2.5 彼德·霍尔的文化工业理论

2.6 经典产业选择理论

现代城市是集经济功能、政治功能、社会功能和文化功能等于一体的复合功能承载空间。在全球化时代，一座城市在世界城市网络体系中的地位和作用，从根本上取决于该城市在全球价值链治理体系中的地位。当前国家间的竞争主要通过城市群的竞争来实现，城市越具有开放性和国际性，与世界城市网络体系中的其他城市联系越紧密，则在获取知识、信息、人才和资本等关键生产要素上越有优势，越有条件在全球产业价值链上占据有利地位，越有机会成为世界城市网络体系中的价值节点。二级城市向功能性国际城市进阶，必须要从全球视角和全球产业价值链的高度来确定自身经济与主导产业的发展方向。为此，研究城市尤其是功能性国际城市，需要有基于全球产业价值链的产业理论和基于世界城市网络体系的城市理论作为理论基石。本章和第3章将分别对这两方面加以介绍。

2.1 迈克尔·波特的价值链理论

2.1.1 理论概述

1985年，哈佛商学院教授迈克尔·波特（Michael Porter）在《竞争优势》（*Competitive Advantage*）一书中指出，"每一个企业都是在设计、生产、销售、发送和辅助其产品的过程中进行种种活动的集合体。所有这些活动可以用一个价值链来表明。"企业的价值创造是由一系列活动构成的，这些活动可分为基本活动和辅助活动两类：基本活动包括内部后勤、生产经营、外部后勤、市场营销、服务等；辅助活动则包括采购、技术开发、人力资源管理和企业基础设施等。这些互不相同但又相互关联的生产经营活动，构成了一个创造价值的动态过程，即价值链。价值链管理强调企业应该从总成本的角度考察企业的经营效果，而不是片面追求单项业务活动的优化，通过对价值链各个环节加以协调，提高整个企业的业绩水平。波特分析了一般企业的价值链构成，提出了基本的价值链结构模式（图2-1）。波特的价值链理论揭示出，企业与企业的竞争，不只是某个环节的竞争，而是整个价值链的竞争，整个价值链的综合竞争力决定企业的竞争力。用波特的话来说，"消费者心目中的价值由一连串企业内部物质与技术上的具体活动与利润所构成，当你和其他企业竞争

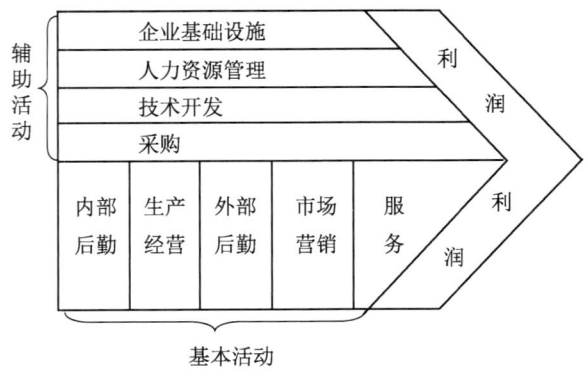

图2-1 企业活动价值链示意

时,其实是内部多项活动在进行竞争,而不是某一项活动的竞争。"

在《竞争优势》一书中,波特还突破企业的界限,将视角展到不同企业之间的经济交往,提出了价值系统(value system)的概念。在价值链的组成中,企业的上游供应商创造了上游价值,销售渠道创造了价值链中的渠道价值,企业的产品最终会以买方价值的形式进入买方价值链。这样,从上游价值到买方价值,形成一个完整的价值系统。

需要指出的是,在波特的价值链理论之外,已经有不少学者对"产业链""供应链"等概念进行了广泛的研究。这三者是内涵有区别,同时又有广泛联系的概念。产业链的本质是用于描述一个具有某种内在联系的企业群结构,它是一个相对宏观的概念,它存在结构属性和价值属性二维属性。产业链中大量存在着上下游关系和相互价值的交换,上游环节向下游环节输送产品或服务,下游环节向上游环节反馈信息。而供应链更多从产品和服务的实体,而非价值角度进行产业的上下游关系研究。供应链指生产及流通过程中,涉及将产品或服务提供给最终用户活动的上游与下游企业所形成的网链结构。例如制造业的供应链,通常是围绕核心制造企业,从配套零件开始,制成中间产品以及最终产品,最后由销售网络把产品送到消费者手中的,将供应商、制造商、分销商直到最终用户连成一个整体的功能网链结构。

2.1.2 价值网络分工模型

Callahan 和 Pasternack 提出,为了应对经济全球化和新经济时代的挑战,提升企业竞争力,具有不同价值链的企业纷纷采取合作战略,把各自的价值链连接起来,转化为企业之间的价值星系(value constellation),进而演变成一个包含有供应商、渠道伙伴、服务提供商及竞争者的价值网络。如图 2-2 所示,价值网络按照功能由三个部分的活动构成:一是价值链活动,通过上下游企业一连串的价值创造活动,不断改变产品的性状并赋予其一定的功能属性,能够满足客户的需求;二是供应链活动,表现为商品的空间转移,包括原材料、中间产品和商品在供应商、制造商、销售商、消费者之间的转移和交接过程,供应链的效率越高,则转移成本越低;三是产业链的整合,不同产业上下游通过信息传递、知识共享,在价格、产量、策略等方面实现纵向协同,更好地满足市场需求,获得一体化的产业链利润,这个功能主要由产业链集成者

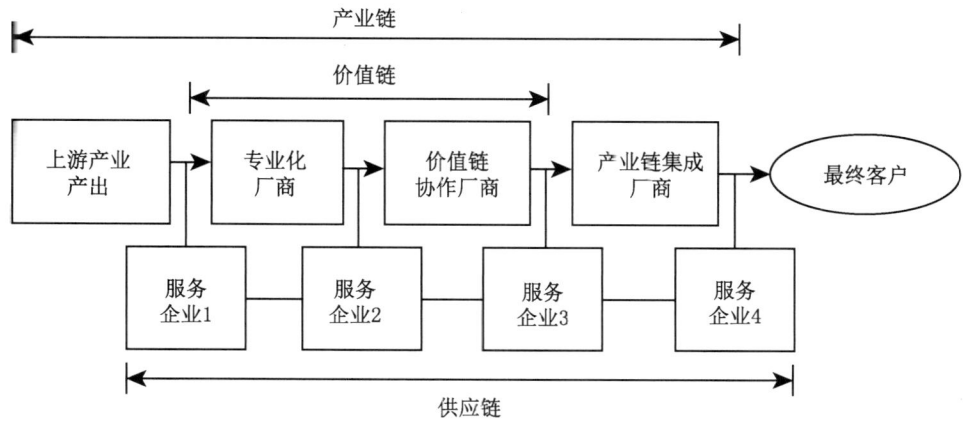

图 2-2 基于价值链、供应链、产业链的价值网络

来承担。价值链、供应链、产业链不同类型的活动交织在一起,形成价值网络,并通过价值创造、价值传递和协同等功能的履行,最终完成对客户的最终价值交付。

Sturgeon 和 Lee 通过对产品和过程标准化程度两个维度的分析认为,在价值链分工格局下,发展中国家的企业从事的是标准化的生产环节,更易成为发达国家的俘获型供应商。发达国家的企业(以跨国公司为代表)控制整个价值网络的演进方向,发达国家与发展中国家各自形成了分工的高水平均衡和低水平均衡,发达国家处于价值链的高端,发展中国家处于价值链的低端。发达国家的企业成为产业链的集成者,通过瀑布效应控制整个产业链,从而完成利益的转移。发展中国家企业不掌握终端的需求信息,也不掌握影响产业发展的核心技术,只是被动地参与全球分工,这导致发展中国家的价值链被"俘获",并被锁定于价值链的低端。

2.1.3 价值链升级

1. 微观视角下的企业价值链升级:基于新比较优势参与国际分工

企业要想在价值链升级过程中获得更大收益,需要遵循以下三个原则。

(1) 系统集成产品选择的新比较优势原则。企业应根据当前的分工水平,选择具有一定复杂度、适应当前收入水平的产品,以此获得与发达国家跨国公司相对的新比较优势,这样才能赢得一定的发展空间,让自己逐步培育和提升产业链的系统集成能力。

(2) 系统集成能力的价值网络支持原则。企业系统集成能力依赖于自主发展型价值网络的分工深化程度和产业链整合能力。推进产业结构优化,关键是进行价值网络重构,形成具有内生分工演进能力的市场化网络联系。通过扩大市场规模,支持分工的深化,获得越来越高的迂回生产报酬递增效果。最终通过全球化布局使得自己也成为具有全球产业链集成能力的跨国公司,获得竞争优势。

(3) 适度相关多元化原则。企业在转型升级过程中可以选择具有新比较优势的一些产品,通过适度多元化积累资源。但是,最终要选择最具竞争优势与潜力的业务,集中资源做大做强。

2. 宏观视角下的产业结构优化路径:从新比较优势到竞争优势

发展中国家的产业结构优化升级路径,必须从构建比较优势出发。最初,发展中国家处在传统比较优势区域,在低分工水平下,主要依靠初级要素禀赋带来的优势出口初级产品。由于发达国家和发展中国家之间存在初级品和制成品贸易的剪刀差,发展中国家只能分享有限的比较利益。这种发达国家处于"中心",发展中国家处于"外围"的不平等格局,使发展中国家在产业结构优化的初级阶段陷入"悲惨的增长"。在价值链全球分布背景下,传统的产品分工让位于价值链分工,发展中国家处于低水平分工均衡地位,只能被动参与全球价值链分工,处于价值生产和分配的低端,获得分工收益有限。由于价值链被俘获,以及发达国家对发展中国家产业升级的阻击,发展中国家产业升级面临严重的困难。随着发展中国家工资水平的上升,劳动力低成本优势被削弱,以及其他成本更低的不发达国家加入竞争,发展中国家处于"夹在当中"的困境。如果均衡的分工水平没有提升,则原有的价值链分工状态也可能无法维持,发展中国家有被挤出全球分工体系的危险,这会使发展中国家跌入"中等收入陷阱"。

应对之策,唯有通过深化分工,构建比较优势。发展中国家能进一步推动分工深化,在较高的分工水平下,重新获得产品分工的比较优势,这就进入了新比较优势区域。发展中国家必须根据自身的产业环境选择具有新比较优势的产品,培养出本土的产业链系统集成企业,建立自主发展型价值网络。发展中国家需要建立系统的视角,推动价值链重组、供应链重组和产业链重组,通过三链重组的协同系统地降低交易成本、供应链成本,促进分工深化,使本国的分工水平能够越过瀑布效应区。在进入新比较优势区域后,发展中国家由于已经以产业链系统集成商为龙头建立了自主发展型价值网络,在此基础上可以通过降低交易成本,进一步提高分工水平。随着分工深化,发展中国家可以依据比较优势的动态变化,逐步选择更具复杂度的产品,最终达到能够与发达国家一样,生产具有同等高分工效应的产品,这就进入了竞争优势区,由原来"被俘获"状态下的垂直分工转变为具有"主导权"的水平分工。

2.1.4 对波特的价值链理论的评价

1. 重要意义

波特提出的价值链理论,在企业战略管理领域具有划时代的意义。

(1) 该理论强调了企业活动、价值创造、企业竞争力的内在关系。以价值创造为核心,理论模型将企业活动、价值创造和企业竞争力三者统一起来,即通过对企业活动的优化,包括对基本活动、辅助活动两大类型企业活动的优化,提升价值创造的能力,而越多的价值创造意味着更大的企业市场竞争力。这样三位一体的分析模式为企业战略管理提供了具有很强操作性的逻辑框架和战略举措选择。

(2) 值得一提的是,波特的价值链理论强调了广发的关联性,不局限于将企业内部的价值链作为研究对象,更是扩大到了产业链,认为企业与产业链上的其他企业相互交织、相互影响,形成外部价值链,与内部价值链共同构建成企业价值网络。这极大地拓宽了企业战略管理的应用场景和研究范围。

2. 不足之处

必须承认,波特的价值链理论也存在诸多不足。

(1) 波特的价值链理论主要基于产业竞争的大背景,但在全球经济新形势下,企业、产业之间的竞争与合作并存。由于产业链的日益细化和延伸,企业之间的合作显得更为重要。竞争常常导致对立,但社会财富不一定因此而增加。

(2) 波特的价值链理论更多关注于提高企业的短期竞争能力,对于企业长期核心竞争力的关注则显得不够。长短期之间的利益常常是矛盾的,例如无形资产能在未来带来更多的收益,而削减成本投入是为了改善短期的财务表现,这二者显然是冲突的。企业在制订战略时通常都希望实现持续增长的价值目标,而在实际操作过程中,执行人员又比较倾向于改善企业当前的财务状况。波特的价值链理论并没有为二者之间的矛盾提供一个很好的解决方法。

(3) 波特的价值链理论在核心目标设定上,对可持续的股东价值关注不够。但随着资产证券化在全球范围的推进,可持续的股东价值最大化已经成为越来越多的企业核心目标。

(4) 价值链关注的是内部管理优化对价值创造的影响,在短缺经济时代,也许更多的产出基本上等同于更多的客户需求被满足,但随着经济进入个性化需求时代,产出与客户价值需求之间已经不能直接画等号。随着服务经济和知识经济的迅速崛起并成为经济的主要组成部分,企业必须要从关注内部生产活动为主,转向关注客户价值需求为主。

(5) 波特的价值链理论将空间地理因素高度抽象化,而产业集聚这一能很大程度上影响企业的资源可获得性和创新能力的因素,与空间地理因素是密不可分的。

2.2 全球价值链理论

在经济全球化的背景下,跨国公司主导产业价值链上的各个环节,在全球空间范围内通过分离、重组和价值链治理活动,产生出更大的价值生产活动。随着国际分工的进一步细化,价值链也变得更加复杂,内部环节不断增加,空间分离更是在全球范围内展开。在这样的产业背景下,企业如果只提高价值链中单个环节的效率,则价值链收益提升很有限,企业必须要系统性地在全球空间范围内,协调整个价值链中各个环节的活动,才可能使整个价值链产生更大的价值生产,更具有核心竞争力。全球价值链的组织、空间分布、价值生产和收益分配,以及企业和地区如何实现在价值链上向更高价值环节的升级,是全球价值链理论研究的核心问题。

2.2.1 全球价值链的概念

根据联合国工业发展组织的定义,全球价值链(Global Value Chains,GVC)是指为实现商品或服务价值而连接生产、销售、回收处理等过程的全球性跨企业网络组织,涉及从原料采购和运输、半成品和成品的生产和分销,直至最终消费和回收处理的整个过程。相比传统价值链在企业组织中的纵向维度特征,全球价值链是价值增值在国际经济关系中的体现,全球生产网络则进一步成为全球价值链发展的高级形式。产品构成越复杂、生产工序越多,价值链的纵向维度就越长,并逐渐在组织规模和生产性主体上形成层级关系。与此同时,产业越庞大,进行专业化分工所获得的规模经济也就越大。价值链横向维度日益发展,将从地理分布上不断形成规模宏大、结构复杂的生产网络结构。

全球价值链理论的提出与发展,与经济全球化程度的日益加深是密不可分的。全球价值链的兴起源于生产工序的细化,生产工序的细化导致了碎片化生产的出现,片段化的生产环节散布于全球各个地区,生产环节的再组合打破了垂直形态的线性工序组合。在工序切分、片段生产到生产碎片再融合的过程中,全球价值链呈现出非线性化的扁平化形态。因此,基于垂直分工的生产扩散与片段融合使得全球价值链获得了全球扩张的能力。

最初波特提出的价值链理论主要针对垂直一体化公司,强调单个企业的竞争优势。随着跨国公司主导的国际外包业务在全球范围内日益增长,波特于1998年进一步提出了价值体系的概念,将研究视角扩展到不同的公司之间,这是后来出现的全球价值链理论的发轫。在此基础上,寇伽特(Kogut)首次提出了全球价值链的概念,他的观点比波特的观点更能反映价值链的垂直分离和全球空间再配置之间的关系。2001年,格里芬在分析全球范围内国际分工与产业联系问题时,完善了全球价值链理论。全球价值链理论提供了一种基于网络、用来分析国际性生产的地理和组织特征的分析方法,揭示了全球产业的动态性特征,这在很大程度上弥补了波特的价值链理论将地理空间高度抽象的不足。

2.2.2 全球价值链的动力、主体和空间组织

1. 分工深化是全球价值链空间片段化的内在动力

卢锋指出,产品内分工(intra-product specialization)是当代国际劳动分工的主要形式,主要指通过产品的工序分工和产品区段分工来组织跨国生产的一种分工形式,也有学者将产品内分工称作价值链分工。产品内分工推动了价值链不同环节(如生产区段或工序)在国际上的分散布局。各个生产环节根据生产要素投入的不同,在国际上进行垂直与水平分工布局。卢锋指出,水平分工主要为价值链生产要素在不同的价值区段上的分工,垂直分工主要为价值链生产要素需求相似的工序分工(图2-3)。例如,在计算机产业价值链中,通过水平分工可以将计算机生产过程划分为不同的零部件生产及组装等多个价值生产环节,而每个价值生产环节又可根据生产工序进行垂直分工,如芯片制造等。在现实的全球经济格局中,产品内分工主要通过跨国公司的公司内和公司间分工得以实现。其中,公司内分工主要以跨国直接投资为手段,而公司间分工主要以生产外包的形式实现。

由此可见,产品内分工塑造了价值链的组织模式,是价值链空间分散性产生的内在动因,而全球价值链是产品内分工的具体表现形式。

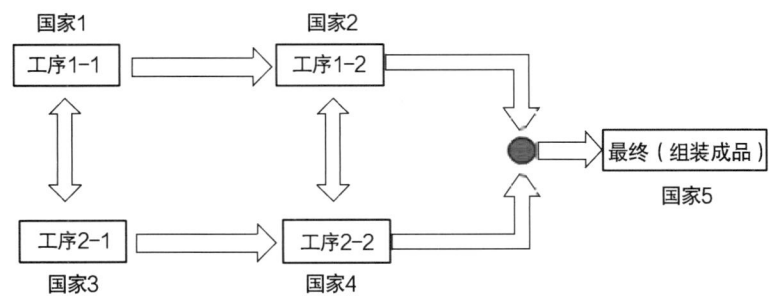

(a) 在国际范围内实现的生产分工

(b) 在(N×M)+1个国家之间实现的生产分工

图2-3 产品内分工的简单结构

(资料来源:《产品内分工》,卢锋)

2. 跨国公司是全球价值链治理的主体

迪肯提出,跨国公司是一个能够对在一个以上国家的经营活动进行协调和控制的企业,它甚至可以不拥有这些经营活动。跨国公司在组织全球经济的过程中,具有三个重要的能力:①协调和控制国家内部及国家之间价值链中不同过程与交易的能力;②利用生产要素(如自然资源、资本、劳动力)分布与国家政策(如税收、贸易壁垒等)地理差异的潜力;③在全球层面不同区位之间对资源和经营活动进行配置和转换的能力。全球经济的地理变化大多数由跨国公司投资的区位决策来塑造,同时也被跨国公司位于各个地方空间的分散经营活动之间的流(价值链)——原材料、半成品、成品、技术等塑造。

海默将跨国公司内部劳动力分工与区位论相结合,建立了跨国公司组织-空间模型,即海默模型。海默模型指出,在跨国公司不同部门的区位中存在空间等级结构;公司总部集中布局于少数主要的大都市区,区域性机构多布局于范围稍广的城市,生产单元则在发达国家和发展中国家的边缘城市呈现分散布局(图2-4)。

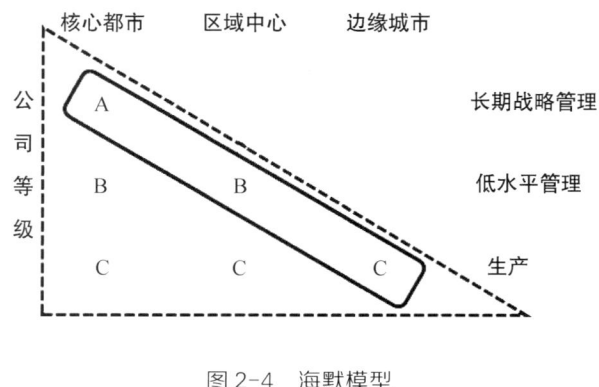

图 2-4　海默模型

(资料来源:《全球性转变——重塑21世纪的全球经济地图》,迪肯)

根据海默模型,跨国公司的功能在空间上分离后,不同功能单元通过各种组织内网络(跨国公司的内部网络)和组织间网络(跨国公司战略联盟、外包关系网络等),构建了全球价值链的复杂网络组织。跨国公司不同功能单元的地方嵌入,在空间上形成全球价值链的网络节点。由于经济活动的集聚,网络节点在空间上一般表现为地方专业化产业集群。地方专业化产业集群主要由不同规模的独立企业及多工厂企业(如跨国公司的分支机构及附属工厂)混合构成。这些不同形式的企业,共同构成一个地方(城市)的"组织生境"。

迪肯认为,跨国公司不同环节的地方嵌入,形成明显的全球分散而地方集中的地理模式。但由于跨国公司内部环节、功能的等级分工及优先供应商数量相对较少,且空间分布不均衡,跨国公司主导下的全球价值链网络节点通常嵌入一个不对称的多层级的权力结构之中。这种结构主要表现为企业内部关系、企业间关系、企业与地方关系及地方与地方关系四种关系网络。

3. 全球化与区域化相结合是全球价值链的空间组织模式

全球价值链在形式上虽然可以看作是一个连续的过程,但在经济全球化过程中,随着海外直接投资和外包网络的发展,价值生产的分散使得这一完整连续的价值链条发生空间片段化,在全球尺度离散地分布于不同国家及城市区域。尽管由于驱动模式的不同,各种产业或产品全球价值链的价值环节划分与组织模式不同,在地理空间上的布局模式也不尽相同,但在经济全球化背景下,跨国公司塑造下的产业或产品全球价值链的参与者,都会殊途同归地依据全球价值链各价值环节领导性公司或治理者公司的价值链空间布局来组织其全球生产,最后形成以跨国公司全球价值链为主的产业或产品全球价值链的价值生产空间。

跨国公司全球价值链一般可划分为研发与设计、生产与组装、管理与销售等环节。全球价值链中领导性跨国公司的价值链布局一般会影响供应商或代工商的价值链布局。领导性跨国公司通过海外直接投资或外包,将跨国公司区域总部、研发机构、生产单元等分支机构内嵌于各种专业化的地方产业,在全球范围内构建基于成本、技术及市场而形成价值生产的最佳区位组合。朱瑞博指出,领导性跨国公司以研发设计为基础,以开放共享为标准,将分布在不同区位的企业或企业集群,连接为一个有机的整体,以实现资源共享和优势互补。供应商或代工商根据领导性跨国公司全球价值链的空间布局,在世界范围内配置自身的价值链空间体系。一般情况下,其价值链环节中的研发、生产等环节,都根据领导性跨国公司相应价值环节进行区位选择。例如,Sturgeon 等在对汽车产业全球价值链的分析中发现,在北美地区汽车产业价值链空间组织基本依据整车厂商(如通用、福特、丰田、日产等公司)的价值链环节进行布局。跨国零部件供应商根据整车厂商价值链配置自身的价值链环节区位,形成了以底特律为总部和研发设计价值环节集聚地、其他城市为生产装配价值环节集聚地的价值空间生产模式。Fields 通过研究戴尔公司的全球空间组织发现,戴尔公司通过自身的全球价值链分布左右了供应商的空间布局。尤其是在生产环节,供应商基本选择靠近戴尔公司本身的组装厂或代工商的生产基地。有学者对长三角信息与通信技术产业价值链进行分析发现,以台资公司为主导的信息与通信技术产业呈现出"上海研发、苏州组装"的价值生产空间格局。

跨国公司主导下的全球价值链价值生产空间呈现出多维尺度的地理空间体系(图 2-5)。在全球尺度,领导性跨国公司通过自身价值链的空间布局影响各级供应商的价值链空间布局,在全球范围内形成总部、区域总部(管理销售)集聚的世界城市,研发环节集聚的研发型城市,以及生产环节集聚的生产型城市,各种类型城市在全球范围内呈现分散布局的特征。迪肯指出,在国家尺度上,由于全球化时代国家的重要性依然存在,全球价值链的价值生产空间在国家范围内形成次级的国家价值链价值生产空间体系,一般呈现出价值链各个环节在城市区域的地理集中布局模式。在城市区域尺度上,城市区域价值链各价值环节集中于不同的城市,形成以研发、生产、管理与销售为核心功能的城市产业集群。地方(城市)产业集群价值链、城市区域价值链、国家价值链嵌入跨国公司塑造的全球价值链的价值生产空间,形成多尺度城市网络的价值生产空间。这种城市网络价值生产空间既具有全球性,也具有区域性。全球性的城市网络价值生产空间由领导性跨国公司及跨国供应商的公司价值链构成,区域性的城市网络价值生产空间由领导性跨国公司、跨国供应商、地方性公司等区域价值链构成。在这种价值生产的空间结构中,跨国公司主导的全球、国家及地方价值链成为城市网络价值生产的联系管道,而城市网络成为价值链价值生产的空间载体。

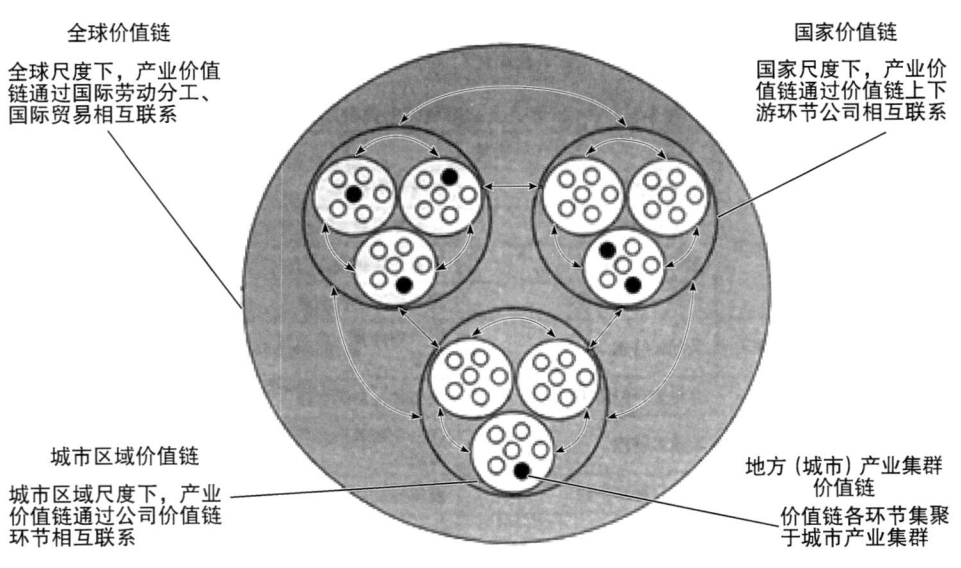

图 2-5 价值链的空间组织模式

(资料来源: *Value chains, networks and clusters: Reframing the global automotive industry*, Timothy Sturgeon, Johannes Van Biesebroeck and Gary Gereffi)

2.2.3 全球价值链价值生产的典型分配模式

1. 微笑曲线

在全球价值链的框架之下,价值链分工(片段化)使得各价值环节企业从事专业化的价值生产过程。由于各价值环节具有不同的技术、资本、劳动力要求,价值增值往往具有不均衡性。自施振荣提出"微笑曲线"概念后,学者们大多采用微笑曲线来分析价值链价值生产过程。一般认为,研发与设计、品牌管理是全球价值链增值最大的区段,而组装区段价值增值较小。

全球价值链可分为三大环节:①技术环节,包括研发、创意设计、提高生产加工技术、技术培训等环节;②生产环节,包括采购、系统生产、终端加工、测试、质量控制、包装和库存管理等环节;③营销环节,包括销售后勤、批发及零售、品牌推广及售后服务等环节。当国际分工深化为增值过程在各国间的分工后,传统产业结构的国际梯度转移也因此演变为增值环节的梯度转移。就增值能力而言,以上三个环节呈现由高向低再转向高的 U 形曲线,即"微笑曲线"(图 2-6)。全球价值链不同环节所创造的附加价值是不同的,获得的经济租多少也是不一样的。靠近 U 形曲线中间的环节,如零部件生产、加工制造、组装等环节,在全球价值链中创造出较低的附加价值,因而获得较低的经济租;靠近 U 形曲线两端的环节,如研发、设计、市场营销、品牌等在全球价值链中创造出较高的附加价值,因而获得更高的经济租。

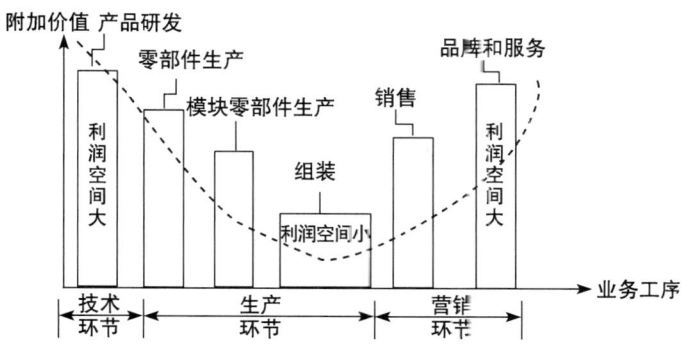

图2-6 全球价值链增值微笑曲线示意

例如,一家美国的服装公司可以在意大利完成设计,在印度采购天然面料,在韩国采购化纤辅料,在中国台湾地区采购拉链和纽扣,在中国大陆地区缝制成衣,然后在中国香港地区检验、包装,再出口到美国销售。一件服装的生产被分解为诸多的生产加工环节,并放在不同的国家和区域完成,形成整个价值创造过程。由于不同环节生产附加价值的不同,形成图2-7所示曲线。

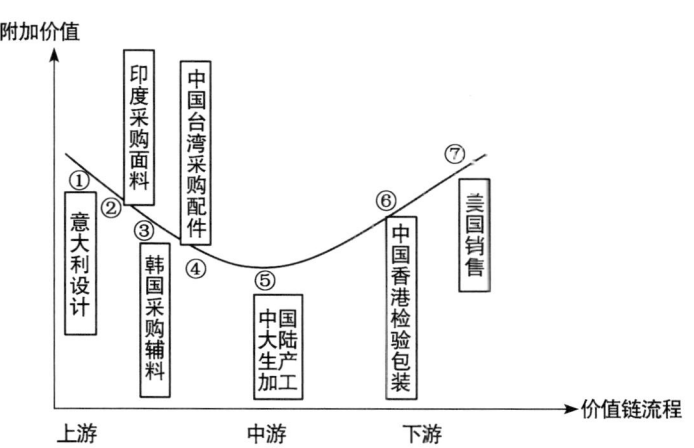

图2-7 美国某服装公司全球价值链示意

随着技术水平的不断提高,生产环节的进入门槛不断降低,导致越来越多的国家参与经济全球化进程中的生产(组装)过程,这一环节的"租"日益耗散,生产环节附加价值不断降低。因此,能产生较高"租"的领域越来越脱离具体生产过程而转向无形的过程,如研发和营销等领域,这些领域的活动通常是技术或知识密集型的,会形成较高的进入门槛和较长时间的知识产权保护,如长达70年的专利技术保护和接近永久性的品牌效应,是价值链中收益的重要来源。在知识经济时代,全球价值链上经济租的产生源泉正由有形活动转变为无形活动。这是因为无形活动越来越建立在知识和技能基础上,并且根植于组织体系中。一些无形活动,如物流控制、广告、产品设计、品牌推广等,在全球价值链上发挥了越来越重要的作用。因此,不难理解为什么大多数处于全球价值链生产环节上的发展中国家的地位远不如发达国家了。

2. 三大全球价值链的价值增值模式

在全球价值链分工不断深化的趋势下,不同产业、产品的生产过程日益复杂,海外直接投资、外包、代工、合同制造等新生产组织模式的出现及产品生命周期的变化使得全球价值链微笑曲线出现变形,不能完全解释纷繁复杂的价值生产过程,必须根据不同产业、产品的实际组织模式进行分类讨论与解释。张辉认为应该从价值增值过程序列的具体环节对全球价值链进行划分,并根据全球价值链价值生产过程,将全球价值链增值环节划分为生产环节和流通环节。生产环节主要包括全球价值链中的产品研发与设计、生产加工等环节,流通环节主要包括全球价值链中品牌管理与营销、物流配送、售后服务等环节,并对生产者驱动、购买者驱动和混合型驱动的全球价值链的价值增值模式进行分类研究。

生产者驱动的全球价值链和购买者驱动的全球价值链在价值生产过程中并不是在生产环节到流通环节的过程中产生等量的价值。生产者驱动的全球价值链的主要价值增值发生在生产环节,而在购买者驱动的全球价值链中,价值增值发生于流通环节。混合型驱动的全球价值链的价值增值在生产环节和流通环节都较强,在生产过程转向流通过程中,价值生产的边际增值率首先表现为递减变化,随后表现为递增变化。

对全球价值链价值分配的实证研究,必须以产业或产品的具体增值序列划分其价值增值环节。从目前关于全球价值链的研究文献可以看出,学者们对不同产业、产品全球价值链的价值环节划分大多采用工序划分或者模块划分方式;而对于生产模块大多为中间产品的,如信息与通信技术产业中的半导体元件产品,可进一步根据生产工序进行价值环节划分。

晶体硅太阳能电池产业全球价值链是典型的生产者驱动的全球价值链,其价值生产环节以工序组织为主,包括硅材料提炼、硅片生产、电池片生产和组件封装四个主要价值增值环节,文玫和张生丛对全球晶体硅太阳能电池产业价值链的研究指出,全球和中国晶体硅太阳能电池产业中各环节企业的毛利率从上到下呈"倒金字塔"结构:硅材料提炼占50%～60%、硅片生产占20%～30%、电池片生产占10%～15%、组件封装占5%～10%。其价值的形态并不是一条两头高中间低的微笑曲线,而是呈现出从左上到右下倾斜的形状。

玩具产业全球价值链是典型的购买者驱动的全球价值链,其价值链主要由代工生产、品牌、零售等几个价值环节组成。例如,王缉慈指出,在芭比娃娃玩具的全球价值链价值生产与分配过程中,主要价值增值发生在仓储、营销、批发与零售等流通环节,而代工生产仅占价值增值总量的很小一部分。

计算机产业全球价值链是典型的混合型驱动的全球价值链,其价值生产环节以模块组织为主,一般划分为技术发源与标准制定、核心部件研发与制造、一般部件设计与制造、代工生产与组装、品牌销售与管理等环节。李健等通过对计算机产业全球价值链的价值分配定量研究发现,计算机产业全球价值链上游的技术发源与标准制定、核心部件研发与制造,与下游的品牌销售及管理等环节中所涉及公司的平均利润与平均利润率均较高;中游的一般部件设计与制造、代工生产与组装环节中所涉及公司的平均利润与平均利润率则较低。计算机产业全球价值链的价值增值与分配呈现出不规则的微笑曲线。

3. 全球价值链不均衡价值生产的决定因素

全球价值链的价值生产是不均衡的,即价值链各环节并不创造等量的价值。例如,在生产者驱动的全球价值链中,价值生产主要集中在生产环节,拥有核心技术的企业创造更多价值;在购买者驱动的全球价值链中,价值生产主要集中于流通环节,品牌商获取更多价值;而在混合型驱动的全球价值链中,核心技术企业与品牌商在价值链价值创造过程中占据主要地位。Kaplinsky 认为,全球价值链价值生产的不均衡性是由价值链中存在的"租金"引起的,"租金"是指全球价值参与者通过控制特定的资源,从而创造针对竞争者的进入壁垒而使自己免于竞争,是企业超额利润的来源。Kaplinsky 和 Morris 认为,全球价值链中租金的性质和种类是复杂多变的,企业个体租金源于企业个体所具有的特质资源,如技术、品牌等。企业间租金可以被认为是一种关系租金,这种租金可以源于企业战略联盟、外包关系网络等。外生于全球价值链的租金,可以认为是一种空间租金,是企业嵌入地方节点或产业集群以获取比其他区位更多竞争优势的源泉(表 2-1)。

表 2-1　　　　　　　　基于全球价值链的经济租的主要表现形式

经济租类型		表现形式	含义
存在于全球价值链之内(内生经济租)	企业内	技术经济租	拥有稀有技术
		人力资源租	比竞争者拥有技能更好的人力资源
		组织-结构经济租	拥有较高级的内部组织形式
		营销-品牌经济租	拥有更强的营销能力、有价值的商标品牌
	企业间	关系经济租	同供应商和顾客(买主)之间拥有较高质量的关系
存在于全球价值链之外(外生经济租)		自然资源经济租	获得稀有自然资源
		政策经济租	拥有一个高效率的政府环境,创设壁垒阻止竞争者进入
		基础设施经济租	获得高质量的基础设施性投入
		金融租	比竞争者获得条件更优越的金融支持

资料来源:*Governance matters in value chains*, R Kaplinsky, M Morris.

熊英等指出,在不同驱动模式下,全球价值链价值生产的不均衡性主要来自价值生产者对稀缺资源的控制与垄断。有不同租金能力的全球价值链行动者由于位于不同的区位,获取租金的能力各不相同:拥有核心技术、品牌的企业所在地就有获取较强租金的能力,如技术租、品牌营销租、人力资源租等,区位的价值生产能力也就较强;而仅具有生产组装功能的企业所在地获取租金的能力较弱,一般不具有技术租、品牌租等,区位的价值生产能力随之也较小。而且,不同区位具有差异化的空间租金,即价值链外生租金,可以增强本区域参与全球价值链的企业创造租金的能力,增强其他区域进入价值链高端环节的壁垒,提高本区域价值生产的能力。例如,在 iPhone 手机和 iPad 平板电脑产业全球价值链中,美国苹果公司由于占据价值链两端即研发设计和品牌营销的主要增值环节,具有绝对的技术租和品牌租,也生产和俘获了价值链中的绝大部分价值;韩国由于在核心零部件生产上具有一定的技术租,也生产和俘获了价值链中较小部分的价值;中国由于主要参与 iPhone 手机和 iPad 平板电脑的生产组装环节,仅具备低成本劳动力的优势,生产和俘获的价值量较小。

可见,存在于全球价值链中的各种租金,最终随价值链中行动者的区位选择在空间上落地,并与价值链外生租金(空间租金)相结合,使得全球价值链的价值生产在空间上产生不均衡性。

4. 全球价值链上战略环节的识别

全球价值链理论的一个基本思路就是在整个价值链条众多的价值环节中,并不是每一个环节都能创造等量价值。每个环节创造的价值不同,某些辅助性环节并不创造价值,而高附加价值的环节一般就是全球价值链上的战略环节。准确判断出全球价值链中的战略环节,可为企业在全球布局不同的生产环节提供依据,也将指出产业发展或升级的目标所在。同时,要保持企业或产业的竞争优势或核心竞争力,关键也是要抓住此战略环节。谁抓住了这些战略环节,谁就抓住了整个价值链,谁也就控制了该行业,即由谁来治理这条价值链。因此,如何识别战略环节是全球价值链治理研究的主要内容之一。

在许多全球价值链中,可能存在多个参与治理的主导公司。同时,这些主导公司可能位于不同环节上,如位于链条的最高端、链条的中部或者链条的底端。战略环节有可能与产品直接相关,如可口可乐公司的饮料配方;也有可能在价值链的辅助性增值活动环节上,如国际商业机器公司(International Business Machines Corporation, IBM)在计算机行业的竞争优势就源于其覆盖全球的强大组织体系,即其组织管理能力。全球价值链理论在分析战略环节时,弱化了传统分析中市场销售比重和利润率等指标,采用了一些动态指标(表2-2)以此判断战略环节的变化,更突出了产业的动态改善过程和发展的治理理念。这对于企业适时调整战略和选择全球价值链的切入点尤为重要。如汽车、电信等行业的战略环节明显地向产品使用和维护等下游环节转移,下游环节的增值呈现上升趋势。那么,企业通过降低生产成本、经营主导产品、开发差异性产品来维持竞争优势的传统战略就显示出局限性。在这种情形下,企业(尤其是一些生产环节技术壁垒较高行业的企业)应积极开拓下游环节的增值业务,如多元化的客户服务、供产品本土化方面的服务等,逐渐融入全球价值链之中。

表2-2 全球价值链中识别战略环节的若干关键性指标

指标	比较	数据来源
价值链中销售比重	并非一个强势指标,因为该指标无法规避原料部分的重复买卖活动,因此缺乏有效影响力	资产负债表
价值链中增值比重	因为反映了价值链的具体环节,因此是一个比较好的衡量规模的指标	企业调研
价值链中利润比重	较好地反映了企业在价值链中的竞争力,是一个较好的反映价值链中企业能力水平的指标,但是高额利润也可能来自对稀缺资源的垄断,对下游加工环节却没有控制力	资产负债表,通常只能收集到企业对外发布的信息和数据
价值链中购买份额	一个很好的指标,特别是当购买渠道多元化而非依赖领导性企业的时候,该指标更加有效	企业调研
掌握价值链中核心技术或具备独特能力	更适用于生产者驱动的价值链,例如汽车产业	企业调研
拥有价值链中"市场标识(品牌)"	在品牌标识显得重要的市场中,该指标的优势更明显	企业调研(品牌在最终市场的份额研究)

资料来源: *Governance and upgrading: Linking industrial clusters and GVC research*, J Humphery, H Schmitz.

2.2.4 现代生产性服务业是地区经济实现全球价值链升级的关键因素

1. 地区经济实现全球价值链升级的四种模式

全球价值链升级是目前研究的热点问题。全球价值链升级是指某一区域的某一产业从价值链低端环节向高端环节攀升的现象,目前国内研究主要关注产业集群在全球价值链中的升级问题。根据对不同产业的研究,Humphrey 和 Schmitz 提出了四种升级模式(表 2-3)。

表 2-3 全球价值链的四种升级模式

升级模式	升级的实践	升级的表现
流程升级	生产过程变得更加有效率	降低成本、推进传输体系建设、引进过程新组织方式
产品升级	新产品的研发、比对手更快地提升质量	新产品、新品牌、扩充和增加产品市场份额
功能升级	改变参与主体在价值链中所处位置	提升参与主体在价值链中的位置,专注于高价值环节,放弃或外包低价值环节
价值链升级	移向新的、价值高的相关产业	得到相关和相异产业领域的高收益率价值链

资料来源:Governance and upgrading: Linking industrial clusters and GVC research, J Humphery, H Schmitz.

(1)流程升级,即提升价值链条中某生产环节的生产工艺水平以达到提高企业竞争力的目的。如手机芯片厂商高通公司通过升级生产工艺,生产更为精密、功能更为强劲的手机处理器,从而提高市场竞争力和占有率。

(2)产品升级,主要指的是产品更新,即通过淘汰技术及功能落后的传统产品,生产市场需求旺盛的新产品,进而占据更大的市场份额。如计算机厂商从生产传统的台式电脑升级为生产笔记本电脑。

(3)功能升级,主要指价值链参与主体从价值链低端环节向价值链高端环节的升级。如宏碁公司从计算机代工厂向品牌商的转型。

(4)价值链升级,即价值链参与主体从价值链低端产业向价值链高端产业的跨越式升级。如中国力帆集团从摩托车转向汽车生产,魅族从 MP3 生产转向智能手机生产等。

2. 生产性服务业在全球价值链专业化中的纽带作用

全球化时代的城市产业结构正在经历从产业间分工向产业内分工甚至产品内分工的发展转变,在这种产业分工不断深化的背景下,城市价值生产从部门专业化生产转向产品价值链功能专业化生产,全球价值链、国家价值链、地方(城市区域)价值链成为世界城市网络、国家城市网络、地方城市网络经济联系的主要形式。

全球价值链功能专业化分工推动了多元城市网络的形成,一批具有国际影响力的专业化研发型城市、生产型城市融入世界城市网络的范畴。在多元城市网络中,价值链功能专业化是城市节点价值生产的主要形式,城市间的价值链内部贸易是城市价值实现的主要途径。城市价值链功能专业化的基础是由城市在价值链中所具有的绝对优势、相对优势、竞争优势所决定的,不同城市所具有的价值生产专业化优势是城市区位优势、交易成本变化、集聚经济、新经济增长动力等共同作用的结果。城市网络中各座城市所具有的价值链功能专业化优势并非是一成不变的,而是随核心-边缘结构、世界体系、产品生命周期、经济长波的变化而变化。

生产性服务业是跨国公司这一全球价值链的主要塑造者在决定跨国价值链空间布局时的重要考量因素,全球价值链不同区段之间的交易需要各种类型的生产性服务业的支持。由于跨国公司对外直接投资与生产外包,全球价值链在空间上呈现出全球分散化生产格局,跨国界的生产与交易导致对生产性服务业更为强烈的需求。Jones 和 Kierzkowski 指出,正是全球价值链的这种复杂的企业间组织模式和空间分散化格局,使得生产性服务业成为全球价值链不同生产区段或模块相互联系的"黏合剂",并将全球价值链价值生产环节所在城市与世界城市相连。

丝奇雅·萨森(Saskia Sassen)认为,生产性服务业集聚的世界城市,是全球价值链塑造的城市网络体系中的一个主要节点,为全球价值链各生产环节提供生产性服务支持。全球价值链从原材料、初级产品到终端产品的每个生产环节都需要必要的生产性服务(如金融、法律、会计等),世界城市的生产性服务将分散布局的全球价值链的不同环节连接起来,促进了全球价值链的高效运作。全球价值链的每一个生产环节可从世界城市中获得金融、会计、法律等专业化生产者投入,因此各价值环节可根据城市的资源禀赋布局于最佳的生产地,这也必然促进全球价值链分散布局于城市网络。而通过全球价值链与生产性服务业的连接,全球价值链塑造的专业化城市被纳入世界城市网络之中。Pamreiter 等在对墨西哥城和圣地亚哥两座城市的研究中发现,墨西哥与智利的咖啡产业价值链相关企业主要通过墨西哥城和圣地亚哥两座城市中的跨国生产者服务公司来实现跨国交易。在这一过程中,价值链中企业对生产性服务的需求,强化了两座世界城市生产性服务业的集聚;通过生产性服务业,价值链中的企业所在城市也可融入世界城市网络。可见,通过全球价值链模型分析世界城市网络,可以克服当前世界城市网络研究的单一中心城市模式;而世界城市网络中的生产性服务业是价值链全球配置的联系与控制力量之一,纳入生产性服务可以完善全球价值链理论中对生产性服务环节的缺失。

2.3 产业聚集理论

2.3.1 产业聚集的概念

产业聚集是指在产业的发展过程中,处在一个特定领域内的相关企业或机构,由于相互之间的共性和互补性等特征而紧密联系在一起,形成一组在地理上集中的相互联系、相互支撑的产业群的现象。这些产业基本上处在同一条产业链上,彼此之间是一种既竞争又合作的关系，呈现横向扩展或纵向延伸的专业化分工格局，通过相互之间的溢出效应，使得技术、信息、人才、政策以及相关产业要素等资源得到充分共享，聚集于该区域的企业因此而获得规模经济效益，进而大大提高整个产业群的竞争力。

2.3.2 产业聚集的理论解释

对聚集经济内在机制的研究最早可以追溯到古典政治经济学时期的绝对优势理论（亚当·斯密）、比较优势理论（大卫·李嘉图）、农业区位论（屠能）等。20世纪80年代以来，关于聚集经济研究的新理论、新方法不断涌现出来，一些学者开始从竞争与合作、技术创新、报酬递增等多个角度探讨产业聚集发生的内在机理。

1. 新古典学派的解释——基于外部规模经济

新古典经济学家马歇尔（Marshall）认为，产业在特定地区的聚集可以形成外部规模经济，而外部规模经济源于劳动市场共享（labor market pooling）、投入共享（input sharing）和技术溢出（technology spillover）三个方面。

(1) 劳动市场共享是导致经济活动聚集的基本因素，在聚集区内，厂商能很方便地找到所需要的具有特殊技能的工人；同时，寻找工作的人也能很容易地找到需要他们的厂商。对专门劳动的需求与供给在一定程度上促进了产业在地理上的聚集。

(2) 投入共享，即辅助性行业的成长。辅助性行业的产生，能为主导产业供给工具和原料。同时，辅助行业不断使用具有高度专业性的机械，为许多邻近厂商服务，有利于主导产业和辅助行业自身的发展。

(3) 技术溢出是产业聚集的第三个重要原因。马歇尔认为，产业聚集于特定地区有利于新主意、新知识和新技能在企业之间传播和应用，因为信息在当地流动比远距离流动更容易。

2. 工业区位理论的解释——基于成本

德国经济学家阿尔弗雷德·韦伯（Alfred Weber）在《工业区位论》中提出，工业区位受两类因素影响。第一类是影响工业分布于各个区域的"区域性因素"，主要是指运输成本和劳动力成本；第二类是在工业区域分布的过程中，使工业集中在某一地点而不是均匀分布的"聚集因素"，这类因素对厂商选择区位更加重要，因为与各自分散相比，多个厂商聚集在一起能给各个厂商带来更多的收益或节省更多的成本。成本节约主要源于聚集导致的批量购买和出售规模的扩大，以及某些经常性开支成本的减少。

3. 新经济地理学的解释——基于专业化分工和自我增强机制

传统的新古典主义框架下的区域经济理论，一直是以规模报酬不变和完全竞争假设为出发点研究区域经济问题的，忽略了经济活动中不完全竞争和规模报酬递增的事实。迪克斯特（Dixit）和斯蒂格利茨（Stiglitz）提出了著名的D-S模型，用产品数量和产品种类的二维分析法，突破了完全竞争及规模报酬不变的固有视角。在D-S模型基础上，克鲁格曼（Krugman）于20世纪90年代初期创立了新经济地理学（New

Economic Geography)。之后,产业聚集问题成为研究热点。

(1) 专业化分工。克鲁格曼以规模报酬递增、不完全竞争的市场结构为假设前提,并结合区位理论中的运输成本,在 D-S 模型的基础上,构建了"中心-外围"模型,证明了产业聚集是由规模报酬递增、运输成本和生产要素移动通过市场传导的相互作用而产生的。在制造业中心与外围农业的均衡发展和演化过程中,较大的规模经济、较低的运输成本和制造业在支出中较大的份额(需求因素)这三个变量起着决定性作用,而专业化分工正是规模经济、生产要素的市场化移动过程中的关键环节。

(2) 自我增强机制。该机制最早由阿瑟(W. B. Arthur)提出。由于某种历史原因或偶然性因素,一种新技术的出现往往会占据主导地位,通过先发优势获取更为强大的竞争优势,并且这种优势会通过新技术的改良不断增强。相反,如果缺乏这种新技术的使用或者技术的产生时间比较滞后就会失去主导优势,进而在技术的更新和改良方面陷于被动落后的局面。这种锁定效应通常称之为自我增强机制。根据阿瑟的理论观点,历史上的偶发事件可能导致技术沿着特定的路径发展且不断自我增强,而失去技术优势的一方将在路径锁定的效应下长期处于不利的位置。阿瑟在技术方面提出的自我增强机制同样适用于产业的聚集发展。产业区位和模式的选择受多种因素的影响,其中包括资源要素禀赋、中间投入品分布现状、劳动力资源流动性、资本充裕度、交通运输状况等。产业发展过程可能受到某些历史偶然性因素的影响,这些因素包括地区独特产业发展所需的资源要素、良好的人力资本、传统的商业条件、当地政府在某个时间点所进行的一些制度变革。一旦偶然因素的影响引起产业发生实质性的变化并产生一定的优势,那么这种变化将沿着路径不断深化,并与周边其他区域逐渐形成级差,这就是产业区位发展的路径依赖特征。这种优势会使产业产生前向关联和后向关联,从而形成一种区域的专业化格局,导致周边要素不断向该地区集中并形成产业集群优势。

克鲁格曼也强调历史偶然性的作用,他认为最初的聚集可能仅仅由于某个"历史偶然",初始的优势将有可能因为在收益递增基础上的累积效应而得到"锁定",即产业聚集具有"路径依赖性"。或者说,"中心-外围"结构一旦形成,就会自我增强并持续下去。Venables 认为,上、下游产业间的投入、产出关联也会促进产业聚集,即通过"前向关联"和"后向关联"带来投入品供给增加和需求扩大,也会使得某一地区吸引越来越多的厂商而形成聚集态势。

4. 波特的解释——基于创新带来的竞争力

波特在《论国家的竞争优势》中明确提出从竞争优势的角度研究产业聚集问题,他认为,产业的地理集中是竞争所致,聚集有利于提升产业竞争力和国家竞争力。波特认为,一个国家或地区的竞争优势源于产业的竞争优势,而产业的竞争优势源于彼此相关的产业集群。产业集群主要通过以下三个方面获得竞争优势:

(1) 通过提高企业的生产力获得竞争优势,其主要原因在于关联产品的整体性。在一个产业集群内,企业相互之间容易形成上、下游的配套关系,集群内厂商间的密切关联使得整体利益大于内部各个厂商利益之和。

(2) 集群有利于信息累积、传递与扩散,有利于增强企业的创新能力,促进技术的创新与升级。

(3) 通过鼓励新企业的形成,扩大并增强产业群本身来影响竞争。

此外,波特还研究了政府在集群中的作用,为政府制定政策提供了理论依据。

2.3.3　产业聚集影响因素

影响产业聚集的因素颇多,学者们从不同角度对这一问题进行了较为系统的研究。Ellison 和 Glaeser 考察并发现了自然禀赋优势对产业聚集的重要作用。Glaeser 和 Kohlhase 认为,自然禀赋的重要性依赖于运输成本的高低,而随着技术的进步,实际运输成本的下降幅度达 90%。因此,自然禀赋对产业聚集的作用已越来越弱。Holmes 发现了投入共享和产业聚集的正相关关系。Wood 和 Parr 考察了交易成本和聚集经济的关系,在他们看来,除了生产成本之外,交易成本也是影响聚集经济的重要因素。他们认为,由于各地区的制度、商业、文化和语言等特性随着空间地域的不同而有所差异,这些差异会在某种程度上影响交易成本,厂商聚集于某一区位可以节约交易成本。Rosenthal 和 Strange 运用 EG 系数测算了美国制造业在邮政编码、县和州三个区域层次的聚集程度,还考察了制造业聚集的微观经济基础。结果表明,劳动力市场共享在各个区域层次显著影响制造业聚集;知识溢出只在邮政编码区域层次上显著;运输成本和自然禀赋优势对产业聚集的影响随地理单元的大小而不同,对以州为地理单元的产业聚集具有显著的促进作用,而对较小的地理单元的产业聚集没有多少影响。

国内也有学者对产业聚集的影响因素做了研究。文玫用第二、三次工业普查的数据考察了中国工业在区域上的集中程度及其影响因素,结果表明,工业聚集于市场需求大的地区,低交易成本和运输费用有助于工业聚集于该地区,工业中心内较高的工资和价格水平对厂商在区域间的选址没有显著影响。路江涌和陶志刚研究了行业聚集的微观基础,其研究结果表明,地方保护主义在很大程度上限制了中国制造业的区域聚集;溢出效应、运输成本是影响行业聚集的重要因素。此外,他们还研究了自然资源禀赋对行业聚集的作用。他们以农产品投入比率、矿产品投入比率以及电、燃气和水投入比率作为衡量自然禀赋的指标,结果表明,农产品投入比率和矿产品投入比率显著正向影响行业聚集,而电、燃气和水投入比率的影响为负。金煜、陈钊和陆铭以地区工业产值占全国总的工业 GDP 的比重来度量工业地区聚集程度,并利用 1987—2001 年省级面板数据研究了导致中国地区工业聚集的因素。研究结果显示,经济开放促进了工业聚集,而经济开放又与地理和历史的因素有关;市场容量、城市化、基础设施的改善和政府作用的弱化也有利于工业聚集;沿海地区具有工业聚集的地理优势;但是,地区的人力资本水平对工业聚集的作用不显著。刘军和徐康宁用历史研究与实证研究相结合的方法,从长期视角考察了中国工业聚集的演变过程及其原因。研究结果表明,政治稳定性、区位优势、交通运输条件以及制度和政策是影响中国工业聚集的重要因素。

2.3.4 产业聚集的正向效应

1. 产业聚集对经济增长的促进

对产业聚集与经济增长关系的研究证明,产业聚集显著地促进经济增长。Martin 和 Ottaviano 综合克鲁格曼的新经济地理理论和 Romer 的内生增长理论,建立了经济增长和经济活动的空间聚集相互强化的模型,证明了经济活动的空间聚集能够降低创新成本,从而刺激经济增长;反过来,经济增长也促进产业聚集。Fujita 和 Thisse 在假定区域间劳动力自由流动的前提下,证明了产业聚集能促进经济增长。Brulhart 和 Mathys 基于欧洲各个地区面板数据的研究结果表明,聚集经济显著地提高了劳动生产率,并且这种聚集效应随时间逐渐增强。但是也有部分研究得出了与上述不同的结论。Bautista 基于墨西哥 32 个州 1994—2000 年的数据,以人口密度衡量聚集水平,并使用工具变量解决聚集经济的内生性问题,研究发现,聚集经济对于经济增长的影响并不显著。J. Martinez-Galarraga 等运用西班牙 1860—1999 年的数据研究经济密度和劳动生产率的关系,发现了聚集效应的存在,在 1860—1985 年,就业密度提高一倍,工业部门的平均劳动生产率提高 3%~5%。同时他们发现,在整个时间段内样本聚集效应存在递减趋势,1985—1999 年没有显著的聚集效应存在,其原因是较高的拥挤成本抵消了聚集收益。值得一提的是,他们以此为基础,认为经济活动的空间聚集遵循倒 U 形曲线,即某一区域的空间聚集随时间经历先上升后下降的趋势。

国内也出现了大量产业聚集对经济增长影响的研究成果。范剑勇利用中国 2004 年地级城市和副省级城市的截面数据,以非农就业密度衡量产业聚集,研究产业聚集对劳动生产率的影响,结果显示非农产业劳动生产率对非农就业密度的弹性系数为 8.8% 左右。罗勇选取 5 个典型省份,在每个省份选取一个聚集程度较高的行业,运用时间序列数据,对特定产业聚集与各省经济增长的关系进行了实证研究,结果显示产业聚集促进了区域经济增长。刘军和徐康宁用 1999—2007 年省级面板数据研究产业聚集对经济增长与区域差距的影响。结果显示,产业聚集显著促进经济增长,并同时导致区域差距的产生。区域差距源于两个方面:一是聚集区与非聚集区经济发展的自然落差;二是各区域之间产业聚集增长效应的差异,差异产生的原因是产业聚集程度的不同导致外部规模经济、技术外部性和金钱外部性的差异。

2. 产业聚集对区域创新的促进

最早注意到产业聚集与创新存在联系的是新古典经济学创始人马歇尔。马歇尔没有直接使用创新的概念,他使用的是技术溢出(technology spillover)概念。技术溢出提高了生产效率,而获益的企业并未为此支付任何成本,这种现象被称为技术外部性。技术外部性可分为 MAR 外部性和 Jacobs 外部性。MAR 外部性是指同一产业内企业间知识溢出带来的外部性,其核心观点是一个产业的地理集中有助于企业间的知识或技术溢出,从而促进区域创新。Jacobs 外部性是指不同产业在同一区域的聚集产生的知识或技术溢出。Jacobs 外部性源于产业间知识的差异性和多样化。MAR 外部性和 Jacobs 外部性是知识或技术溢出的两种不同表现形式,无论哪一种形式的溢出都证实在集群内部,知识流动得越快越有利于创新。其原因是在创新过程中,显性知识可以通过正常的渠道获得,而隐性知识只能通过员工非正式交流或人员流动获得,这两种隐性知识传递的途径在集群内部更加顺畅。Storper 和 Venables 研究表明,产业聚集可以提供便利的面对面交流机会,促进知识溢出。Carlino 等从城市就业密度的视角研究产业聚集对创新的影响,研究发现,人均发明量与城市就业密度正相关,如果城市就业密度提高一倍,那么人均发明量将提高 20%。

国内也有学者对产业聚集的区域创新问题做了比较细致的研究。张昕和李廉水用截面数据,以我国医药、电子及通信设备制造业为例,研究了制造业聚集产生的各类知识溢出对区域创新绩效的影响。研究结果显示,知识的专业化溢出对两类制造业的区域创新具有积极影响。史修松研究了高技术产业聚集对区域创新效率的影响。研究结果表明,高技术产业聚集促进区域创新效率的提高;电子通信与设备制造业、电子计算机与办公设备制造业、医疗设备及仪表制造业、医药制造业的聚集对区域创新效率的促进作用明显。

2.4 生产性服务业理论

2.4.1 生产性服务业的概念

现代生产性服务业日益成为世界经济的核心组成部分。根据统计,全球经济尤其是发达经济体中,存在"服务业占经济总量的 70%,而现代生产性服务业占服务业的 70%"的"双 70% 现象"。学者普遍认为,生产性服务业包括保险、银行、金融和其他商业服务业(如广告和市场研究),以及职业和科学服务(如会计、法律服务、科技研究与技术开发等为其他公司提供的服务)。而我国统计数据中,将生产性服务业分为交通运输业(现代物流)、金融服务业、信息服务业、商务服务业、科技服务业和房地产服务业六大类型。

从服务功能的角度,生产性服务业是一种中间投入而非最终产出,它扮演着一个中间连接的重要角色,用来生产其他的产品或服务。这些生产者大部分将人力资本和知识资本作为主要的投入,因而其产出包含大量的人力资本和知识资本的服务,生产性服务能够促进生产专业化,扩大资本和知识密集型生产,从而提高劳动与其他生产要素的生产率。

生产性服务业具有四个显著特征:①它属于服务业,产出形式为"无形的服务";②它的产出是中间服务而非最终服务,是被服务企业的生产成本;③它能够把大量的人力资本和知识资本引入商品和服务的生产过程当中,是现代产业发展中竞争力的基本源泉;④生产性服务业最为重要的特征是其在空间上具有高度的集聚性,这是因为现代生产性服务业是知识、信息和创新密集型的产业,而商务活动、金融交易和商务服务等活动有大量不可数字化传播的隐性信息交流,要求服务者和接受服务者在空间上聚集,这样更有利于高效、高频、准确地进行信息交流和创新活动。

2.4.2 生产性服务业是产业体系的黏合剂

正因为生产性服务业具有上述与其他产业截然不同的性质,所以人们普遍认为生产性服务业是促进其他部门增长的过程产业,是经济的黏合剂,是便于一切经济交易的产业,是刺激商品生产的推动力。特别是,以信息技术和网络技术为主导的现代生产性服务业有助于打破产业结构的空间限制,使工业化水平在一定程度上摆脱资源束缚而获得超前发展,促进产业结构演进次序或演进规律发生新的变化。从实际来看,当代发达国家20多年来经济结构变化和产业升级中最令人瞩目的现象便是生产性服务业发展成为国民经济中的支柱产业。

总体来说,生产性服务业的经济效益可分为四个不同的层面:①作为一种产业,生产性服务业对国家生产总值有一定的贡献,并能增加就业机会;②生产性服务业是产业关联波及效应显著的"中间产业",可带动其他相关产业的发展;③生产性服务业对于工业发展具有增值效应,例如,作为生产性服务业组成部分的设计业在制造以及其他工业领域中,扮演着非常重要的价值增值角色;④生产性服务业作为地区软环境、软实力的重要组成部分,有助于吸引外来投资和人才。

就生产性服务业对制造业的价值增值功能而言,其主要表现在以下三个方面:①生产性服务业的发展有助于提升制造业的知识、技术和文化含量,克服资源要素制约;②生产性服务业的发展有利于深化制造业分工,降低产业链成本;③生产性服务业的发展有利于提高制造业外向度,扩大产品出口。

在国际贸易中,生产性服务业也扮演着重要角色。工业生产性服务业是加强制造业国际贸易和全球经济活动的基础和纽带。跨国交易活动中信息收集、贸易谈判、货物交割、货款支付以及制造业国际网络的形成,每一个环节都伴随着大量的生产性服务需求。在中国先进制造业基地建设推进的过程中,发达的网络系统、便捷的物流运输、专业的法律咨询等生产性服务是制造业扩大国际贸易业务、拓展国际市场不可或缺的条件;生产性服务业的发展有利于改善投资环境,加大外资引进力度。

2.4.3 生产性服务业集聚对区域经济增长的作用

生产性服务业集聚对本地经济增长的影响通过四个途径发挥作用:①生产性服务业集聚推动社会分工和专业化,从而提高劳动生产率,使总产出增加,即经济增长;②生产性服务业集聚通过加速产业结构调整和推动产业优化升级来提升资源配置效率,从而带来经济增长;③生产性服务业集聚优化区域生产力空间布局,形成良好的"集聚—扩散"循环,提高经济运行效率;④生产性服务业集聚更好地推动技术创新,使技术创新成果更直接地作用于本地经济增长,极大地提高了本地区的全要素生产率。

生产性服务业集聚对区域经济增长的影响分为本地效应和溢出效应。在溢出效应中,本地生产性服务业集聚除了通过要素流动和技术溢出而对外部地区经济增长产生直接的影响外,本地经济增长的外部效应也会间接对外部地区的经济增长产生影响。无论是直接还是间接作用,技术创新在生产性服务业集聚对区域经济增长的影响中都发挥着关键性作用。从影响效果看,本地生产性服务业集聚引致的要素流动倾向于对外部区域经济增长产生不利影响,而技术溢出则产生有利影响,最终的作用方向不能确定;本地经济增长对外部地区经济增长的影响效果也因不同经济发展阶段导致的集聚扩散作用程度不同而无法确定(图2-8)。

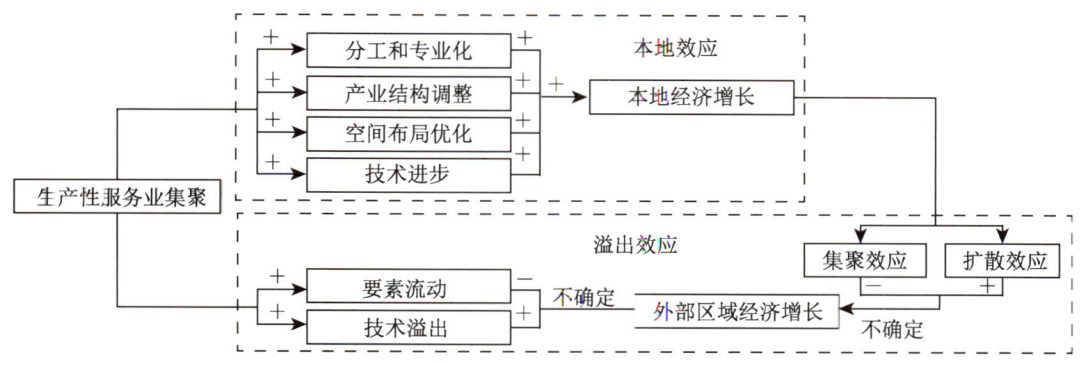

图2-8　生产性服务业集聚对区域经济增长影响的作用机制

生产性服务业集聚的空间溢出效应体现在四个方面:①生产性服务业集聚所产生的规模经济会吸引周边地区的生产要素进一步向本地区生产性服务业部门集聚,从而挤占了周边地区的发展资源,对周边地区经济增长产生不利影响。②由于生产性服务业集聚发展而产生的对关联产业的需求会提高这些产业要素回报率,从而吸引周边地区的要素向本地区生产性服务业关联产业流动,也会对周边地区经济增长产生不利影响。③生产性服务业集聚区作为技术创新高地,会通过技术溢出对其他区域技术水平的提升发挥重要的带动作用。相邻地区通过技术学习和技术模仿而提高技术水平,扩张社会生产力边界,实现经济增长。④生产性服务业集聚加速了本地区的经济增长,本地区的经济增长又通过广泛的经济联系而对周边地区发挥集聚和扩散效应,最终的作用效果取决于集聚和扩散两种力量的相对强弱。

可见,生产性服务业集聚的空间溢出效应既可通过要素和技术流动而直接产生影响,也可通过区域关联而间接产生影响。对于外部空间而言,正负效应取决于集聚和扩散力量的相对强弱;但对于生产性服务业高度集聚的本地而言,其效应无疑是正向的。这给城市决策者的启示是,谁能在发展现代生产性服务业上先人一步,谁就能获取知识、信息、人才等关键性生产要素,谁就能在区域竞争中获得更大的竞争优势。

2.4.4　知识经济时代下,现代生产性服务业发展新趋势

1. 现代生产性服务业较快发展,市场规模日益壮大

近几十年来,现代生产性服务业是世界经济中增长幅度最快的行业,它已经成为世界经济领域的投资重点。以经济合作与发展组织(Organization for Economic Co-operation and Development, OECD)国家为例,外国直接投资(Foreign Direct Investment, FDI)中服务业投资的总额明显高于制造业投资的总额,且投资细分行业主要集中在金融、商务服务、工业信息服务业中。据《2019年世界投资报告》,2019年,美国吸收的外国直接投资中有1/3投向了金融保险领域;欧盟吸收的外国

直接投资主要在公共服务、媒体、金融等领域;日本跨国公司在英国的投资50%以上集中在金融保险部门。几乎在所有国家,生产性服务业的表现都能显著影响国民经济增长的快慢,由于具有广泛的关联效应,更有效的服务业(金融、通信、国内运输和专业服务)可以提高整体经济绩效,这些行业共同发挥作用,对提高国内生产率至关重要。发达国家的经济主体已经从原来的制造业转换到现代服务业,尤其是工业生产性服务业的增长远远超出服务业的平均增长水平,发展速度非常引人注目。在OECD国家中,金融、保险、房地产及商务服务等生产性服务行业的增加值占国内生产总值三分之一多。

行业专家预计,现代生产性服务业在未来相当长的一段时期,将继续保持强劲的发展势头。尤其是在信息技术迅速发展的数字经济时代,信息服务业、数字经济将成为现代生产性服务业发展的火车头。普华永道、德勤咨询、毕马威等全球知名生产性服务业企业,信息技术咨询业务创造的收入已超过了总收入的50%。根据美国高科技市场调查公司——Gartner Group公布的一份市场研究报告,世界信息技术服务业将保持高速发展,其中北美仍是世界最大的信息技术服务市场;西欧和日本的信息技术服务市场规模一样会高于同期GDP的增速;而以中国为代表的新兴经济体,则将引领全球信息技术服务业市场规模的快速扩大,数字经济将成为现代服务业的重要发展引擎。

2. 现代生产性服务业和现代制造业关系日趋紧密,制造业服务化趋势增强

制造业的国际营销网络的形成,就是聚集营销人才、进行产品研发、产品运输与储存、广告、保险、会计和法律服务等开发市场的过程,在这一过程的每一环节都伴生服务需求。换句话说,生产性服务业和制造业的关系正在变得越来越密切,主要表现是制造业的中间服务的投入量大增。在近10年间,多数OECD国家产品生产中的投入发生了变化:服务投入增长速度快于实物投入增长速度;同时,工业生产性服务业和某些经济活动特别是制造业的界线越来越模糊,经济活动由以制造为中心已经转向以服务为中心,最为明显的是通信产品。同时,某些信息产品也可以像制造业一样进行批量生产。

制造业部门的功能也日趋服务化,主要表现为:①该制造业部门的产品是为了提供某种服务而生产的,例如通信和家电产品;②随产品一同售出的有知识和技术服务;③服务引导制造业部门的技术变革和产品创新。在激烈的市场竞争环境下,像以往那样通过提供某种产品而在市场上主动获得大量利润的情况已经很难出现,许多跨国公司已经认识到保持企业原有高额的利润率只有向服务型企业转型。许多制造型企业通过大规模地进入或兼并工业生产性服务业来整合原有的业务,如通用电气公司(General Electric Company, GE)通过进入金融业为其客户提供贷款,来刺激其产品的销售;惠普(Hewlett-Packand, HP)公司通过兼并服务性企业,从而为客户提供从硬件到软件、从销售到咨询的全套服务;IBM公司成功地由制造型企业转型为服务型企业;等等。这些均有力说明了工业生产性服务业与传统制造业的关系。

3. 现代生产性服务业呈现虚拟化、网络化、外包化的趋势

信息技术的发展使现代生产性服务业的虚拟化、网络化成为可能,这种服务方式也日益凸显其优越性,促进企业智能化水平的提高。在一个虚拟的框架中,高效地"整合"或"疏散"传统上认为的"内力"和"外力"资源,并让这些相关联的结构性要素发挥市场价值,充分体现企业的现有优势。

企业要充分发挥核心竞争力,就必须把自己所不擅长的那部分业务外包出去,从而更加聚焦于自己的核心业务,而相关的专业外包公司也能提供更加专业、优良的服务,降低企业的成本,这是一个双赢的局面。

美国采购协会(American Purchasing Society, APS)2018年的调查表明,年收入在3 000万美元以上的公司外部采购服务增加了26%,信息技术服务的外部采购占全部外采费用的30%,人力资源服务占16%,市场和销售服务占14%,金融服务占11%。在欧洲,信息技术服务的外部采购也是增长最快的。在日本,通商产业省(Ministry of International Trade and Industry, MITI)于2018年的调查表明,工作培训(占20.1%)、信息系统(占19.7%)、生产方法(占17.4%)、会计和税收(占14.0%)、研发(占13.7%)等服务项目是外采的主要项目。根据互联网数据中心(Internet Data Center, IDC)的预测,包括人力资源、后勤、采购、工程、营销和销售功能的业务流程外包市场将保持快速增长。

4. 现代生产性服务业产业链在发达国家日趋完善,在发展中国家也在快速形成

近几十年来,现代生产性服务业在发达国家得到充分的发展,逐渐形成了一个完整的产业链,这条产业链能够为企业提供从产品立项到产品营销与服务的全方位支持。无论是诸如IBM、HP等大公司的成功转型,还是小型企业的异军突起,企业都必须在这条产业链中找到适合自身发展的位置。生产性服务业作为货物生产或其他服务的投入而发挥着中间功能,它们提高了生产过程不同阶段产出的价值和运行效率,被定义为包括上游(如可行性研究、风险资本、产品概念设计、市场研究等)、中游(如质量控制、会计、人事管理、法律、保险等)和下游(如广告、物流、销售、人员培训等)的活动。换句话说,生产性服务业贯穿于生产、流通、分配、消费等社会再生产环节之中。一家生产企业在世界市场上保持竞争地位的关键是保持上游、中游和下游三个阶段的服务优势,因为贯穿于生产三个阶段的服务在产品价值链中开始胜过物质生产阶段。生产性服务,无论是"内化"服务(即企业内部提供的服务),还是"独立"服务(从企业外部购买的服务),都已经成为生产者所生产产品差异和增值的主要源泉。这条完整的产业链已经成为发达国家市场经济发展非常必要的软环境,生产性服务业成为强大的市场资源调配器。

2.5 彼德·霍尔的文化工业理论

霍尔结合世界城市的概念,在规划思想上提出了文化工业理论,认为创新、文化工业是世界城市的重要功能,这为文化与创新在世界城市理论中的拓展开创了新的理论领域。

在《文明中的城市》中，霍尔将城市的活力、创新能力与文化创造力结合起来。他提出城市文化的力量正取代单纯的物质生产和技术进步而日益占据城市经济发展的主流，并从创新角度将西方城市历史划分为三个时代：技术-生产（technological-productive）创新；文化-智能（cultural-intellectual）创新以及文化-技术（cultural-technological）创新。

（1）技术-生产创新时期，如18世纪70年代英国曼彻斯特的工业革命，19世纪40年代英国格拉斯哥的机器工业和19世纪70年代德国柏林的工业技术设计和创新。

（2）文化-智能创新时期，如20世纪20年代美国洛杉矶好莱坞的出现，20世纪50年代美国田纳西州孟菲斯城猫王李维斯对音乐工业的革命性影响等。城市技术、智能创新造就了一座座伟大的世界城市。当前新的文化工业正成为城市发展的新动力和创新方向。

（3）文化-技术创新时期，新一波的城市创新表现为艺术与技术的结合，以互联网技术为物质基础，以新的含有附加价值的服务业为支撑。

霍尔预见新的创新性中心城市将出现在三种城市中：历史悠久的大都市，如伦敦、巴黎、纽约等；阳光地带宜人适居的都市，如温哥华、悉尼等；复兴中的老城市，如格拉斯哥、纽卡斯尔等。

西方城市的新经济时代，文化工业正成为经济发展的主体。根据1998年英国文化媒体和体育部统计，包含广告、建筑设计、艺术古董、音乐制造、出版等数十个行业的新领域，就业总人口已高达百万人，其人均工业输出已近6万英镑（约541 000元人民币）。旧城中心区新文化工业带动了城市旅游业的发展，城市空间和城市经济的复苏带给旧城新的生命力。这一观点贴切地体现了西方城市研究近年来的新焦点，即新经济空间（new economic spaces），如Allen Scott对城市文化经济的研究，Florida对创新阶级的研究，Andy Pratt对英国新媒体工业的研究等。特别是Hutton对西方内城新经济的研究，比较系统地描绘了在".com"经济坍塌之后，以设计、广告创意等创造性和知识性为基础的新经济活动正在为伦敦、温哥华、西雅图等城市带来新鲜血液，新的社会空间正在形成。

霍尔对城市未来发展提出自己的看法，"（城市集聚）到了尽头的预言只不过是一种夸大的说辞"。在他看来，通信技术的发展虽然降低了人类联系通勤的成本，但同时也大大刺激了人类经济活动中进行直接交往的欲望和面对面的需要，集聚效应大于分散效应。与萨森的看法相同，他认为控制型的经济跨国公司集团需要集聚以实现信息的高效调控，以信息制造、传递和消费为特征的新服务业需要方便可达的劳动力，这些都是空间集聚存在的动力。但空间的发展永远存在竞争，技术进步同样带来城市、社会和经济活动的此消彼长。远程通勤、远程工作等会使多中心边缘城市的开发成为可能，传统城市中心将依靠历史基础与之长期竞争，而新文化产业的时空分离性将决定这场竞争的结果：不同层次的商业中心、边缘城市、远距离边缘城市和专业化的城市（以体育、会展、主题公园等为核心）将构造新的、富于活力的多中心城市。

在20世纪后期废弃的制造业基地和国际移民聚居区等形成新的"灰色空间",空间与社会问题结合,造成严重的社会分化。萨森对全球城市纽约、伦敦、东京的研究表明了跨国精英和服务业劳动力的社会极化趋势:社会经济构成的两端出现膨胀,而中等收入人群在减少。城市空间的变化被界定为"碎化"和"分割";防卫型社区(gated community)和下层阶级聚居区(under class ghetto)形成新的城市空间的两极。从这一点上来说,未来大城市将会在通信技术和城市功能扩散中继续存在下去,但可能会不那么健康。真正得益的将是大城市周边的小城市和中小城镇,良好的就业环境、比较均质的人口构成,以及与大城市优良的通勤基础,将为这些新兴地带来无限活力。

2.6 经典产业选择理论

2.6.1 三个经典产业选择理论

1. 亚当·斯密的绝对优势理论

为了解释国际贸易问题,亚当·斯密在《国富论》中从分工理论出发,提出一个国家或者一个区域所选择的产业应该是该地拥有绝对成本优势的产业,以发挥其劳动生产率较高的优势,其产业布局的依据是资源、劳动力和资本的最有效利用。

按照斯密的论证,产业布局首先要考虑分工,因为生产的分工可以提高产业的劳动生产率,并且能够增加社会财富。而分工也是有依据和基础的,即对生产有利的自然禀赋条件决定了产业在不同区域(或国家)的分工。由于每个国家或地区的天然资源条件并不相同,因此,每个国家或地区都应该选择按照其绝对有利的生产条件(指生产成本绝对低)进行专业化生产,然后彼此进行交换。这意味着产业布局受到自然资源禀赋的重要影响,只有按照资源的分布条件进行产业分工布局,不同国家或地区的资源、劳动力和资本才能得到有效利用,这对各国、各地区都有利。

2. 大卫·李嘉图的比较优势理论

斯密的绝对优势理论在解释一国在两种商品生产上均有劣势的情况下,仍然在国际贸易这一问题上遇到了挑战。为更好地解释国际贸易的现实问题,李嘉图在继承和发展斯密理论的基础上,提出了比较优势理论。这个理论对国际贸易和国家产业选择问题产生了深远的影响。李嘉图的比较优势理论认为,产业应该布局在拥有相对优势的地区,每个国家和地区都应该只生产成本具有比较优势的产品,然后通过贸易获取比较利益。李嘉图的这一理论后来被移植到产业布局学和区域经济学中,发展成为区域比较优势理论。

李嘉图的比较优势理论论证了产业分工布局不一定非要有绝对优势,只要双方存在"比较利益",就可以产生生产分工。李嘉图认为,任何国家(或区域)都有其相对有利的生产条件,如果各国、各地区都把劳动用于生产和出口相对有利的商品,进口相对不利的商品,即"两优取重,两劣取轻"或"优中选优,劣中选优",这将使各国、各地区资源都得到有效利用,使贸易双方获得比较利益。

斯密的绝对优势理论和李嘉图的比较优势理论都对后来的产业分工布局理论产生了深远的影响，这种优势(无论是绝对的还是相对的)促成了市场条件下不同产业的不同区位选择。

3. 赫克歇尔与俄林的生产要素禀赋理论

无论是斯密的绝对优势理论，还是李嘉图的比较优势理论，都是以劳动生产率为研究对象，分析不同国家或地区之间分工的可能性。但是不同区域的劳动生产率形成差异的原因并没有得到解释。瑞典经济学家埃利·赫克歇尔(E. F. Heckscher)为了解释这种差异，提出了生产要素禀赋理论。他的理论源自这样的核心观点：产品的生产不仅与一个区域的要素资源的禀赋有关，同样也会受到该产品在生产过程中对不同资源要素的耗费比例的影响。贝蒂尔·俄林(B. Ohlin)继承了赫克歇尔的理论思想，在其著作《地区间贸易和国际贸易》中深入阐述了完整的生产要素禀赋理论。俄林在赫克歇尔的思想基础上进一步认为，分工产生于不同区域的生产要素禀赋差异，这种生产要素禀赋的差异体现在：①自然条件的差异，如土地和矿产资源；②资本的差异；③劳动力的差异，包括劳动力数量的丰富程度和劳动力质量的差异；④技术水平的差异；⑤企业经营管理水平的差异。上述生产要素的差异导致了不同区域的综合资源禀赋的不同，进而产生了产业分工。按照俄林的理论，不同国家或地区在选择产业分工部门或产业布局时，应结合自身的资源禀赋条件：资本资源丰富的区域应该选择或者布局资本密集型产业或产品；劳动力资源丰富的区域应该选择或布局劳动密集型产业或产品；技术资源丰富的区域应该选择或布局技术密集型产业或产品。

赫克歇尔与俄林的 H-O 理论是比较优势理论的完整化，这一理论体系将生产要素与区域分工结合在一起，要素的禀赋差异决定了产品生产的分工，也进一步决定了产业部门的区域布局。

2.6.2 经典产业选择理论的局限性

(1) 经典产业选择理论建立在严格的理论假设前提下，但一些理论假设与现实世界有明显的脱节，造成经典产业选择理论在解释国际贸易、产业选择和产业分工方面，缺乏说服力和普适性。如假设不存在技术进步、资本积累和经济发展；生产要素只能在一国国内自由流动，两国之间则不能自由流动；不存在规模经济效应；完全竞争的市场结构。

(2) 生产要素局限于自然资源、劳动力、运输费用等传统生产要素，而且还假定劳动是同质化的。这在农业经济、工业经济时代具有一定的说服力。但随着世界经济进入了以创新为特征的知识经济时代，信息、知识、有创新能力的人才才是关键的生产要素，相比之下，自然资源、传统劳动力、运费等因素已经不再重要了。

(3) 抽象了空间因素，将空间当成了一个暗箱。经典产业选择理论虽然考虑了运费这一跨空间成本，但基本上忽视了企业和产业在空间中集聚所带来的技术进步、共享等优势，抽象了产业选择的空间因素。

理论基石二：基于世界城市网络体系的城市理论

- 3.1 弗里德曼的世界城市假说
- 3.2 萨森的全球城市假说
- 3.3 克鲁格曼的新经济地理学
- 3.4 霍尔的巨型城市区域理论
- 3.5 全球城市区域：全球城市发展的地域空间基础
- 3.6 卡斯特的流空间理论
- 3.7 城市网络理论
- 3.8 经典城市理论

3.1 弗里德曼的世界城市假说

3.1.1 世界城市的概念

1986年,弗里德曼(J. Friedmann)系统地提出了"世界城市假说"。他认为世界城市的兴起,基础性原因是新的国际劳动分工和全球经济一体化。世界城市是全球经济系统的中枢或组织节点,具有集中控制和指挥世界经济的战略性功能。世界城市有两个判断标准:一是城市与世界经济体系连接的形式和程度是否够强,主要考察它作为跨国公司总部区位的作用、国际剩余资本投资安全性、面向世界市场的商品生产者的重要性、作为意识形态中心等方面的作用等;二是城市所控制资本的空间分配能力是否够强,主要考察金融及市场控制的范围是全球性的、国际区域性的,还是国家性的。

弗里德曼的世界城市假说包括以下五个要点:①世界城市是区域、国家或国际经济进入全球经济的结合点,是全球经济体系中的组织节点;②全球资本积累的空间在地域上尚只占很小范围;③世界城市是具有紧密经济关系与社会互动关系的大型城市化空间;④世界城市具有等级层次关系,在这个等级层次结构中,城市的地位与其经济能量相一致,其对全球投资的吸引能力、接受技术创新和政治变迁等外部冲击的能力是重要的考量因素,当然,每一座世界城市在世界城市体系中的序列位置是动态变化的;⑤具有强大控制力的世界城市内有一个跨国界的资产阶层,有着有国际影响力的文化和消费主义的意识形态。

3.1.2 世界城市的特征和功能

弗里德曼和Wolff认为,世界城市的经济从制造业向生产性服务业和金融业快速转移,世界城市具有超国家的影响力,特别是那些跨国界资本的快速流动。弗里德曼指出,尽管历史背景、国家政策和文化因素在世界城市的形成过程中有着重要的作用,但经济变量是解释不同等级世界城市对全球控制能力的决定因素。他认为,世界城市的形成过程是"全球控制能力(global control capability)"的生产过程,而且这种控制能力的产生充分表现为少数关键部门的快速增长,包括企业总部、国际金融、全球交通和通信、高级商务服务。

与此同时,他也认为世界城市还具有政治和文化中心的功能。世界城市除了具有典型的经济学内涵,同时也具有城市生活中包括历史、社会文化、管理、政治和环境等因素在内的重要特征。

3.1.3 世界城市分类

1986年,弗里德曼采用主要的金融中心、跨国公司总部、国际性机构的集中度、商务服务部门的快速增长、重要制造业中心、主要的交通枢纽、人口规模这七个指标,按照核心国家和半边缘国家两大类型,对世界的主要城市进行分类(图3-1)。在1995年,弗里德曼增加了人口迁移目的地指标,并改变了区分核心国家和半边缘国家的做法,转而按照城市所连接的经济区域的范围大小,重新进行了世界城市分类,这是很有影响力的世界城市等级分类。

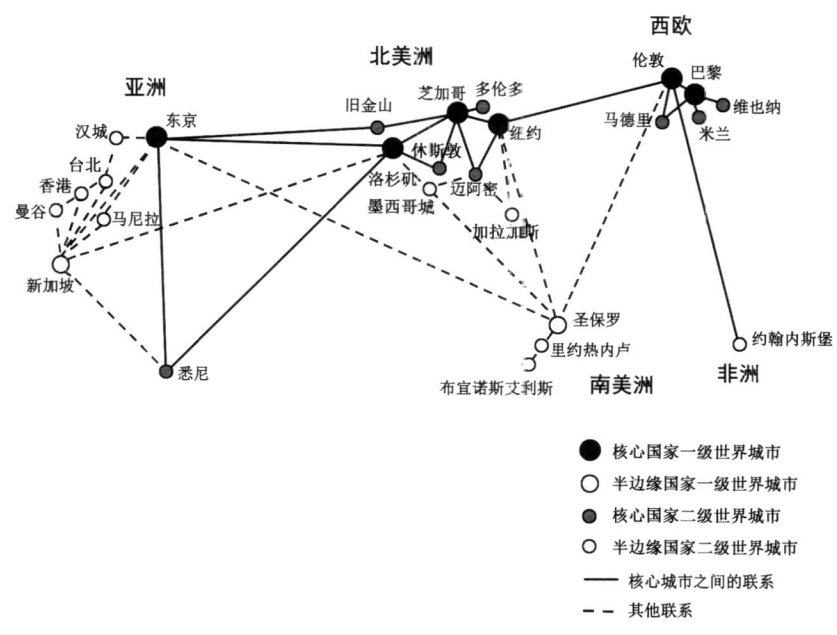

图3-1 弗里德曼的世界城市体系

(资料来源:The World City Hypothesis,Friedmann)

在被广泛引用的弗里德曼的世界城市体系图中,东京、伦敦、巴黎、鹿特丹、法兰克福、苏黎世、纽约、芝加哥、洛杉矶为核心国家(发达国家)中的一级世界城市。在核心国家中,弗里德曼还选定了布鲁塞尔、米兰、维也纳、马德里、多伦多、迈阿密、休斯敦、旧金山和悉尼九个二级世界城市。在亚洲和拉丁美洲的半边缘国家中,有圣保罗和新加坡两个一级世界城市,布宜诺斯艾利斯、里约热内卢、加拉加斯、墨西哥城、香港、台北、马尼拉、曼谷、汉城(首尔)、约翰内斯堡十个二级世界城市。

3.1.4 世界城市形成机制

弗里德曼认为,在新的国际劳动地域分工下以及在与世界经济的融合过程中,所有城市均会重组其经济结构和空间布局,一些城市在此过程中发展成为全球性的关键城市。这些关键城市很少再直接生产工业产品,主要功能转为积累和扩散国际资本,并通过复杂的世界城市体系成为全球生产和市场的指挥者和协调者,即世界城市。弗里德曼进一步指出,世界城市是世界经济体系的空间表达,而世界经济体系由经济发展水平不同的区域经济系统构成。经济实力越雄厚的区域,其拥有的世界城市的等级就越高,反之就越低。

3.1.5 世界城市的主要特点

弗里德曼在《世界城市假说》中提出了世界城市的七个共同性特点:

(1) 城市与世界经济一体性的形式及其延展,以及城市在新的劳动地域分工中的职能,对城市结构的变化具有决定性影响。

(2) 世界城市都被全球资本作为与产品和市场相连接的基地。

(3) 世界城市的全球控制功能反映在其产业和就业的结构及变化上。

(4) 世界城市是国际资本汇集和积累的区域。

(5) 世界城市是大量国内居民和国际移民的聚集地。

(6) 世界城市集中体现产业资本主义的主要矛盾,即空间与阶级的两极分化。

(7) 世界城市的增长所产生的社会成本,可能超出了政府财政负担能力范围。

3.2 萨森的全球城市假说

3.2.1 全球城市的概念

如果说弗里德曼强调世界城市是以跨国公司总部和分支机构网络为表征的全球资本支配(global capital control)中心,那么萨森则更为关注全球城市"以生产性服务业为表征的全球资本服务(global capital service)中心"这一特征。许多研究表明,全球资本支配中心和全球资本服务中心并非完全重叠,但有些全球城市(如纽约和伦敦)既是全球资本支配中心又是全球资本服务中心。

萨森认为,弗里德曼的世界城市概念并没有将20世纪60年代中期开始的跨国公司的全球化进程纳入概念范畴。萨森所提出的全球城市概念强调了全球城市在国际生产分工体系中的位置及其衍生特征,她认为全球城市为企业的全球化运作提供了服务和资本。按照萨森的说法,全球城市概念更强调其主导世界资本主义生产体系,是全球性资本的空间汇聚点这一特征。

弗里德曼主要从宏观的角度研究世界城市。萨森则着重从企业区位选择这一微观角度来研究全球城市。萨森认为,全球城市在世界经济中发展起来的关键动力在于其集中优良的基础设施和服务,从而使自身具有了全球控制能力。萨森通过对纽约、伦敦、东京的大量实证分析,指出这三座城市是主要的全球城市,位于世界城市体系金字塔的顶端。"全球城市三角"之间已经形成了一种全面的互补关系,它们一起覆盖了世界所有时区范围,由此控制着全球经济系统的运行。

3.2.2 全球城市的特征和功能

全球城市具有以下四个基本特征:①高度集中化的世界经济控制中心;②金融和特殊服务业的主要所在地;③包括创新生产在内的主导产业的生产场所;④作为产品和创新的市场。

萨森对全球城市"生产服务综合体(producer services complex)"进行系统研究,认为金融和生产性服务业是特定生产过程的产品,并形成了颇具规模的独立市场,已成为决定城市在全球经济中竞争力强弱的新的重要因素,并且它体现为一种建立在全球生产和服务交换过程之上的"控制能力"的生产,而全球城市就是生产这种控制能力的中心。萨森还指出,全球城市服务功能的发展会因为全球投资和贸易的迅速增长以及由此带来的对金融和特殊服务业的强大需求而进一步壮大。随着国际交易成为世界经济的主体,政府在世界经济事务中的管理和服务职能也会逐步被全球城市所替代。

萨森在其著作《全球城市:纽约,伦敦和东京》(The Global City: New York, London, Tokyo)中,提出了根据生产性服务业来鉴别全球城市,把全球城市定义为发达的金融和商业服务中心。一般认为,全球城市是国际城市的高端形态,是城市国际化水平的标志,是具有世界影响力、聚集世界高端企业总部和人才的城市,是国际活动召集地、国际会议之城、国际旅游目的地。

3.2.3 全球城市形成机制

萨森认为经济活动的全球化大大增加了商务交易的复杂性,伴随着最先进的通信技术,企业命令与控制职能集聚具有更便利的条件。全球城市的形成动力来自两股强大的经济力量的结合:一是以制造业为主的经济生产活动在全球范围内不断扩散,二是对这种生产活动的控制不断地向大城市集中。当然也要认识到,每一座全球城市的功能在一定程度上都要通过当地制度环境和法律、行政框架才得以形成和发展。

3.3 克鲁格曼的新经济地理学

3.3.1 新经济地理学概述

新经济地理学又名空间经济学。由于世界经济全球化与区域一体化的发展,主流经济学理论在解释现有经济现象时遇到越来越多的问题。因此,以克鲁格曼为代表的西方经济学家又重新回归到经济地理学视角,以边际收益递增、不完全竞争与路径依赖为基础,拓展分析经济活动的空间集聚与全球化等经济现象,借此开创了"新经济地理学"。相较于传统经济学理论,新经济地理学在空间集聚与知识溢出、技术创新的关系认识上较为独到。该理论认为新经济时代的空间集聚与知识溢出有关。显性知识可以编码化,能够通过信息网络,以直接和间接方式在较大的空间范围内交流传播。隐性知识的传播通常源自个人层面的交流,由于隐性知识难以通过信息技术进行传输,因而知识溢出的空间约束产生了强大的集聚力。具有高知识密度和信息强度的创新生产机构,往往集中在核心区域,而标准的、常规的生产机构布局在外围区域。

3.3.2 经济活动的空间集聚理论

新经济地理学以收益递增作为理论基础,并通过区位集聚中的路径依赖现象来研究经济活动的空间集聚。收益递增、完全竞争和比较优势是传统经济学中三个基本的假设条件,新经济地理学也是经济学中对收益递增原则的应用。新经济地理学认为,在空间集聚的过程中,收益递增是指经济上相互联系的产业或经济活动,由于在空间上相互接近性而带来成本降低,或者是由于产业规模扩大而带来规模经济等。

克鲁格曼在他的著作中,以收益递增为基础,建立一种新经济区位理论。在他看来,收益递增本质上是一种区域和地方现象。空间集聚是收益递增的外在表现形式,是各种产业和经济活动在空间集中后所产生的经济效应以及吸引经济活动向一定区域靠近的向心力。

除了用来解释产业活动的集聚或扩散以外,作为新经济地理学的基础,收益递增模型还被用来解释城市增长动力机制。在研究产业活动的区域分布和特定产业在某些区位集中的基础上,克鲁格曼在解释城市中人、财、物的集聚时指出,人们向城市集中是由于城市可以提供较高的工资和多样化的商品,而工厂在城市集中是因为城市能够为它们的产品提供更大的市场。新经济地理学者认为,空间集聚是导致城市形成和不断扩大以及区域发展的基本原因。

在收益递增规律及相应的集聚或扩散模型的影响下,新经济地理学将区域和城市的发展定性为"路径依赖"和"历史事件"。与新古典的经济均衡模型不同,克鲁格曼采用历史方法,强调影响集聚的力量的持续和积累,"路径依赖"和"历史事件"发挥着越来越重要的作用。新经济地理学认为,区域的优势是由一些小事件所导致的自身加强。

3.3.3 区域增长与空间集聚的动力机制

区域的长期增长与空间集聚的关系是新经济地理学的主要研究内容之一。标准的新古典主义增长模型假定资本和劳动是收益递减的,在这个理论假设下,一个相对贫穷、资本储备较低的国家将有更高的资本边际生产率和资本利润率。据此预言,较贫穷的国家经济增长较快,最终能赶上较富裕的国家。巴罗和沙拉马丁的实证研究显示,区域收敛率在美国、欧盟、加拿大、日本、中国以及澳大利亚范围内是十分相似的,但是区域收敛率却相当低,每年大约1.2%,这要比简单的新古典主义增长模型低得多。区域收敛率较低的事实以及对新古典主义增长模型有效性的怀疑,引出了区域增长、空间集聚与收益递增模型之间的联系。

按照新经济地理学,资本外部性的相对规模(市场作用的范围)、劳动力的可移动性和交通成本将决定经济活动和财富在空间配置上的区域整合程度。一方面,当资本外部性及劳动力的迁移通过区域整合增加时,新经济地理学模型预言,更大规模的空间集聚将发生;同时,富裕中心和较差的边缘区之间的差距将进一步加大。事实上,实证研究也是支持这个预测的。另一方面,如果区域之间存在语言和文化等方面的障碍等不可流动性因素,那么中心地区的劳动力成本、拥挤带来的成本就会相应增加,经济活动的扩散会增强,区域集聚效应会减弱。

3.3.4 克鲁格曼的"核心-周边"模型

克鲁格曼提出了新经济地理学理论中最有代表性的"核心-周边"模型。该模型展示了两个外部条件原本相同的区域,如何在报酬递增、人口流动与运输成本的交互作用下，最终演变出完全不同的生产结构。该模型假设世界经济中仅存在两个区域和两个部门——收益不变的农业部门和收益递增的制造业部门。农业工人在这两个区域均匀分布，农业工资处处相同；制造业工资的名义值和实际值则存在地区差异，制造业工人从低实际工资区域向高实际工资区域流动。它通过将收益递增条件下的制造业份额与流动工人的份额加以内生，得出区域生产结构随运输成本变化而呈现出非线性关系的规律。模型显示，在中等水平的运输成本下前向与后向联系的效应最强：一个区域的制造业份额越大，价格指数越低，厂商能够支付的工资越高，越能吸引更多的制造业工人。在这种情况下，经济的对称结构变得不可持续，从制造业原本均匀分布的经济结构中将逐渐演化出一种"核心-周边"结构。核心区域占世界产业的份额大于其占世界要素禀赋的份额，由于制造业收益递增的缘故，它将成为制成品的净出口者。由于这些区域（或国家）的大小及其演变都是内生的，因而通过这一模型得出的结论比一开始就假定国家大小是外生的新贸易模型更加具有说服力。

3.3.5 "核心-周边"模型的拓展：国际专业化模型

为了进一步研究国际范围内的经济活动分布，必须引入由于国界以及语言和文化等方面的差异对人口流动构成的障碍这一客观存在的变量，维纳布斯凭借产业间的直接"投入-产出"联系假设，建立起国际专业化模型。按照他的假设，国家之间虽然因为国界和语言等障碍限制了劳动力的流动，但可以通过国际贸易来实现。假设各个国家具有相同的禀赋和生产技术，拥有农业和制造业两个生产部门，劳动力可以在国内部门间流动。农业部门为完全竞争型，农业产出为单一"投入-劳动"的增凹函数。制造业部门为不完全竞争型，使用劳动和中间产品的组合作为投入，厂商之间存在直接的"投入-产出"联系，每一家厂商的产出既作为提供给消费者的最终产品，又作为其他厂商所需要的中间投入品。制造业作为中间商品的生产者和消费者的双重身份使得与传统集聚有相近逻辑的国际专业化过程得以发生。

拥有较大制造业部门的区域通常能够提供较多种类的中间产品，而中间产品种类较多的区域有较低的价格指数，使得使用中间产品的厂商可以以较低的成本生产，这就构成一种前向联系——既有的产业集聚构成对外部厂商的吸引，对中间产品需求较大的厂商将倾向于在拥有较大制造业部门的区域选址生产；反过来，厂商生产成本中的中间产品采购部分是厂商之间后向联系的来源，在一个区域生产的厂商越多，对中间品的需求越大，在其他条件相同的情况下，该区域在制成品上的总支出也越大，这就为中间产品提供了一个巨大的当地市场。由于国与国之间不存在劳动力的流动，前、后向联系的结果不可能是人口在特定国家的集中，但是，它们却能够导致制造业（或特定产业）在有限的几个国家集聚的专业化过程。此外，正是由于劳动力不能在国家间流动，特定国家的制造业集聚会导致劳动力供给的趋紧，从而使得该国制造业与农业工资同时上升，在农业生产函数为严格凹的假设下，农业边际产出上升，制造业对农业劳动力的吸引减弱。

国际专业化模型所表明的一体化与集聚之间的非线性倒U形关系揭示了厂商

对经济一体化可能作出的区位响应。在较高的贸易成本下,厂商将分布于禀赋相同的区域以满足最终需求。在居中的贸易成本下,某些区域比其他区域吸引更多的产业,区域差异开始形成,但并不会达到完全专业化的程度。在低贸易成本下,集聚随着低工资区域产业份额的逐渐上升而溃散。相对于更为工业化的区域来说,早期进入低工资区域厂商的动机是对较低价格的非流动要素的考虑;然后,随着在某些部门建立起临界厂商群落,更多的厂商将搬迁过来以充分利用前向和后向联系。这一模型表明,全球化背景下的经济增长需要实行高度的对外开放,不仅需要商品领域的自由贸易,而且需要各国在投资和服务(尤其是生产性服务)贸易领域表现出更大的灵活性和自由度。

3.3.6 隐性知识、知识溢出与空间集聚机制

迈克尔·波兰尼根据知识能否得到清晰的表达和有效的转移,认为可以把知识分为显性知识和隐性知识。与可以通过书面文字、图表和数学公式加以表述的显性知识不同,隐性知识是未被表达的知识。隐性知识具有默会性、个体性、非理性、情境性、文化性、偶然性、随意性、相对性、稳定性、整体性的特点。

知识溢出是内生增长理论、新经济地理学等经济学分支解释集聚、创新和区域增长的重要概念之一,具体指包含信息、技术、管理经验在内的各种知识通过交易或非交易的方式流出原先拥有知识的主体。从研究视角上,对知识溢出内涵的研究多从知识的传播路径、形式、收益与效益等方面进行阐述。但有些知识具有隐性特征、黏性、模糊性,如技术发明、研究与试验发展活动、人际交流这类隐性知识是不可见的,且信息价值高的隐性知识难以编码,仅能通过面对面的交流进行传播。

基于此种情况,克鲁格曼提出将空间与知识联系起来,认为知识溢出是知识运用的结果,与经济管理存在着内在的联系,是知识管理的经济型效应和表现形式。自此知识溢出的空间因素逐渐成为研究知识溢出的重点之一。

知识溢出的发生机制包括人员流动、投入品(中间产品)、研发合作(或非正式交流)、专利引用等途径,因此知识在溢出过程中需要依托载体才能传播。

Baptista 研究认为,新技术扩散是空间的变量,新技术的外部性在本地层面表现更明显,因为同一区域用户之间的地理位置邻近。Caniëls 和 Verspagen 指出,知识空间溢出作用强度呈现出随着距离增加而衰减的特征。地理因素与知识(尤其是隐性知识)、创新活动有着密切关联,有助于企业的技术、知识溢出和创新绩效的提升;并且知识溢出的强度依赖于两个地区之间的地理距离。Breschi 等研究发现,通过专利引用所体现的知识流动的本地化程度,与劳动力流动和网络关系的本地化程度显著相关。这说明,地理因素不是知识本地化形成的充分条件,它是以充分参与网络间的交换为前提。

知识植根于知识人才个体,因此,知识人才的流动是知识(尤其是隐性知识)溢出的主要途径。Almeida 和 Kogut 指出,知识人才在不同空间范围流动,并与周围群体发生互动和交流,促进了新知识的创造,加快了知识在不同群体之间的传播。特别是在产业活动空间集中的区域或人口密度大的城市中,知识人才在不同企业和区

域的流动以及与不同群体的互动交流,促进了知识的传播扩散,进而促进技术进步。Malecki、Almeida 和 Kogut 等的研究提供了这方面的证据。

基于知识人才流动的知识溢出与经济主体的吸收能力(经济主体意识到、吸收以及应用科学知识)是紧密联系的。吸收能力影响知识溢出吸收效率的作用过程还受知识溢出类型(自然科学知识溢出和社会科学知识溢出)以及知识溢出机制的影响。此外,社会网络与社会资本影响着知识溢出效率。社会网络与社会资本能够把不同的个人、群体、产业和区域有效地连接起来,形成具有历史延续性、建立在共同信任及理解基础上的联系,能够有效促进信息交换,以及集群中知识的持续流动和扩散,特别是隐性知识的溢出。

在内生增长理论中,大学研发机构和企业研发部门是知识创造和溢出的重要源泉。产、学、研之间的交流和研发合作为知识溢出创造了可能。通过建立具有稳定合作关系的产、学、研创新网络,公司技术人员、大学研究人员以及企业家通过非正式交流或各种正式的学术研讨会交换异质性知识,实现技术知识的溢出或扩散。Feldman 和 Francis 指出,研究型大学作为重要的知识溢出源泉,通过义务支持当地区域发展、转移技术以及安排学生在当地就业等形式,为企业、个人和政府机构相互交流提供了平台,从而便于知识溢出。Charlot 和 Duranton 基于法国城市中个人工作交流外部性的研究反映了通过交流发生的知识溢出。产、学、研合作和交流过程中,技术的相似性以及文化的相似性影响知识溢出的地理分布与效率,原因在于这些因素影响互动交流的效率,进而影响知识溢出的效率。此外,较高的外部进入溢出(incoming spillovers)对产、学、研合作的可能性以及相应的知识溢出具有正面影响,企业可拥有的公共知识池(knowledge pool)对其自身来说十分重要,原因在于创新过程可能使企业从与其他研发机构的合作中获得收益。

通过企业家发生的知识溢出与新企业的建立和成长有关。企业家活动不仅仅涉及发现机会,还包括溢出知识的利用,企业家在企业集聚区域创业能够获得大量的隐性知识,拥有创意或专利的企业家通过创立企业并与不同的群体发生互动和交流,特别是在与他人的合作过程中发生知识溢出。基于企业家创业发生的知识溢出会以新建企业率、自我雇用率和就业率等形式表现出来。Audretsch 和 Stephan,Zucker 和 Brewer 对新生物科技企业与明星科学家区位分布关系的研究证明,大学里的明星科学家能够在新创企业运用他们的知识,在新创企业中存在明星科学家的知识溢出效应。通过对新创企业中知识溢出现象的研究发现,知识存量产生了知识溢出,企业家创业活动在知识溢出过程中发挥了重要的作用。区位在企业家创业活动中发挥了重要作用,在经济活动集中的区域,企业在地理空间上的邻近不仅为面对面的交流提供了便利,还有利于企业间前向与后向的市场联系,更有利于劳动力的进一步集聚以及知识溢出。新知识的溢出扩展了企业家技术选择范围,为企业家识别和利用机会以及创立企业提供了可能。同时,企业家创立企业可以吸引其他资源在该区域进一步集中,在具备一定基础设施的条件下进而形成集群。

Keller 指出,贸易是技术知识溢出的重要渠道,贸易商品是物化型技术知识外溢的一种重要形式。嵌入了先进技术的贸易商品给予技术落后区域模仿前沿技术的机会,技术落后区域在"干中学"的模仿过程中掌握和应用这些创新知识,提高自身的技术水平和竞争力。除了贸易之外,跨区域投资,特别是跨国公司 FDI 同样是知识溢出的重要渠道。Blomström 和 Kokko 指出,跨国公司在东道国实施 FDI 过程中,采用的先进技术对当地企业产生示范作用,或者通过与当地企业合作或合资进行技术知识溢出或转移。Wang 和 Blomstrm 指出,更为普遍的是,跨国公司子公司会以供应商、顾客、合作伙伴等身份与当地企业建立起业务联系网络,从而通过前向联系与后向联系带来技术知识溢出。Harabi 和 Agrawal 指出,在通过贸易投资发生知识溢出的过程中,落后区域吸收溢出知识效率的高低取决于该区域本身知识存量和吸收能力,一个区域只有在拥有大量知识并具备一定的吸收能力的前提下,才能理解、评估、融合与使用外部环境中的知识,才能将区域的外部知识转化为可应用的知识。

3.4 霍尔的巨型城市区域理论

作为与卡斯代尔(Castells)、弗里德曼和哈维(D. Harvey)齐名的大师,霍尔对世界城市的理解非常深刻。霍尔认为,新国际劳动分工和全球化的出现使生产和创新在全球扩展,为新的全球等级网络结构的出现提供了物质基础。他非常强调历史对城市现实和未来的影响以及不同区域的差异性。他的世界城市理论非常显著地体现在 POLYNET 的巨型城市区域实践中。

霍尔于 2005 年起承担欧盟委员会负责的欧洲都市区研究项目,该项目是欧盟委员会资助进行的西北欧城市研究(Interreg ⅢB 计划)的一部分,名为 POLYNET。POLYNET 项目主要负责人为霍尔。霍尔在规划实践该项目前,提出了欧洲的巨型城市区域(Mega-City Region,MCR)理论,以指导实际研究。他认为,整个西欧可大致划分为八个巨型城市区域,分别为英格兰东南部(South East England)、兰斯塔德(Randstad)、比利时中部(Central Belgium)、莱茵鲁尔(Rhine Ruhr)、莱茵-美因(Rhine-Main)、瑞士北部(Northern Switzerland)、巴黎地区(Paris Region)以及大都柏林(Greater Dublin)。每个区域有一个相应的中心大都市,称为首位城市(first city),与其他欧洲(乃至世界)大都市连接,但区域内部又是多中心(polycentric)的,各中心呈现较强的独立性。虽然该理论不用"世界城市"等术语,但八个区域的中心大都市多为不同级别的世界城市,实际上是将欧洲世界城市放在欧洲城市区域中进行考察,因此该理论的提出,实质是霍尔对世界城市理论的总结、升华。

在霍尔的巨型城市区域理论中,有以下理论要点:

(1) 巨型城市区域理论的一个核心点是城市的多中心化、分散化。霍尔认为,八个区域互相之间以及内部都是多中心的。POLYNET 项目所依据的一个理论假设为:随着城市的发展,更多的人口及就业将出现在最大的中心城市以外,相对小的城市或城镇之间将会有更紧密的联系,并逐步出现不经过中心大城市就进行信息交换的现象。

最为值得称道的是霍尔对城市区域化发展的预测。他认为,在中心城市以外,小城市、城镇将逐步获得独立性,而小城市、城镇之间将直接进行有效的交通、通信联系。霍尔将中心城市与周边小城市组成的城市区域称为"特大城市",也就是今天"巨型城市区域"的前身。霍尔将此概括为一个城市核心圈去中心化(core-ring decentralization)的持续过程,并对此进行了理论化的阐述。

(2)巨型城市区域理论在理论体系上延续并发展了霍尔长达30余年的城市发展理念,对高端生产性服务业(advanced producer services)和城市影响力非常重视。银行(金融)业、保险、法务、财会、广告及管理咨询等高端生产性服务行业成为研究各个城市的重要参数,并在此基础上,对欧洲重要城市的全球连通性和影响力进行了分析(表3-1)。

表3-1　POLYNET中八个世界城市全球连通性排名(connectivity rankings)

排名	城市	系数
1	伦敦	1.00
2	巴黎	0.70
4	阿姆斯特丹	0.59
5	法兰克福	0.57
6	布鲁塞尔	0.56
7	苏黎世	0.48
9	都柏林	0.43
12	杜塞尔多夫	0.39

资料来源:http://hdl.handle.net/1765/1021.

我们发现,霍尔的巨型城市区域理论主要有如下研究成果:

(1)世界城市(POLYNET项目中称为"首位城市")作用至关重要,在高端生产性服务业具有不可替代性。

(2)其他较低级别的副中心城市中的物流业、财会核算等行业,对世界城市的金融业、信息业起到了有力的承载、传播作用。

(3)世界城市的人口、资本、物资等集中情况仍十分明显,巨型城市区域内的集中现象仍是不可避免的趋势,世界城市还没有被分散及削弱的迹象。

(4)电子通信技术使世界城市进一步成为信息集散中心,最重要的交流通常在世界城市内部,重大商务活动仍然以面对面的形式进行,世界城市的经济集中职能并没有被削弱。

(5)世界城市培养、输出大量国际专业人才,高端国际型人才就职的大公司及居住的住所仍然集中于世界城市。

(6)世界城市与国际社会更多地进行知识分享与扩散,各世界城市之间形成了密切的联系与互补。

3.5　全球城市区域:全球城市发展的地域空间基础

在全球化和信息化对越来越多的城市和地区产生重大影响,并将这些城市和地区卷入全球经济一体化进程的背景下,各种类型的产业部门(制造业或服务业、高技术产业或低技术产业)都以前所未有的跨地域的广泛联系而生存与发展。这种联系程度的强弱有时甚至可能决定一个产业的市场竞争力。在这种情况下,单纯以城市为单元,已经无法充分解释全球化时代的产业竞争与发展现象。目前已经形成的现代国际大都市,特别是像纽约、伦敦、东京这样的超级全球城市,通过城市网络已全面融入区域、国家和全球经济的各个层次中。其特征是正在向全球城市区域的空间结构转变。通过高度的区际交流与合作,包括高度发达的资本、信息以及人力资源流动,核心城市与周边区域作为一个整体,被整合在全球经济体系之中。这些现代国际大都市与其毗邻的周边城市或区域有着强大的内在联系,形成了所谓的全球城市区域。

3.5.1　全球城市区域的形成机制

经济全球化使全球城市区域逐渐形成。全球城市区域是指在全球化高度发展的前提下,以经济联系为基础,由全球城市及其周边经济实力较为雄厚的二级大、中城市扩展联合而形成的一种独特空间现象。这些全球城市区域已经成为当代全球经济的基本空间单位(即全球经济的区域发动机)。

从表面上看,全球化与全球城市区域的中心作用是相互矛盾的。全球化强调地域的淡化,现代交通、通信等技术手段越来越先进,有助于消除空间障碍,使世界各地的相互往来日益密切。而恰恰在这种情况下,全球城市区域作为一种极为重要的空间现象出现,强调了区域的重要性。这看似矛盾的两个方面是如何统一起来的呢?

斯科特(Scott)用网络结构(以及相关的相互交易)来理解全球城市区域的空间逻辑。这种网络结构构成了经济组织和社会生活的基本框架。更确切地说,这个逻辑反映在经济和社会网络的内在二重性上。一是其作为一个实体的状态,有明确的空间结构标志,特别表现为任何双边或多边交易必然带来地域依赖的阻抗或成本;二是其作为一个社会组织的状态,有明确的结合与相互联系的方式,往往具有强烈的协同效应。根据这种经济和社会网络的内在二重性,斯科特发现在现实世界中,这种空间交易成本通常是一个很大的变数,它取决于生产活动的类型。

在任何先进的经济体系中,通常存在两种具有代表性的不同类型的生产活动。一种是高度常规化的生产活动,依赖于已经被规章化的知识形式,依靠机械及工艺,主要是重复行动模式。显然,这类生产活动的空间交易成本是较低的,即使参与者有很大的空间隔离,也不会影响交易的效率。在这种情况下,相关企业之间的联系对区位选择的影响可能是相当有限的,公司将选择价格比较便宜但与相关公司距离较远的区位。

与此相反,另一类经济活动存在着巨大的不确定性,参与者彼此之间的互动性很强,对生产者的能力有特殊的要求。例如,在高科技产业,生产者经常面临的不仅是技术自身的迅速变化,还有不同时期顾客对其产品需求的变化。又如,在专业商务服务和金融服务中,从项目导向转变为以客户为本意味着企业必须实行不同技能和资源的组合,以满足客户的特殊需求。由于这类工作高度专业化,以及产品或服务高度差异化、个性化,交易成本随距离而增加,效率因生产者的地域分散而迅速降任。显然，当空间交易成本很高，特别是需要频繁地进行面对面交谈时，要想使交易顺利进行，许多重要的经济环节依赖于各方距离的接近。

在工业化时代，经济活动主要趋向于常规化的生产，尤其是制造业。随着后工业化时代的来临，以及经济全球化的扩展，现代经济增长的主导力量变为高新技术产业、新工艺制造、文化产品、新闻媒体、商务和金融服务等。同时，由于经济环境比以往有了更多变化，也迫使许多企业采取更灵活的技术和组织模式。此外，新的信息技术越来越广泛地被运用于非标准生产过程，以增加收入和开发更多的品种，扩大市场份额。因此，在整个经济体系中，第二种类型的生产活动越来越趋于普遍化，即使目前尚未占据主导地位，但这种灵活的网络化生产体系和价值链的产出已经占有越来越大的份额。

正是在这样的背景下，一些以全球城市为核心的城市区域，集中了参与全球市场竞争的公司网络，并具有全球市场竞争的地域平台功能。随着全球化的发展，这些区域进一步扩大国际市场和生产领域，经济也随之增长。与此同时，许多地区正受到越来越大的全球竞争的压力。因此，这些地区必须积极地参与全球化进程。这也促进了国家城市体系的稳步重构，使众多的中心城市演化为一个世界范围的、综合性的、丰富多彩的超级城市集群，即全球城市区域。

3.5.2 全球城市区域与传统城市区域的联系及差异

1. 城市区域

全球城市区域与传统的城市区域概念有一定的相似度。城市区域并不是一个新的概念。例如，美国在1930—1960年，先后提出了"大城市地区""标准大城市地区""标准大城市统计区"等概念。1980年，美国政府又进一步提出了人口在100万以上的"大城市区域"的概念。一般来讲，城市化发展进入后期阶段，由于城市的经济辐射能力不断增强，经济辐射范围不断扩大，其扩散效应上升到主导地位，使城市范围得到扩大，导致城市区域化。在城市不断向周边地区扩张的过程中，逐步形成了城市区域。

城市区域可以分为单一型城市区域和复合型城市区域两种类型。单一型城市区域是指城市本身就是一个区域，它的发展既表现为城区半径的扩大，也表现为城市群的组合。例如，伦敦先从较小的"伦敦城"发展到"内伦敦"，再到"大伦敦"，最后发展到巨大的"伦敦区域"。复合型城市区域是由于城市集中发展之后的循序性扩散与跳跃式扩散，使许多原本不相关的或联系很少的城市逐渐连为一体所形成的城市区域。

2. 全球城市区域与城市区域的联系

城市的扩散效应，使得这种由点及面的扩展在空间联系上远远超出城市本身，将现有不同管辖权边界的中心城区、郊区、邻近地区乃至其周边地区的利益整合在一起。显然，这与具有明确管辖权边界的单一城市（包括所属的郊区）的概念是不同的。同时，这种联系的基础主要是经济联系，而非单纯的地域联系，这不仅是城市在空间上的扩展，也是在城市功能升级、产业扩散、经济空间联系日趋紧密过程中形成的地域现象。

城市区域的这些属性,也是全球城市区域所具有的,这是二者的共性。如果说城市区域是作为城市化进程的产物而提出的一个概念,那么,全球城市区域的形成,就不仅仅是城市化进程的产物,更是高度发展的经济全球化的直接结果。这一现象的出现,与经济全球化有着极为密切的关系。全球化进程正在削弱地理实体的界限,使城市区域兴旺起来。它们逐步成为处理和协调现代生活的中心。

3. 全球城市区域与城市区域的差异

霍尔曾提及,如果全球城市的定义建立在其与外部信息交换的基础上,全球城市区域的定义则应当建立在区域内部联系的基础上。因此,我们应从区域内部联系的角度来区分全球城市区域与城市区域之间的差异,并揭示其自身的特殊性。

(1) 全球城市区域是以全球城市(或具有全球城市功能的城市)为核心的城市区域,而不是以一般的中心城市为核心的城市区域。在此区域中相互联系的诸多城市均参与经济全球化进程。作为区域核心的全球城市,以及其中的二级大、中城市都具有高度的国际化。这与一般城市区域内相互联系所体现的国内的、地方关系是完全不同的。

(2) 巨大的全球化压力和地区间竞争,使全球城市区域具有内在的更为宽泛的空间经济特征。由于全球化突出了空间接近和凝聚对提高经济生产能力和形成优势的重要性,因而,全球城市区域在其发展初期的领土、实体扩展中,出现了由邻近地方政治单位(县、都会区、市等)组成的松散联盟,一同在应对全球化带来的威胁和机会的基础上提高效率。正是在这种有着密切经济联系的全球城市区域中,才有足够的人力资源、资本动力、基础设施以及相关服务行业支撑的具备全球化标准的生产。因此,巨大的全球城市区域充当了企业参与全球市场竞争的地域平台。这些企业扎根于全球城市区域的相关资源中。全球城市区域因此而成为企业集群或公司网络争夺全球市场的地域平台。从这一意义上讲,全球城市区域恰好是使全球化成为可能的空间结构。因此,全球城市区域不仅是经济全球化的结果,同时也是全球经济的驱动力之一。全球化与全球城市区域的发展不过是一个整体的两个不同局部而已。

(3) 全球城市区域是多核心的城市扩展联合空间结构,而非单一核心的城市区域。霍尔认为,全球城市区域应该具备多中心的圈层空间结构形态:核心是中央商务区;第二层次是新商业中心区;第三层次是内部边缘城市,主要是工商业用地的外围扩展;第四层次是外部边缘城市,由一些交通节点上的城镇组成,成为中心区与外部的联系点;第五层次是边缘城镇复合体,在此圈层主要集聚了一些中心区企业的研发部门;第六层次则分布着遵循劳动地域分工的专业化次等级中心,为中心区及其他圈层提供教育、娱乐、商务会展服务等。这一空间结构具体表现为圈层、带状或其他形态,可以进一步通过实证考察,但最为重要的是"多中心"的空间结构。在全球城市区域中,多个中心之间形成基于专业化的内在联系,各自承担着不同的角色,既相互合作,又相互竞争,在空间上形成了一个极具特色的城市区域。从这一意义上讲,全球城市区域圈层的形成与专业化转变是同步进行的。

3.6 卡斯特的流空间理论

流空间理论以及在此基础上形成的城市网络理论，很好地解释了城市网络体系的网络化、多节点、扁平化和专业化特点。"流空间（space of flows）"概念由卡斯特（Castells）在1989年出版的《信息化城市》一书中首次提出，其含义为不必地理邻接即可实现共享时间的社会实践的物质组织，"流空间"概念与"场空间"相对应。《网络社会的崛起》将流空间系统地阐述为四个方面：一是"流"的物质载体是各种基础设施空间，二是"流"去到的各节点、枢纽组成的网络空间，三是产生"流"的精英组织空间，四是承载"流"的虚拟空间。可将流空间的动力机制理解为：精英组织空间（产生）—物质载体与虚拟载体空间（运输）—节点、枢纽组成的网络空间（终点）—各个节点受地域差异影响触发生产力要素流动（动力）。

流空间理论认为，流空间基本要素是流、网络、网络节点。流空间是各种"流"运动所产生的网络及网络节点组成的。"流"可以是人流、物流、信息流、技术流、资金流等。这些"流"在处于支配性地位的精英组织空间的驱动下产生，精英组织空间可以是政府、跨国公司网络、生产性服务业网络或者具有影响力的民间组织等。网络则是一系列网络节点由各种"流"串联到一起所形成的一个复杂系统。这里的网络节点可以是精英组织空间的公司、企业等，也可以是城市、区域甚至是国家等。不同的"流"运动作用会产生不同效果的网络节点，同时不同的网络节点属性也会影响"流"的运动以及整个流空间的网络结构。

与流空间对应的是场空间。场空间一般指由看得见的实物所组成的具有一定地理意义的实际空间，它具有一定的范围，受规模大小的限制。一般认为场空间的主体是中心，其竞争通常是依赖成本的价值差异，体系结构单一，具有向心性；而流空间的主体是各个节点，不受规模限制，且竞争模式依赖的是服务品质差异，体系结构是多维点轴体系。虽然二者有区别，但流空间与场空间是相互融合、相互联系的。流空间可以塑造场空间，场空间也可以影响流空间。因此，不能完全脱离场空间而单一地研究流空间。

流空间理论为网络城市的发展提供了理论支撑。卡斯特认为流空间是组织和联系经济以及其他社会活动的网络，网络是需要节点的，而城市往往就是容纳这些社会实践与活动的社会容器，或者称之为网络节点，区域网络结构随之形成。区域空间结构是区域内城市各项功能活动区位选择下的结果，流空间的出现打破了传统的区位选择，信息的即时性、交通系统的高效性、交流的自由性等流空间所带来的福利缩短了区域间的距离，"流"流动的环节中取消了"中介"环节，弥补了物质空间存在的割据性，大大提高了可达性，区域中空间集聚与扩散的方式也由依托地缘和等级体系的扩散，逐渐走向依托流空间突破传统格局，产生跳跃性扩散的方式。流空间对社会、经济、空间等系统进行的解构与重构，颠覆性地影响了古典区位论视角下的区域空间结构。

流空间与其跳跃性扩散的节点所构成的网络是基于网络化逻辑的城市网络体系。去中心、多节点,以及网络区位取代地缘区位是其两个基本特征。这个网络体系高度发展的表现就是区域一体化,还包括网络化、扁平化与专业化。流空间视角下的网络结构有两个层次,一是由交通、通信及城市构成的空间网络;二是由精英组织和网络运动组织构成的基本生产单位网络,它们必然会引领人流、物流、资金流、技术流与信息流的流动。

3.7 城市网络理论

长期以来,世界各国的城市体系都有明确的等级结构,除了行政管理功能以外,每座城市长期形成的经济功能与其所处的行政等级基本相符,上级城市影响甚至控制着下级城市,同等级城市功能相似,本城市自身无法提供的产品或服务只能从规模更大的上级城市获得。但是,随着全球专业化分工的深入、要素及产品市场的扩大、交通通信等各项区域基础设施的完善,城市体系结构已然发生深刻变化,以专业化分工为基础的产业地域分布打破了传统的城市等级结构,同等级或非同等级城市间的横向经济联系日趋密切。产业分工从原来的垂直性分工转向水平化分工,一些次级城市也能承担部分上级城市原来的职能,多中心、水平化的城市网络体系已经开始形成。

3.7.1 城市网络的内涵

城市网络理论是近年来出现的解释城市间非等级关系的理论。Camagni 提出城市网络,他认为网络并不是平的、单一层次的系统,而是由不同水平和垂直尺度的合作互动组成的;城市网络包含三个层次的空间组织逻辑,即地域(国家)、竞争性(等级)和网络(合作)。基于上述认识,Camagni 建构了从区域城市、国家城市到世界城市三个层次嵌套等级式的城市网络(图 3-2)。

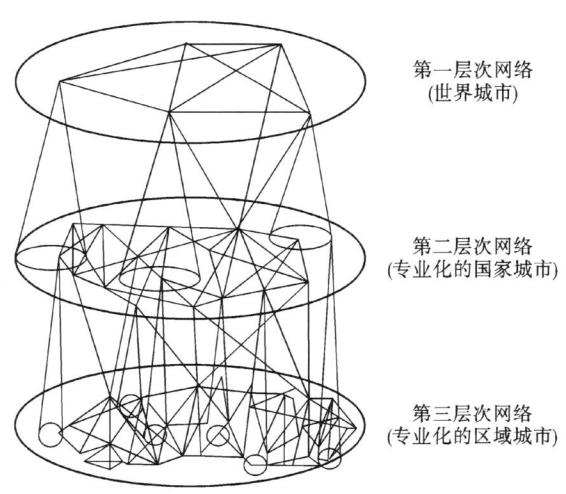

图 3-2 嵌套等级式的城市网络

(资料来源:*Structure and Change in the Space Economy*, Camagni)

地方化的过程形成了地方产业集群和区域性城市网络；全球化的过程形成了全球生产网络和世界城市网络。流动空间、网络模式、全球化、地方化等新的空间组织逻辑塑造了不同的产业和城市空间组织。在新的空间组织逻辑之下，伴随着无处不在的流动，空间变得光滑，产业形态体现为嵌入全球生产网络中的产业集群；尺度体现为邻里、区域、国家、全球之间的相互嵌套；空间体现为大都市区相互连接成巨大且嵌入世界城市网络之中的区域性城市网络。

3.7.2 城市网络形成的背景

1. 交通革命带来的时空压缩效应

交通系统的演进是社会发展的重要驱动力，并对城镇体系的关系结构与空间布局产生重大影响。无论是早期的农业区位论、工业区位论，还是中心地理论，其理论建立时城镇之间的要素流通以物质和人员转移为主，各级中心地的发展显著受到区域交通可达性的制约，因此中心地理论将运输成本和交通时间作为评价区域地理条件的主要因素。近年来，以高铁、航空为代表的高速交通迅速发展，其所带来的时空压缩正在逐渐改变着空间的可达性，传统的空间关系被改变，进而促进区域经济格局和空间结构的调整。首先，可达性的提高显著改善了边缘地区的区位条件，改变了产业布局的区位选择；其次，中心城市的腹地范围随之扩大，其自身的功能覆盖范围与影响力也进一步得以扩大；再次，在高速交通基础设施的影响下，不同地区经济、社会系统之间的联系越发增强，区位条件不再成为影响城镇之间联系的绝对性因素。这一系列的改变使得以区位论为基础的中心地理论在解释城镇之间的关系时显得乏力。

2. 流空间使城市网络具有开放、流动、多中心的特征

流空间是通过流动而运作的共享时间的社会实践的物质组织。以中心地理论为代表的早期研究受视角限制，通常将研究对象限定于一个自然地理单元或行政区划相对完整和独立的区域，并视研究对象为封闭区域的场所空间。流空间概念与传统场所空间概念的最大区别在于，后者是建立在地理距离的邻近基础上，而前者则将邻近概念抽象为社会行为与关系的接近、时间与过程的共享。从20世纪50年代中期开始，人类社会的发展形态开始由工业社会向信息社会过渡。信息流是流空间的主要构成要素之一，在空间上具有无约束性和无差别化的特性。信息流的产生进一步增强了城镇之间的交互关系，同时也增加了城镇体系组织结构的复杂程度。由于这一类虚拟要素流具有去空间化的特征，因此将使生产协作与经济辐射具有更大的区位弹性，超出传统中心地理论对研究对象所划定的明确界限。在信息技术的推动下，生产方式和空间组织呈现出多元化发展态势，城镇体系的结构特征也逐步向开放、流动、多中心的网络化模式转变。

3. 全球化生产网络

全球化和信息化正深刻影响着全球城市体系，对于地理空间而言，主要表现为不断加大的空间差异性和不断增强的空间联系性这两个对立统一的复杂变化特征，全球化成为国家与地方尺度下城镇系统演进的一个过程。在全球价值链和供应链

的作用下,跨国公司力图在全球范围内寻找最佳的生产区位。经济一体化过程中的垂直一体化和横向一体化相互交融,导致全球生产呈现网络化的组织现象。原本相对隔离的生产系统通过各种渠道高度整合,高级生产活动从传统的物质产品生产向信息产品生产转移,在全球城市、区域中心城市高度集聚,而大量的标准化生产环节则无差别地向全球各地迅速扩散。城市越来越多地参与全球范围内的要素流动,由行政区划主导的等级空间逐渐向关系网络化的功能空间转变;同时,地方尺度下的市场规模已经无法满足中心城市的经济扩张,其对外联系也不再仅限于自身腹地。正是在这种发展轨迹和机制的转变背景下,城镇体系需要被放置在更大的空间尺度下来观察和理解,而非停留在传统中心地理论的地方尺度下。

4. 制度与体制演变

新制度经济学认为体制转型是推动当今世界、国家经济、社会发展的根本力量。20世纪90年代以来,发达国家与发展中国家都经历着巨大的社会、经济体制转型,有关转型的讨论已经进入一种全面国际化的语境。以中国为例,在计划经济时期以及改革开放以来向市场经济转型的长期过程中,自上而下的城镇体系占据了主导地位,以中心地体系为代表的等级制在中国普遍存在。随着市场经济体制的确立,企业和个人作为经济活动主体的状态逐步形成,中国城镇体系的组织原则也随之发生改变。

在经济结构调整、社会结构变迁、地方政府治理转变与区域、城市等不同尺度空间重构的相互作用下,城市成为经济、社会活动的载体,城市中各种力量的成长、组合与演变也强烈地反作用于经济与社会活动过程,这种相互作用不断推动着立足于城镇体系复杂性、等级制与非等级制共存特性的城市网络理论的产生。

3.7.3 城市网络理论:城镇体系从中心地到网络化的进化

1. 由中心性到节点性的主体特征

中心地理论强调中心城市在城镇体系中由其功能地位所体现出的重要性。Christaller认为重要性是一种城市经济效果的综合评价,而人口规模、空间规模并不能准确反映出中心地的重要性,因此他通过中心性、节点性指标量化这种中心城市对外围地区的服务能力,强调中心城市的重要性,相关研究进一步基于规模-位序的研究思路与方法,研究结论通常为城镇体系的等级结构、金字塔结构。与中心地理论立足于空间组织的向心性不同,城市网络理论更趋于研究城市作为网络节点所处的结构位置、发挥的功能属性及这一属性在网络中所承担的职责。由此可见,网络中的节点城市是承担一定职能的战略性地区,城市的重要性不仅体现在其规模等级上,也体现在其所发挥的职能与协调作用,体现在连通性、控制性、不可或缺性等诸多方面。城市的规模等级与其在网络中的地位并非绝对正相关,很多中小城市通过自身的某项突出职能与不可或缺性在城市网络中扮演着重要角色,并进一步产生和发挥区域性的影响,而不局限于地方空间。正是由于对城市节点属性的发掘,城市不再被简单地看作贸易场所、港口、金融中心或工业重镇性质的中心地,而被视为在网络中承担要素流通与循环功能的必要组成部分。

2. 由等级从属到功能互补的主体关系

随着城镇体系发展阶段的演进，中心地理论所阐述的城镇之间的等级制度逐渐成为对城镇关系的片面理解。中心地理论以等级制解析城镇关系，强调的是空间组织的向心性和自上而下的单向垂直联系，低等级依附于高等级，而不存在逆向的控制与被控制关系。然而，城镇体系是一个日趋复杂的自组织网络系统，不仅存在垂直的高等级对低等级城市的控制、低等级对高等级城市的依附，也存在水平的相同或相近等级城市之间的互相影响，即多等级的交互反馈机制。这就导致传统中心地理论无法从机制上解释当前各等级城市之间通过生产上的分工协作建立起来的紧密关系。

城市网络立足于城镇体系中的分工协作、功能互补关系，揭示了城市的外部性。互补是指不同的城市通过承担不同的经济职能、提供不同的服务和履行各自的义务，互惠互利，最终增强了其他特性。实际上，功能互补并非新概念，早在多中心城市区域、城市群、都市区、大都市带产生时，功能互补已经被用于解释这些地理现象的内部机制。城市网络研究强调互补性，是为了通过描述在不同规模、等级城市之间双向流动的交互关系，指出城市网络中不仅存在垂直的制约关系，也存在水平的相互获取关系。由此可见，中心地理论所强调的竞争和排他性的区域发展观正在被分工协作、网络化的新型城镇关系所替代。

3. 由地方到全球的空间尺度

Christaller认为，每一种商品都有一个给定阈值的最小需求以及固定的地理域，例如功能分区、经济分区、生产协作分区。城市（或中心地）某一类或某一特定规模的单位所提供的消费品和服务的多样性取决于城市及其腹地的人口总和所能达到的阈值，即中心地理论将城镇关系触及的尺度限定于中心城市所影响的腹地与地方空间。长期以来，中国对城镇体系及其空间结构关系的理解和规划编制在很大程度上受到中心地等经典地理空间模型的影响，形成了直辖市、省会城市和计划单列市、地级市这一具有明确空间管辖权限和辐射范围的等级体系。

在流空间和全球化背景下，城市和区域的发展越发依赖于城市之间频繁的人流、物流、信息流、资金流和技术流交互所形成的关系网络。伴随着现代化交通和信息通信技术发展所带来的时空压缩，要素流在空间上呈现出无边界限制的延伸并产生影响，其所触及的空间不再仅限于城市腹地、经济区、功能分区，而是在更大的尺度上产生作用，直至全球尺度。原本相对独立且完整的地理单元，如国家、区域和地方，越来越受到外部力量的影响，因此列斐伏尔等人认为，必须把城市放在不断发展和空间扩张的资本主义所塑造的更宏观的地理背景下，才能更好地理解其含义。可见，城市网络理论使得城镇体系研究的着眼点由封闭系统走向开放系统，由地方空间尺度走向全球空间尺度。城市网络研究不仅关注少数全球城市在世界城市网络中的中心地位，近年来也开始关注边缘城市通过协同合作形成的区域网络及其与世界城市网络产生的关联效应。

3.8　经典城市理论

3.8.1　霍华德的田园城市理论

1. 理论的主要内容

田园城市理论是对工业革命下高速城市化进程所带来的城市问题的早期探索。工业革命促使乡村人口不断向城市迁徙，城市越来越拥挤，乡村越来越萧条。城市空间以摊大饼的方式向外无序蔓延，让当时的城市异常混乱。于是人们开始把目光放在城市规划上，希望有计划的城市建设能消除这些问题，希望城市规划能还他们一个健康美丽的城市。可以说，正是这样特定的时代背景促使田园城市理论的产生。

首先，田园城市的主体是"人"而不是"物"。人是城市的灵魂，一座城市的建设应以人为中心，对城市面积、人口布局、居民社区等做出精细规划。城市应体现它应有的利于人生存和集聚的功能，拥有足够的园林、绿地，以保证居民的生理和心理健康。霍华德为他的田园城市设立了一个象征性的水晶宫，它既是购物中心，又是城市花园，距离最远的居民区也不超过548米。它不是单纯追求工程性或技术效率性，而是着眼于为人生存发展和公共交往提供富有生气的公共空间，是一个极富吸引力的公共场所。

其次，田园城市的精髓是城乡一体化。霍华德构想的田园城市是一种社会城市，也是一种城市簇群。它以乡村为背景，将其作为居民美好生活空间的一部分，人们可以步行到田园和农场。城市之间通过市际铁路连接，为人们提供广泛的经济和社会交往机会。

最后，田园城市的本质是规划和推行各项社会改革。土地问题是城市发展的基本问题，它既制约着城市发展的空间，又决定着城市发展的规模与形态。霍华德认为，城乡之间最显著的差别在于土地租金不同。城市之所以比乡村租金昂贵，是因为大量人口赋予了土地巨大的额外价值。田园城市构想意在通过一系列社会改革解决以土地问题为核心的城市过分集中、乡村加速衰败的惯象。

2. 启示

田园城市理论为绿色生态城市规划实践提供了理论支持。城市之间是绿色开敞的，农业用地包围城市，既可以形成开敞的绿色空间，也可以为城市居民提供新鲜农产品。保持城市的开敞性，实际也是城市形态上的跳跃型、间隙式空间布局。城市边界的限定和城市之间的不连续形成区域范围内的廊道空间。这也是组团式城市结构的理论支持。

田园城市理论也为特色小镇和美丽乡村建设提供了理论支撑。城市化虽然仍是时代发展趋势，但城市化并不意味着全部人口都居住在中心城市，也不是说所有的空间和建筑形态都符合城市特征模型。在广大的城市连绵区和大都市区域中，还有很多各具特色的小城镇以及美丽乡村的空间存在。县城成为大中城市的有机组团，特色小镇则成为大都市区域中一个个具有特色产业和人口承载功能的空间。

3.8.2 伊利尔·沙里宁的有机疏散理论

1. 理论的主要内容

为缓解因城市过度集中所产生的弊病，例如交通问题、安全问题、社会问题及环境恶化等城市问题，芬兰著名规划师伊利尔·沙里宁提出关于城市发展及其布局结构的学说——有机疏散理论。他在1942年所写的《城市：它的发展、衰败和未来》一书中，从土地产权、土地价格、城市立法等方面论述了有机疏散理论的必要性和可能性。

有机疏散理论认为，城市需要以合理的城市规划原则为基础，使城市有良好的结构，以利于其健康发展。城市作为一个机体，它的内部秩序和有生命的机体的内部秩序相一致。如果机体中的部分秩序遭到破坏，将导致整个机体瘫痪和坏死。要按照机体的功能要求，把城市的人口和就业岗位分散到可供合理发展的非传统中心城区的空间中去。

有机疏散理论认为，重工业不宜布置在城市中心，轻工业也应该向外疏散。城市行政管理部门应设置在城市的中心位置，便于其提供服务。城市中心地区因工业外迁而置换出的大面积用地，应该用来增加绿地，也可以供必须在城市中心地区工作的技术人员、行政管理人员、商业人员居住，让他们就近享受家庭生活。城市中心地区的日常生活供应部门将随着城市中心的疏散，离开拥挤的中心地区。城市中心地区的许多家庭可以逐渐疏散到新区，得到更适合的居住环境。中心地区的人口密度随之降低。有机疏散理论认为，个人日常生活应以步行为主，并应充分发挥现代交通手段的作用。城市的交通问题并不是现代交通工具使城市陷于瘫痪，而是城市的机能组织不善，迫使在城市工作的人每天耗费大量时间、精力于往返路程，造成城市交通拥挤堵塞。

2. 启示

有机疏散理论为卫星城和新城建设提供了理论支撑。中心城区的产业和人口高度集聚，导致空间不经济和城市病的大量出现。为此，可以建设新城和卫星城市，将不宜布局在中心城区的重工业和轻工业等产业部门疏散，城市中心区则主要作为现代生产性服务业和消费性服务业的高价值端集聚空间。现代规划理论则进一步认为，新城不仅仅是承载中心区落后传统产业的空间，也应该具有现代生产性服务业和消费性服务业的功能。这是现代产业发展高端化的现实所决定的，同时，也能避免新城在若干年后重走旧城产业低端化和城市病的老路。

3.8.3 简·雅各布斯的城市多样性理论

1. 理论的主要内容

城市多样性理论首次出现在简·雅各布斯的《美国大城市的死与生》一书中，她指出，要想使城市充满活力，就必须注重城市的多样性发展模式。雅各布斯将城市看作一个包含诸多要素的系统整体，而多样性则是其重要属性之一。

"多样性是城市的天性。"雅各布斯认为如果想要深入理解城市,就必须重视城市功能的多样性。城市多样性理论关系城市居民的社会和精神需求,还涉及城市居民之间的交往联系。雅各布斯说:"城市多样性无论来自何方,都和一个事实相关,即城市拥有成千上万的人,而他们的兴趣、品位、需求、感觉甚至偏好又都五花八门。"由此可见,城市作为一个复杂的有机系统,无论从经济角度还是社会角度看,都需要具有错综复杂并且相互补充的多样性。

混合功能是城市多样性的核心,它包括可以维系城市安全、公共交往以及可以交叉影响的因素。雅各布斯说:"大城市是多样性的天然发动机,也是各种各样新思想和新企业的孵化器。大城市是各种各样小企业的天然经济家园,而且城市的规模越大,制造业的种类和数量也越多。"

雅各布斯还指出,小型制造业的发展离不开城市。脱离了城市,它们存在的可能性也会降低。因为小型制造业需要很多来自大城市内部的技术支持,而且它们的服务市场和服务面也相对狭窄,市场的波动会对它们造成相应的影响。相对而言,那些大型制造业就并非必须在城市,因为将厂房或者工业基地安置在城郊,更有利于它们的发展。小型制造业的发展依赖于城市;同样,城市的发展也需要它们。小型制造业依靠城市里各种各样的其他商业而存活,同时它们丰富的形式也进一步提高了城市多样性。雅各布斯总结出一点:城市多样性本身就可以激发并产生更大的多样性。

2. 启示

雅各布斯的城市多样性理论直指我国城市规划中普遍存在的问题,即规划采用鸟瞰式而非人视点,违背了以人为本的原则。例如城市的道路交通设计,过多地关注汽车的需求,使城区尺度无限制扩大,各功能分区因此疏远和隔离,街区规划的功能与风格单一,城市容积率平衡不佳,从而导致城市土地被大肆浪费,城市三维空间失衡。

基本功能混合是城市多样性的要素之一。只有不同街区功能混合,才能保证不同需求人群的集聚,从而形成城市人群的综合化与多样化,达到为城市带来活力的目的。因此,在城市改造过程中要注重除基本功能外的各类辅助功能以及它们的综合性,形成互补共生的关系。在城市改造中,通过适当比例的不同功能混合,促进城市各种功能的有效衔接和混合,最终可以在一定程度上减少资源浪费。

城市改造应该对城市中不同类型的历史建筑进行细分,对重要的历史建筑加以严格保护,对次要的历史建筑及时改造更新。对于建设在历史建筑周边或历史街区内的新建筑,应当对其高度、体量、退界、风格作出严格要求,从而保证城市历史风貌的统一。对于城市街道,不应规划得过长、过宽,这样不仅会给穿行其间的居民带来诸多不便,长此以往还会破坏街区历史风貌与多样性。规划者还应及时调整对老建筑的改造观念,不能采取"一扫光"式的拆改,应该重新审视老建筑的价值,使城市彰显包容性与时代性,从而增强城市的人文气息与多样性,这也为城市更新中文化工业、城市历史文化街区、创意工场等规划,提供了理论指导。

全球经济和国家发展战略背景的深刻变革

4.1 全球经济的深刻变革

4.2 国家发展战略的转变

4.1　全球经济的深刻变革

4.1.1　经济全球化在曲折中前行，全球交易网络加速形成

经济全球化日益深化，以互联网技术为代表的新技术进一步推进全球交易网络的形成和新国际分工体系的演进。2008年全球金融危机后，以美国为首的主要发达国家以各种政策来限制贸易和投资自由化，全球的货物贸易和服务贸易在2008—2017年间增速明显放缓，造成了一定程度的逆全球化进程。但以互联网技术为核心的新技术革命推动全球经济进入新阶段，新型全球化正在兴起。在全球交易网络方面，由于互联网的兴起，全球数字贸易得到快速发展，打破全球交易壁垒，"卖全球、买全球"使得消费市场全球化，带来更加多元的商品输出；在全球产业链方面，互联网经济推动新型跨国公司形成新的国际分工体系，实现不同产业的全球分工及产业内的全球分工。

4.1.2　全球经济中心东移，东北亚成为世界经济增长新动力

以中国、日本和韩国为主，包括俄罗斯的东部地区、朝鲜、蒙古在内的东北亚地区，已经成为世界经济的增长极和新中心。截至2018年年底，中国GDP达13.6万亿美元，日本GDP达4.4万亿美元，韩国GDP为1.53万亿美元，这三国GDP占全球GDP 84.8万亿美元的比重已经超过20%，接近全球第一大经济体美国。更为重要的是，随着中日韩自由贸易区谈判的顺利推进，东北亚板块内各国在自然资源、人力资源、资金、技术等方面具有明显梯度性的优势会进一步体现，东北亚各国、各地区商品、技术、信息、服务、货币、人员、资金、管理经验等生产要素跨国、跨地区的流动，为将来地区内经济的快速增长提供可能性。根据世界银行《全球经济展望》报告，全球经济增长将长期维持在3%以下的水平，对比全球需求放缓的情况，东北亚经济圈仍具有较强的发展动力，必将成为新阶段中全球经济增长的新动力源之一。

4.1.3　世界经济格局多领域、多层次深化调整

2008年金融危机爆发后，世界经济的深化调整主要体现在经济增长格局变化、全球价值链重构、全球产业调整、全球产业创新、全球化与宏观政策的矛盾。在经济增长格局方面，世界经济虽然仍由欧美等发达国家所主导，但新兴市场国家和发展中国家群体性崛起。近年来，新兴市场国家和发展中国家对世界经济增长的贡献率达80%，经济总量占世界的比重接近40%，多个发展中心在世界各地区逐渐形成，使全球发展的版图更加全面均衡。在全球价值链方面，发达国家认识到强大的实体经济对于稳定经济和就业至关重要，提出"再制造"战略，试图重夺国际制造业竞争的主导权，以重振经济；但与此同时，发展中国家和新型经济体也加快从资源和劳动密集型粗加工产业向资本和技术密集型精深加工产业转变，以推动产业结构升级，

发达国家与新兴经济体之间展开了对资本、产业创新要素的全球化争夺。在全球产业创新方面,表现出再工业化、数字化、智能化、绿色化的发展趋势,物联网、大数据、工业机器人、3D打印以及生物、材料、节能环保等技术创新促进传统产业的改造和新型产业的兴起,推动产业数字化、智能化、绿色化发展。另外,全球经济治理体系加速调整,其理念、规则和机构出现新的变革;新的经济贸易规则从以往的边境措施向边境后措施深度拓展;虽然多边贸易谈判停滞不前,多哈回合贸易谈判迟迟未果,但区域一体化组织作为新的治理机构涌现出来,成为制订国际经贸规则的新平台;尤其是以中国为代表的发展中国家,通过自由贸易区等政策和积极参与区域经济一体化谈判,极大地推动了贸易和投资自由化。

4.1.4　产业链全球化与区域化并行,数字化、网络化、智能化驱动产业重构

全球产业链在第二次世界大战后尤其是近30年快速发展,跨国公司主导的全球产业链在世界范围内已经基本形成,在此过程中,以中国为代表的新兴经济体以"世界工厂"的角色切入全球产业链环节中,并成为全球产业链中的重要环节。随着中国的崛起,以及中美之间的博弈在经济领域和高科技领域的展开,中美间的经贸摩擦日渐增加,美国也在大力推进"制造业回归",叠加2020年新冠肺炎疫情的冲击,原来在全球范围内大空间跨度的长链模式正面临多重挑战。这些新的情况,给全球产业链、供应链中的某些产业带来了"断链"冲击,对跨国公司以前单纯从成本角度考虑构建全球化供应链体系的产业链组织基本理念产生了一定程度的冲击,各国政府乃至大型跨国公司开始反思,从安全、平稳、多元化等多个维度重新审视其供应链。

正是在这样的背景下,基于产业链安全的考量,全球产业链在原来快速全球化的大方向上,向区域化和本土化方向上调整。必须承认,要将所有的产业链完全迁回一国本土肯定不可行,全球化虽然短期内面临一些挑战,但劳动空间分工的经济规律决定了全球化仍然是发展主趋势,全球产业链和供应链体系不会也不需要发生逆转性的变化,但大国间贸易摩擦和疫情会加剧全球产业链在国家间的结构性变化,各国更多地开始强调自主可控,选择转向内循环经济模式,涉及民生以及国家命脉的战略产业重要性提升,减少对他国的依赖,加快制造业回流本国。在接下来相当长的一段时期内,产业链的迁移和重构或将提速,全球产业链的布局逻辑也将发生改变。未来部分产业将考虑纵向整合以缩短供应链条,本土化与区域化价值链加速形成。尤其是对于关键产业链(如医疗行业),部分大国或将在周边建立比较完善的产业链条,使供应商多元化,同样的零部件在多国生产,小国继续参与大国主导的区域产业链,谋求产业升级和经济发展。

中国作为当前全球仅次于美国的第二大经济体,必须面对全球产业链的新变化带来的冲击。2020—2035年是中国向基本实现社会主义现代化目标迈进的15年,是世界百年未有之大变局的深度演化期,也是新一轮科技革命和产业变革的拓展深

化期。中国拥有超大规模的市场和全球最为齐全的工业门类比较优势,拥有巨大的大学毕业生群体所构成的人力资源优势,如能抓准全球产业链的演进大方向,就更有可能在全球产业链治理结构中占据更有利的位置。当前全球制造业正加快迈向智能化时代,世界主要国家纷纷围绕核心技术、顶尖人才、标准规范等强化部署,力图在新一轮国际科技和产业博弈中掌握主动权。制造业智能化主要表现为制造业的数字化、自动化、网络化、集成化和信息化,其中信息化和数字化是重点。制造业的设计、生产、管理、服务等整个产业链环节都趋向于数字化、网络化、智能化,这使得智能制造成为新工业革命的主攻方向。数字化、网络化、智能化技术发展应用将成为全球产业分工新格局的"博弈改变者"。正如人类历史上经历过的工业革命都是以技术革命为关键先导动力一样,以数字化、网络化、智能化技术为代表的一系列新兴技术的发展和扩散应用,可能将把人类社会带入新的工业革命时代。在上一阶段,中国是全球产业链中的"追赶型"参与者,只能以资源投入和低价值的劳动力优势参与全球产业链。当前的中国,在数字化、网络化和智能化方面,已经与世界主要经济体基本在同一起跑线上了,凭借优良的信息化基础设施、巨大的市场需求、超强的生产制造能力和创新能力,中国比前几十年更有能力在全球产业链的重组中取得竞争优势。

4.1.5 全球城市控制力强化与空间重构

在全球城市时代,国家之间的竞争主要依靠世界级城市群这个空间载体展开,全球城市作为世界级城市群的核心,担负了国家竞争的战略使命。在全球范围内,被普遍承认的大型世界级城市群有以纽约和波士顿为核心的美国东北部大西洋沿岸城市群、以芝加哥为核心的北美五大湖城市群、以东京为核心的日本太平洋沿岸城市群、以伦敦为核心的英伦城市群、以巴黎为核心的欧洲西北部城市群、以上海为核心的长江三角城市群。除了公认的纽约、伦敦和东京三大全球城市外,上海、香港、新加坡等国际大都市迅速崛起,也成为在全球范围内配置生产要素、参与国际政治与经济治理体系并有一定控制力和影响力的全球城市。北京及雄安新区,以及以香港、广州和深圳为核心的粤港澳大湾区,都是全球城市及全球城市区域空间重构中率先崛起的例子,它们发挥着引领区域崛起的增长极作用,并带动全球经济与政治治理体系的变革。

4.2 国家发展战略的转变

4.2.1 中国经济进入以高质量发展为基本特征的新阶段

中国共产党第十九次全国代表大会和中央经济工作会议作出了"中国特色社会主义进入了新时代,我国经济发展也进入了新时代"的重大论断,指出新时代我国经济发展的基本特征,就是我国经济已由高速增长阶段转向高质量发展阶段。

推动经济实现高质量发展,是适应我国发展新变化的必然要求,也是当前和今后一个时期谋划经济工作的根本指针。过去40多年的高速增长,成功解决了"有没有"的问题,现在强调高质量发展,根本在于解决"好不好"的问题。高质量发展,意味着高质量的供给、高质量的需求、高质量的配置、高质量的投入产出。

推动高质量的供给,就是要提高商品和服务的供给质量。我国拥有全球门类最齐全的产业体系和配套网络,其中220多种工业品产量居世界第一。新阶段要着力于改变产品仍处在价值链中低端,部分关键技术环节仍然受制于人的迫切问题,提高供给质量,更好地满足日益提升、日益丰富的需求,跟上居民消费升级的步伐。

促进高质量的需求,要促使供需在更高水平实现平衡。我国已形成世界上最大规模的中等收入人群,城市化水平不断提升,内需市场十分广阔,但是就业质量不高,居民收入水平偏低,公共服务供给不足,养老、医疗、教育等给居民带来的负担还比较重。必须解决这些问题,释放被抑制的需求,进而带动供给端升级。

实现高质量的配置,就是要充分发挥市场配置资源的决定性作用,完善产权制度,理顺价格机制,减少配置扭曲,打破资源由低效部门向高效部门配置的障碍,提高资源配置效率。

实现高质量投入产出,就是要更加注重内涵式发展,扭转实体经济投资回报率逐年下降的态势;在人口红利逐步消退的同时,进一步发挥人力资本红利,提高劳动生产率,实现从人口数量向人口素质优势的转变;提高土地、矿产、能源资源的集约利用程度,增强发展的可持续性;最终实现全要素生产率的提升,推动经济从规模扩张向质量提升转变。

4.2.2 新常态下五大新发展理念引领经济发展方式转变

2013年,习近平总书记在中央经济工作会议上首次提出"新常态"后,"新常态"成为全国上下的共识。"新常态"重大战略判断深刻揭示了中国当前经济发展阶段的新变化,准确研判了中国未来一段时期的宏观经济形势,是统领今后相当长一段时期的战略性预判和决策依据。

2014年,习近平总书记在亚太经合组织会议上系统、深刻地阐述了"新常态"的特征。经济的最大特点是速度"下台阶",从高速增长转换为中高速增长,效益"上台阶"。"新常态"下经济的明显特征是增长动力实现转换,经济结构实现再平衡,突出表现为:①生产结构中的农业和制造业比重明显下降,服务业比重明显上升,服务业取代工业成为经济增长主要动力;②需求结构中的投资率明显下降,消费率明显上升,消费成为需求增长的主体;③收入结构中的企业收入占比明显下降,居民收入占比明显上升;④经济发展动力转变,从要素驱动、投资驱动转向技术驱动、创新驱动。资源粗放投入明显下降,技术进步和创新成为决定成败的"胜负手"。在这些升升降降之中,先进生产力将不断产生和扩张,既会涌现一系列新的增长点,形成新的增长动力,也会使落后生产力不断萎缩和退出。

在这样的战略预判下,党中央发展和创新了一系列的治国理政新理念、新思想、新战略,并形成了一系列纲领性文件和政策抓手。党的十八大报告提出经济建设、政治建设、文化建设、社会建设、生态文明建设"五位一体"的总体布局,以及"全面建成小康社会、全面深化改革、全面依法治国、全面从严治党"的"四个全面"战略布局。党的十八届五中全会提出了创新、协调、绿色、开放、共享的五大发展理念。五大发展理念是"十三五"乃至更长时期我国发展思路、发展方向、发展着力点的集中体现，也是改革开放40多年来我国发展经验的集中体现，反映出我们党对我国发展规律的新认识。

这些治国理政新理念对城市建设和发展也提出了更高的要求。比如城市发展不能再停留在规模扩大和空间扩张阶段，而应该重视城市功能和生态环境的质量型发展；又如，不能把城市化当成卖地和房地产开发，而应该更注重产城融合，为城市发展提供可持续的产业动力。

4.2.3 以都市圈（城市群）和产业链为主体的群体竞争成为当前区域竞争的新特点

随着中国城镇化的快速推进，近年来中国涌现出一大批都市圈或城市群，它们已成为引领和支撑中国经济高速增长的主导区域。根据国际经验，全球竞争已经由以国家作为竞争主体转变成为以纽约城市群、伦敦城市群等世界六大城市群为主体和空间载体的竞争。同理，当下中国已经初步形成了珠三角、长三角和京津冀三大主体城市群，武汉城市群、中原经济带等二级城市群也初见雏形。在这种形势下，当前中国的区域竞争主要表现为各都市圈之间的群体竞争，而不是过去那种单个城市之间的竞争。例如，北京、上海、广州（深圳）之间的竞争，实际上是京津冀都市圈、长三角都市圈、珠三角都市圈之间的竞争。以都市圈和产业链为主体的群体竞争，已经成为当前区域竞争的新特点。可以说，我国区域竞争正在由过去的个体竞争走向群体竞争，目前已进入群体竞争的新时代。城市群中的二级城市也需要顺应这种历史趋势，向上进一步融入长三角、粤港澳和京津冀城市群这种更大能级的城市群，向下则进一步整合周边卫星城市和县城，走群体化发展道路，成为次级城市带中的主导功能城市，以应对更为激烈的区域竞争。

4.2.4 产业基础高级化和产业链现代化是当前中国产业提升的迫切要求

习近平总书记在2019年8月的中央财经委员会第五次会议上提出"打好产业基础高级化、产业链现代化的攻坚战"，在党的十九届四中全会上强调"提升产业基础能力和产业链现代化水平"。产业基础是产业形成和发展的基本支撑，产业底层结构要素包括基础零部件、基础材料、基础工艺、基础技术、基础动力和基础软件。"产业链现代化"其实质是用当代科学技术和先进产业组织方式来武装、改造传统的产业链，使产业链具备高端要素连接能力、自主可控能力和领先于全球市场的竞争力。

当前中央提出并实施的产业基础高级化、产业链现代化，既是与当今世界科学技术革命和产业变革大格局相呼应的产业持续升级和进化过程,也是与改革开放四十多年后我国产业体系迈上新台阶、跨入新阶段相适应的产业不断完善和优化的过程。从这个意义上讲,产业基础高级化和产业链现代化攻坚战绝非一蹴而就的速决战,而是积时累日的持久战。

产业基础高级化、产业链现代化与供给侧结构性改革的目标和要求高度一致,与经济高质量发展的动能转换和质量提高的目标和要求高度一致。面对新时代全球产业新的竞争格局,产业基础能力和产业链水平至关重要。在未来的"十四五"时期及更长的一段时期,我国都要将持续提升产业基础能力和产业链水平作为产业发展和产业升级的重要指导方针,这对于我国在新一轮国际产业竞争中建立坚实而稳定的发展基础,全面实现从制造大国向制造强国的根本性转变,具有重要的战略意义。打好产业基础高级化、产业链现代化的攻坚战,既是当前积极应对世界经济不确定性以及我国经济下行压力加大的正确路线和现实需要,也是长期坚持实施创新驱动发展战略、做大做强实体经济、持续增强经济内生发展动力的客观要求和必然选择。

4.2.5　中国在全球产业链的调整中更有条件主动谋求竞争优势

当前全球产业链向区域化和本土化方向上有所调整,中国作为仅次于美国的全球第二大经济体,必须要面对全球产业链的新变化带来的冲击。2020—2035 年是中国向基本实现社会主义现代化目标迈进的 15 年,是世界百年未有之大变局的深度演化期,也是新一轮科技革命和产业变革的拓展深化期。中国拥有超大规模的市场和全球最为齐全的工业门类比较优势,拥有众多大学生所构成的人力资源优势,只要抓准了全球产业链的演进大方向,就有更大的可能性在全球产业链治理结构中占据更有利的位置。当前全球制造业正加快迈向智能化时代,世界主要国家纷纷围绕核心技术、顶尖人才、标准规范等强化部署,力图在新一轮国际科技和产业博弈中掌握主动权。制造业智能化主要表现为制造业的数字化、自动化、网络化、集成化和信息化,其中信息化和数字化是重点。制造业的设计、生产、管理、服务等各产业链环节都趋向数字化、网络化、智能化,这使得智能制造成为新工业革命的主攻方向。数字化、网络化、智能化技术发展应用将成为全球产业分工新格局的"博弈改变者"。正如人类历史上经历过的工业革命都是以技术革命为关键先导动力一样,以数字化、网络化、智能化技术为代表的一系列新兴技术的发展和应用,将把人类社会带入新的工业革命时代。如果说在前一阶段,中国是全球产业链中的"追赶型"参与者,只能以资源投入和低价值的劳动力优势参与全球产业链,那么在数字化、网络化和智能化方面,中国已经基本与世界主要经济体在同一起跑线上了,凭借优良的信息化基础设施、巨大的市场需求、超强的生产制造能力和创新能力,中国比前几十年更有能力在全球产业链的重组中取得竞争优势。

中 篇

十大战略性功能平台

十大战略性功能平台的构建与案例分析

5.1　战略性枢纽功能平台

5.2　中央商务区战略性功能平台

5.3　城市共享空间功能平台

5.4　科技商务区战略创新功能平台

5.5　文化创意战略性功能平台

5.6　国际贸易和物流功能平台

5.7　国际会展博览功能平台

5.8　国际旅游度假功能平台

5.9　智能制造产业基地功能平台

5.10　泛城市区域的国际化功能平台空间——特色小镇

作为世界城市网络体系中的重要组成部分,功能性国际城市承担特定职能分工。这是城市通过专业化崛起来实现的,即在城市主导功能定位上高度聚焦,承担一项或者几项特定的、专业化的职能,从而实现自身在城市价值网络中的突破。这些职能必须具有国际化的高度和能级,这也是经济全球化下城市群发展规律的必然要求。在经济全球化时代,世界级城市群是生产力空间布局的最高形式,城市的功能定位必须放在世界城市网络体系或者城市群的大视野下进行。城市群落演变成有机的、基于产业链分工和职能协同的城市网络体系,城市之间的经济关系逐步从传统的垂直产业分工体系,向网络化、扁平化的职能分工体系转变,并逐步形成多中心、网络化、扁平化的空间形态。世界城市网络体系中众多的功能性国际城市围绕全球城市,根据自身的各种结构性因素(资源、区位、产业等),选择在一定区域范围内所能承担的政治、经济、文化、社会职能,打造自己在世界城市网络体系中的特定职能分工和独特价值。

全球城市区域中的众多周边二级城市,要摆脱被边缘化的危机,转而真正融入全球产业链和价值链,成为世界城市网络体系中的价值节点,当务之急是抓住当前全球城市区域的价值网络构架正在演进的战略机遇,向功能性国际城市进阶。而要实现城市的战略进阶,从城市规划学科来看,关键在于城市要构建战略性功能平台。因为只有具备了战略性功能平台,一座城市才能够有机会、有条件、有可能去获取全球产业价值链中的核心要素,如知识、信息、人才和资本等创新密度大、价值含量高的核心生产要素,才能够有机会去获取、承接、吸收、利用全球的资源,并在此基础上进行创新活动,从而真正融入全球产业价值链,成为世界城市网络体系中的价值节点。

根据对全球先进城市的分析,我们发现,从产业角度看,城市的战略性功能平台主要可以分为现代生产性服务业和消费性服务业的高价值端两大类。生产性服务业包括现代物流、信息服务、服务外包、金融、科技服务、商务会展、科技研发等,具有创新性要素高度集聚、创新活动密集的特点。隐性知识在创新人群和组织中频繁、高质量的传播、扩散,自然会对活动产生空间高度集聚性的内在要求。因此,建设具有国际先进生产力承接能力的现代生产性服务业集聚区,对发展现代生产性服务业至关重要。此外,城市创新要素获取的核心是获取知识、信息和人才等高端创新要素。在这些高端要素中,人才是最具有主观能动性的因素,对于高端人才尤其是国际人才的吸引,适合其生活方式的设施和环境至关重要,而这正是高度发展的消费性服务业所能提供的。构建适合国际人才生活方式的消费性服务业战略平台,在知识经济时代,也就显得格外重要。

功能性国际城市的战略性功能平台可进一步细分为增强城市全球联通度的战略性枢纽功能平台、中央商务区战略性功能平台、城市共享空间功能平台、能承接国际先进产业要素的科技商务区战略创新功能平台、文化创意战略性功能平台、国际贸易和物流功能平台、国际会展博览功能平台、国际旅游度假功能平台、智能制造产业基地功能平台、特色小镇。

这里需要指出两点:第一,这些战略性功能平台都必须具有国际化的高度和国际化的服务能级,唯有如此,才能使城市融入全球产业价值链和世界城市网络体系;第二,这些战略性功能平台的构建,不一定是每座城市都需要独立进行的,实事求是说,这些国际性的战略性功能平台也不是二线城市单凭一己之力能完成的。因此,需要从城市群的大空间视野,进行功能平台的空间统筹布局。例如,具有全球联通度的战略性枢纽功能平台就可以在世界级城市群内部进行空间统筹布局,强化核心城市的国际机场和航运功能,而众多二级城市通过高铁等快速交通无缝连接到城市群中的国际航运中心即可。又如,国际会展博览功能平台也可以在城市群范围内共建,秦皇岛和北京共建国际交流功能平台就是一个可行的方式。

5.1 战略性枢纽功能平台

5.1.1 具有全球联通度的枢纽功能平台是城市嵌入全球价值链和世界城市网络的首要前提

经济全球化发展至今日,以快速交通和信息基础设施为底层支撑的互联互通已经成为全球组织新的范式。纵观人类经济社会发展史,人类每一次产业革命,都伴随着基础设施建设的颠覆性变化。在从传统社会迈向现代社会的每一个时期,基础设施都与经济社会发展相互作用,共同推动人类文明的进步。战略学家帕拉格·康纳在《超级版图:全球供应链、超级城市与新商业文明的崛起》一书中指出,当前世界正在进入超级全球化阶段,一幅全世界范围内互联互通的超级版图正在形成。何谓互联?传统的国界线表示国与国的隔离,强调本国的国土主权,限制人员、资本、资源、技术的流动;而在互联时代,国家必须选择与其他国家、其他区域连接,连接的力量远远大于政治和军事的力量。如何实现连接?通过修建基础设施,打造供应链,实现资源、生产、服务、消费的连接。21世纪各国的竞争,本质上是一场争夺供应链的角力,新竞赛的内容是连接全球各大市场,通过建设国际性航空机场、港口、高速公路和高速铁路等基础设施,为人员、资本、资源、技术的便捷流动提供基础性条件。

在这张全球互联互通的超级版图上,我们也能看到超级城市群的出现。超级城市群是一连串基础设施最便利、供应链网络最发达的全球地理节点,超级城市群吸引着全球的资金、资源、人才、技术,小城市也必须将自身融入超级城市群,这是获得繁荣的唯一方法。同时,供应链将代替超级大国或者多国联盟,成为稳定全球社会的锚,供应链将全球迅速发展的超级城市连接在一起,这对地缘政治、经济、人口、环境、社会认知都将持续产生深远影响。而无论是超级城市群,还是全球供应链,其首要前提条件就是有全球互联互通的基础设施。在"冷战"时期和"冷战"结束之初,全球安全被普遍认为是最重要的"公共品",其主要提供者是美国。但在21世纪,最为重要的"公共品"却是基础设施。正是有了这些具有全球联通度的互联互通基础设施,包括大型国际机场、港口、高速公路和高速铁路等,各国、各地区、各城市群和各座城市,才能连为一体,共同形成全球供应链体系,才能形成世界城市网络。可以说,互联互通是当前推动世界城市体系演变的重要力量。正因为如此,同样也可以说,(与城市群中的核心城市共同建设)构建具有全球联通度的战略性枢纽功能平台,是城市群中众多二级城市走向功能性国际城市的首要前提条件。

需要特别指出的是,枢纽功能平台的核心功能是提供具有国际联通度的、便捷的商务流、人流和物流交通运输功能,但枢纽功能平台的内涵绝不仅仅是单一的交通运输枢纽功能,它应该是一个能够连接到全球价值链中去,吸收、承接、利用全球先进生产力要素的、具有复合功能的综合性战略功能平台。在物质构成和空间形态上,枢纽功能平台是以快捷交通设施为核心的综合性功能平台,例如国际航空城枢纽平台,是以航空港为核心功能,同时兼具国际消费、国际贸易和国际商务功能的复合型功能平台;高铁新城则是以高铁枢纽为核心功能,同时兼具贸易、商务办公和消费功能的复合型功能平台。

5.1.2 案例一:南京南部新城高铁枢纽功能平台

南京南部新城高铁枢纽功能平台是以南京南站(特等站)为核心打造的城市枢纽功能平台。南京南站位于南京市雨花台区,是亚洲第一大火车站和亚洲第一大高铁站。围绕南京南站建设的南部新城占地面积为 164 平方千米,是南京市中心城区的南部新中心(图 5-1)。

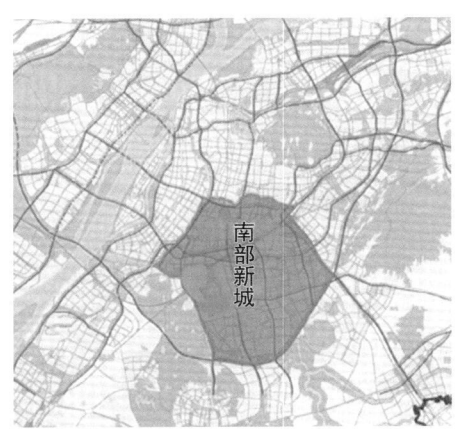

图 5-1 南京南部新城区位

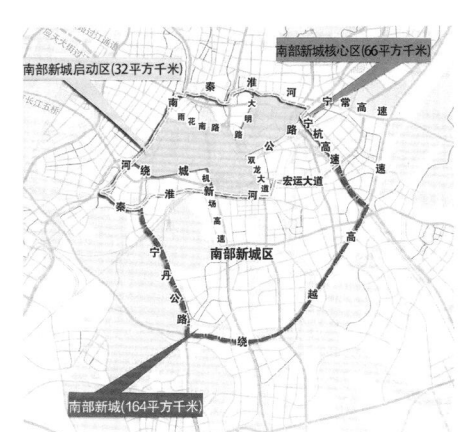

图 5-2 南京南部新城空间层次

1. 功能布局

南京南部新城空间层次如图 5-2 所示。南部新城北起秦淮河、运粮河至绕城公路;西起南河,接秦淮新河,沿机场二通道接宁丹公路;南至绕城公路;东至宁杭高速,总用地面积 164 平方千米。南部新城核心区北起秦淮河、运粮河,至绕城公路;西起南河;南至秦淮新河、宏运大道;东至宁杭高速、至绕城公路,总用地面积 66 平方千米。南部新城启动区北起雨花南路、卡子门大街、大明路、秦淮河、运粮河至绕城公路,西至南河,南至绕城公路、机场高速、秦淮新河、双龙大道,总用地面积约 32 平方千米。各空间层次对应的功能如表 5-1 所列。

表 5-1　　南京南部新城各空间层次功能

功能分区	功能业态	业态项目
南部新城核心区	文化、旅游、创意	中华门、雨花台
	软件研发	雨花软件园
	创意街区、城市客厅	红花机场
	交通枢纽、商务商业、总部经济	城市商业广场、社区商业中心、SOHO商务区、核心商务区、中央轴线公园、商务展示中心、滨河公园、运动公园、湿地水湾、景观挑台、滨河步道
	战略预留	土山机场
南部新城启动区	交通枢纽	南站枢纽区
	软件研发	雨花软件园
	创意街区、城市客厅	红花机场地区
南部新城	生态、旅游	牛首山
	城市居住	三山城市生活区
	城市次中心、办公、消费购物	百家湖综合发展区
	城市居住	东山城市生活区
	先进制造基地	东善桥先进制造业
	城市次中心、办公、居住	九龙湖综合发展区
	研发办公	科学园

2. 规划方案

规划将南京南部新城定位为南来北往、承东启西的国家区域枢纽、南京都市新中心，形成"一心、两轴、五大板块"。

（1）一心：由南站枢纽区、红花机场片区、土山机场片区构成。作为南京都市新中心，与新街口鼓楼中心、河西中心三足鼎立，共同构成了"金三角"体系。

（2）两轴：南北向的城市发展轴连接南京主城与江宁新区，东西向的新城联系轴连接河西新城、南部新城及麒麟生态科技城，两条轴线十字交叉，成为重要的城市发展纽带。

（3）五大板块：南站枢纽区，红花机场片区，雨花软件园片区，中华门—雨花台片区，土山机场片区。

3. 案例启示

可以借鉴南京南部新城，打造产城融合的枢纽功能平台，以商务会展、商业金融为主导，辅以城市文化、休闲居住。

5.1.3　案例二：长沙武广新区高铁枢纽功能平台

长沙南站（特等站）位于长沙市雨花区花侯路，距离长沙市中心区约9.5千米。长沙武广新区用地面积为18.92平方千米，规划为长沙市城市副中心（图5-3）。

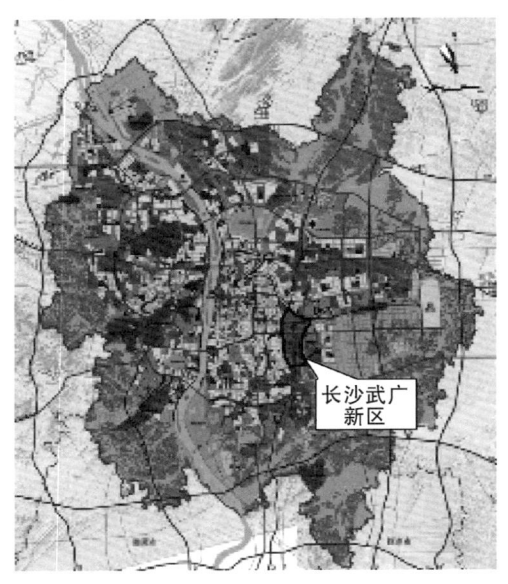

图 5-3　长沙武广新区区位

1. 功能布局

将长沙武广新区定位为中南地区区域性的铁路客运中心、具有商务功能的交通枢纽型城市副中心(图 5-4)。结合以公共交通为导向的开发(Transit Oriented Development,TOD)理念,长沙南站周边地区应有核心圈、拓展圈和影响圈三级功能圈。

图 5-4　长沙武广新区

(1) 核心圈:主要是对外服务功能,半径为 600 米左右。这是基于人的步行距离提出的吸引圈,为直接吸引区,高密度开发,用地开发类型主要是高速铁路站点周边的商业及酒店服务业用地。

(2) 拓展圈:对外与对内服务功能相互混合,半径为 1.2 千米左右,为重点开发区,高强度利用,用地开发类型主要是商业、商务、会展、研发、文化娱乐及居住等用地。

(3) 影响圈:主要是对外服务功能以及为主体功能服务的配套功能,主要分布在所在城区,半径在 2.5 千米以上,为一般开发区,一般强度开发。

各组团功能如表 5-2 所列。

表5-2　　　　　　　　　　　长沙武广新区功能布局

功能分区	功能业态	业态项目
中央商务组团	商务办公、总部基地、金融、商业、文化、休闲娱乐	武广国际商贸中心、嘉斯贸购物广场、龙之梦城市广场
其他居住组团	生态居住、生活配套	万科环球村、绿地之窗、黎郡新宇

2. 规划方案

(1) 范围：长沙武广新区地处长沙市东南部，西靠京珠高速，南至湘府东路，东、北两面均被风景秀丽的浏阳河环绕，总面积约为18.92平方千米，其中核心区为8平方千米，中央商务区为3平方千米(图5-5)。

(2) 结构：长沙武广新区规划结构为"一核、两轴、六组团"。

① 一核：即以车站交通枢纽为中心，结合浏阳河滨江发展带，规划商务中心与文化娱乐休闲中心，共同构建规划区的发展中心核心。

② 两轴：其一，以发展中心核、片区服务中心为发展节点，构筑规划区东西向发展主轴，同时也将形成新区

图5-5　长沙武广新区用地规划

的景观主轴，展示长沙东大门的城市形象。其二，以浏阳河水域为纽带，结合功能布局及景观设计构筑规划区南北向发展次轴，展示新区自然景观特色。

③ 六组团：中央商务组团、南北四个居住组团以及黎托北居住组团。

(3) 城市特色：新区南依山体，中含磨盆洲，浏阳河曲绕城中，其自然景观形态再现了长沙"山、水、洲、城"的城市特点，新城规划和建设追求城市与自然环境的和谐统一。

(4) 产业规划：整个武广片区的产业规划为现代服务业，为长株潭地区提供高品质的商贸、金融、咨询、会展等服务。同时发展部分高端商业为长株潭区域服务，带动休闲娱乐产业的发展。

3. 案例启示

武广新区采用全新的城市定位和开发理念，将浏阳河的生态景观资源融入进高铁新区的规划之中，使之成为规划的灵魂。引入中央绿廊空间，打通与浏阳河的空间联系，塑造强有力的公共活动空间，其生态化的构建策略值得借鉴。

5.2　中央商务区战略性功能平台

5.2.1　中央商务区的特征与发展

CBD是英文central business district的缩写，中文译为中央商务区。CBD高度

集中了城市的经济、科技和文化力量,同时具备金融、贸易、服务、展览、咨询等多种功能。CBD特定的职能要求区内的建筑必须高密度、现代化。CBD汇集了众多超高层建筑,并且拥有非常便捷的交通和现代化的信息交换系统,以及大量的办公、餐饮、服务和住宿设施。一般来讲,办公楼要占到CBD总建筑面积的50%,商业、餐饮业及商住建筑约占40%,其他服务设施以及必要的配套设施约占10%。

CBD一般占地3~5平方千米,其建筑面积少则五六百万平方米,多则上千万平方米。CBD是一座城市的功能核心,是现代化大都市的一个重要标志,其地价可谓"寸土寸金"。美国纽约的曼哈顿、日本东京的银座、中国香港的中环以及新加坡的中心区等都是世界闻名的CBD。

1. CBD的特征

CBD通常具有八大特征:①拥有高盈利水平的产业,以第三产业为主导;②拥有高聚集度的商务空间;③具有良好的交通可达性,处于城市干道系统的核心;④拥有很高的地价;⑤与城市最初的发源地、目前的地理中心有一定的关联度;⑥具有良好的社会服务条件、技术设施和城市景观;⑦借助信息交换维持自身在区域经济活动中的控制作用;⑧趋向于在社会组织体系中形成一个能够利用信息、技术和科技研发优势的创新型知识阶层。

2. CBD的四个发展阶段

CBD经历了四个发展阶段(表5-3),在不同的阶段,CBD的功能构成、空间形态、城市区位和发展动力等也有所区别。

表5-3　　　　　　　　　　　　　　　　CBD的发展历程

发展阶段	CBD雏形	CBD1.0	CBD2.0	CBD3.0
案例	20世纪70年代以前的纽约、芝加哥市中心,北京国贸一期	20世纪70年代至90年代的纽约,北京金融街、国贸二期	巴黎拉德芳斯、伦敦加纳利码头(伦敦金丝雀码头)	横滨21世纪未来港、济南未来CBD
区位	主中心内	主中心内	主中心外围、城市边缘区	主中心外围、城市副中心
主要特征	单一功能	单一功能、道路交通设施集聚	单一功能的最大化集聚、新技术的应用	个性化特征的塑造、多功能混合、良好的社会人文环境
驱动力	集聚经济	集聚经济、政府推动	政府推动、发展商驱动	政府推动、发展商推进、社会参与
关注点	单纯的经济利益	经济效益、社会效应	社会经济效应、区域经济品牌树立	社会经济效应、区域文化品牌打造、环境与生活质量
问题	早晚高峰拥堵;没有开放空间;环境压抑;随着CBD的转移,出现城市衰败区		钟摆交通、夜间死城、缺乏人文特征和社会性空间	—
较前发展阶段的改进	—	改善道路交通环境、注意人为调控与市场调控结合	增加大运力公共交通设施建设开发、增加开放空间设计、增强城市形象建设	增加多功能设施的混合,商、贸、住平衡,注重CBD的个性化打造

(续表)

发展阶段	CBD 雏形	CBD1.0	CBD2.0	CBD3.0
实景	芝加哥市中心	北京金融街	巴黎拉德芳斯	横滨21世纪未来港

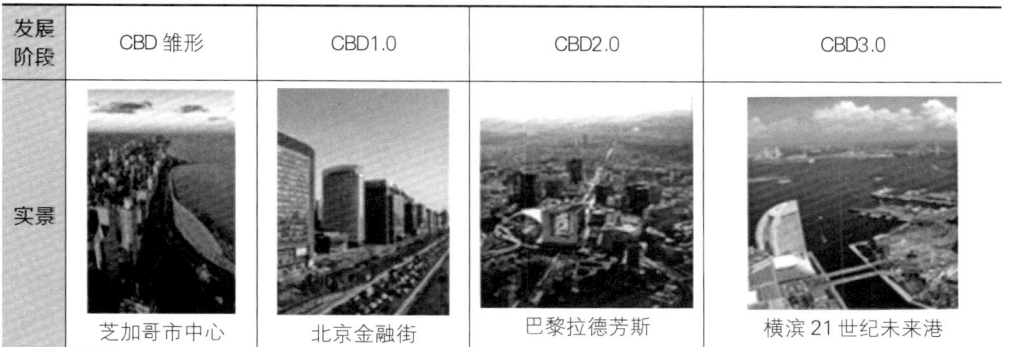

3. CBD 的三个发展规律

1）三大功能集聚

（1）管理和控制功能集聚：在 CBD 的功能建构中，需要优先考虑具备管理与控制功能的全球性、区域性商务办公设施的开发与建设。

（2）金融市场运行功能集聚：在区域和全球经济一体化进程中，生产、办公和服务显现出地域分散化的趋势。金融业的全球一体化使市场经济中不断出现多样化的非银行金融服务业和专业银行，它们在 CBD 集聚形成金融中心，与商务办公设施一起承担着管理与控制功能。

（3）专业化生产性服务业功能集聚：生产性服务业是支持生产活动的专业化服务设施，其在现代经济中的地位日益提高，是 CBD 主导功能的衍生性经济活动。而以商业零售、休闲娱乐为主的生活性服务设施在 CBD 中被视为配套性服务设施，但其在 CBD 发展初期和依托城市商业中心发展商务中心的过程中也占据重要地位。

2）城市 CBD 规模在很大程度上取决于该城市在世界城市体系中的地位

表 5-4 列举了世界城市体系中不同级别的城市的 CBD 规模。不难看出，城市在世界城市体系中的级别越高，其 CBD 规模越大。

表 5-4　　　　　　　　　　不同城市的 CBD 规模

分类	级别	主要城市举例	CBD 规模（建筑面积）/万平方米	人均占有量/（平方米/人）
第一类	世界级	纽约、东京、伦敦、巴黎等	1 500～2 500	1.2～3.5
第二类	全球区域级	多伦多、悉尼、上海、北京等	约 500	0.4～1.6
第三类	国家级	深圳、广州、天津等	约 300	约 0.4
第四类	地区级	合肥、长沙、大连等	150～250	约 0.3

3）CBD 中不同功能设施的构成比例（表 5-5）

表 5-5　　　　　　　　　　CBD 各功能设施用地构成比例

设施类别	组成	用地占比
高端商务办公设施	银行、证券、保险、投资公司、专业服务（法律、审计等）机构、公司总部	40%
商业及消费设施	零售商店、百货店、高端酒店和餐饮	16%

(续表)

设施类别	组成	用地占比
文化和创意产业办公设施	文化创意办公设施、提供个性化定制服务的设施	12%
公共建筑	展览展示功能、公共服务设施	10%
住宅	国际社区	22%
总计	—	100%

先进城市CBD中的商务办公和商业消费类设施主要分为高端商务办公设施、商业及消费设施、文化和创意产业办公设施等三大类,同时也不同程度地包括一定量的公共服务类设施和居住功能设施。其中,高端商务办公设施以甲级写字楼为代表,主要使用者是高支付能力的金融机构、公司总部和法律服务(律师事务所)、财务服务(审计师事务所)等专业第三方服务机构。文化和创意产业办公设施,主要是普通办公楼,主要使用者是中小型或初创型企业,集中在信息中介服务、文化创意、设计服务等行业。在先进城市的CBD中,高端商务办公设施占比是很高的,甲级写字楼林立,同时还有不少高星级酒店和高档百货商场。如巴黎拉德芳斯高端商务办公、商业及消费、文化和创意产业办公这三大类设施用地占比分别为50%、25%、25%,上海陆家嘴CBD也是甲级写字楼密度很高的区域,世界其他CBD的功能设施用地比例也大致如此。

经验表明:①活力四射的CBD内写字楼建设量应占到约50%,商业设施及酒店、公寓住宅等应各占20%,其余分配给各种必要的配套设施;②对于城市CBD外围而言,"居住"是城市活力的源泉,研究表明,当城市CBD外围居住规模超过40%时,这个中心区才能成为富有人气和活力的城市中心。

5.2.2 案例:广州天河中央商务区(天河CBD)

1. 发展概况

为进一步提高广州的中心城市地位,建设国际化大都市,20世纪90年代,广州按照世界一流CBD的标准规划和建设天河中央商务区(天河CBD)。近年来,广州重点发展国际航运、国际服务贸易、国际创新金融、科技创新、国际交往等功能。在这样的背景下,天河CBD作为广州市实现"国际性区域中心城市"发展目标的关键区域,广州新世纪重要的城市标志性地区,以及国际化城市的核心功能区,取得了更快的发展,已经成为中国三大国家级中央商务区之一,与上海陆家嘴CBD、北京金融街CBD并列。

天河CBD位于广州市天河分区西南部,以珠江新城为核心,还包括原来的老CBD天河北区域和新建设的广州国际金融城三大板块(图5-6)。总体而言,天河CBD的功能以商务办公为主,兼有高端酒店、现代生产性服务业、文化娱乐、居住及高档零售业。三大板块的功能各有侧重:珠江新城集中贸易办公、金融证券、专业咨询、零售商业等现代生产性服务业,此外还布局了广东省博物馆新馆、广州图书馆等公共文化设施;天河北区域作为老的城市CBD,现代服务业的能级定位为城市级水平;珠江沿岸的广州国际金融城以现代金融和商贸服务业为主。与珠江新城的金融服务功能不同,国际金融城除了有金融企业的区域总部外,还有金融监管机构(如银监会、保监会的区域中心机构),以及金融和衍生市场交易所(包括碳排放交易市场、华南区域的股权交易中心等市场交易所)。应该说,国际金融城的功能能级比珠江新城更高。

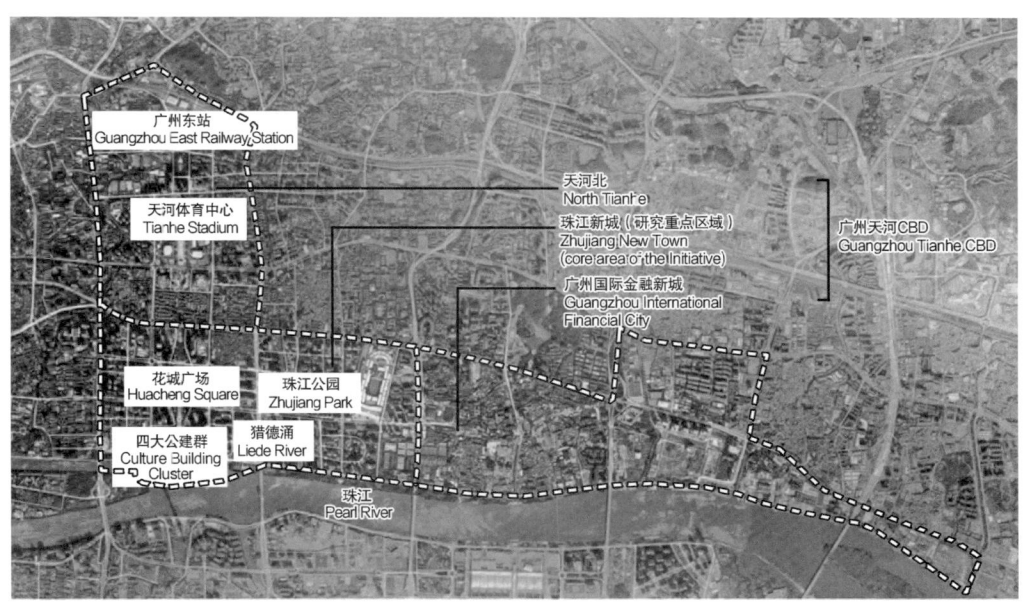

图 5-6　广州天河 CBD 三大板块

天河 CBD 发展令人瞩目。据统计,共有 143 家世界 500 强企业入驻天河 CBD,77 家国内大型企业总部在天河 CBD 注册。天河 CBD 拥有庞大的高端商务建筑群,现有甲级写字楼 118 栋,平均楼高 40 层以上,总建筑面积约为 1 250 万平方米。纳税超 1 亿元的楼宇 51 栋,其中纳税超 10 亿元的楼宇 15 栋。作为华南地区创新动力源之一的天河 CBD,拥有丰富的人才资源和优秀的科研环境,集聚了华为广州研发中心等创新企业,并涌现出以动景科技(UC 浏览器)、酷狗、广州玖的数码科技有限公司为代表的新一代独角兽企业。

2. 珠江新城板块

珠江新城是天河 CBD 的核心,规划范围北起黄埔大道,南至珠江,西以广州大道为界,东抵华南快速干线,用地面积约为 6.48 平方千米,当前开发建设已经接近完成的核心区的面积为 1.1 平方千米(图 5-7)。城市主、次干道将珠江新城划分为

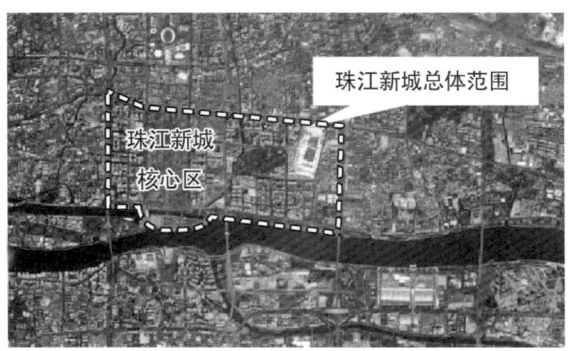

图 5-7　珠江新城范围示意

14个街区。

珠江新城在1998年开发初期,就被定位为广州市面向21世纪的中央商务区,是具有国际金融、国际贸易、高端商业、文娱消费、国际交往、行政服务和国际社区等国际化功能的CBD。由图5-8可见,1.1平方千米的核心区以商务金融办公用地为主,中间有南北贯通的城市中央公园带(图5-9和图5-10);非核心区以居住配套功能为主,中间有一座大型城市公园。

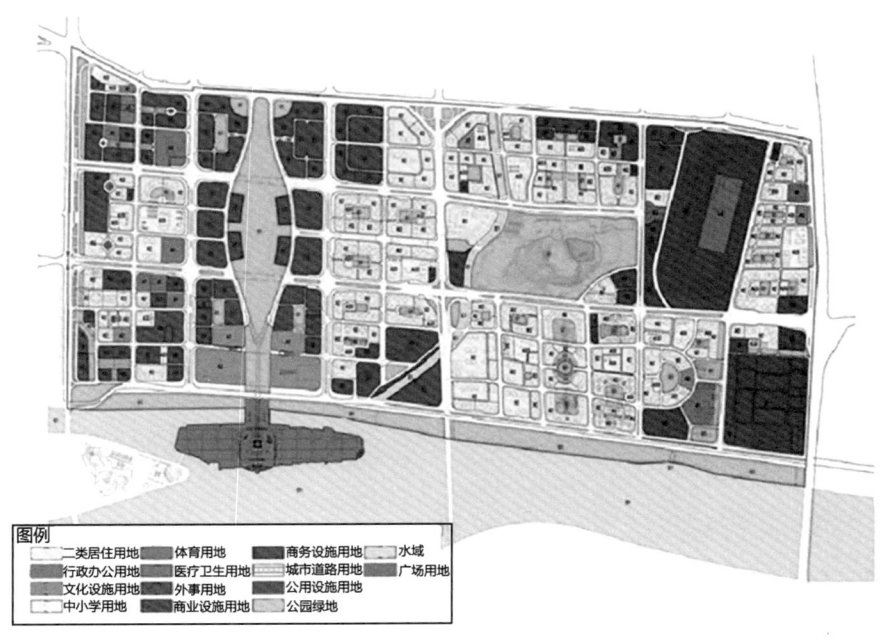

图5-8 珠江新城用地功能布局

图5-9 城市中央公园带鸟瞰效果图

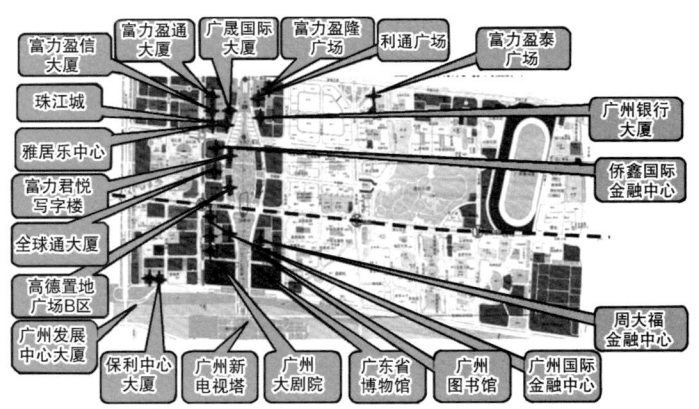

图5-10 珠江新城核心区部分项目分布

核心区内的主要建筑有:周大福金融中心,又名"广州东塔",规划用途为商务办公;广州国际金融中心,又名"广州西塔",总高度为440.75米,是广州珠江新城六大标志性建筑之一;广州新电视塔,又名"小蛮腰",位于广州市新城市中轴线与珠江景观轴交会处,高度为600米;广东省博物馆新馆;广州图书馆;等等。

3. 广州国际金融城板块

广州国际金融城整体规划研究范围北起黄埔大道、中山大道,南至珠江,东至天河区界,西至华南快速干线。核心区总面积为2.3平方千米,当前已经建设完善的起步区用地面积约为1.32平方千米(图5-11)。

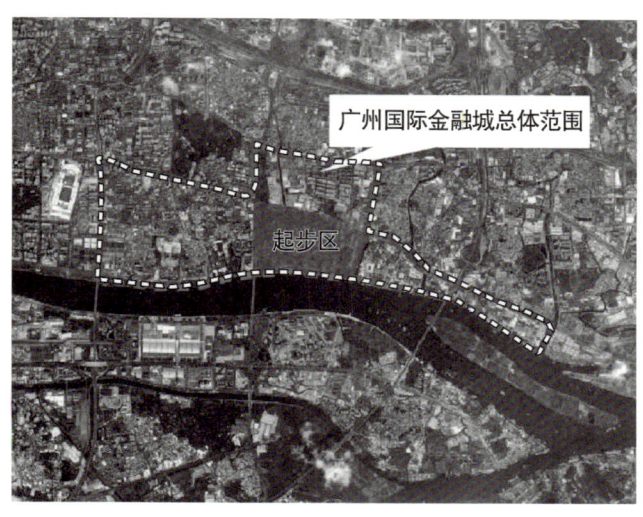

图5-11 广州国际金融城范围示意

广州国际金融城的战略定位是粤港澳大湾区面向世界竞争的CBD功能区。广州国际金融城立足广州、依托珠三角、服务粤港澳大湾区、面向全球竞争,以高端现代服务业为主体,打造金融机构集中、金融市场要素齐备、金融交易活跃、金融服务完善、具有国际视野的金融总部集聚区,实现以下四个目标:

(1) 国内外高端金融服务的集聚区。以拓展辐射和服务功能为目标,加快集聚国内外银行、证券、保险、股权投资、基金等各类金融机构,境内外金融总部和区域总部,金融业中介机构和世界知名企业,促进金融业务平台、金融交易平台、金融服务平台在国际金融城的集聚发展,培育金融领域的高端市场要素,推动金融产业高端化、集群化、融合化发展,打造"广州服务"品牌的重要支撑区、国内一流的金融总部集聚区、亚太地区具有较强影响力的金融功能区,带动全市、全省乃至全国金融服务业的发展升级。

(2) 全国金融对外开放的先行区。加快构建符合国际惯例的、具有国际竞争力的金融法制环境、营商环境和行政服务环境,促进金融机构、资金、人才在更宽领域、更深层次参与国际分工与合作,引导金融机构进一步拓展全球服务能力、构建全球化的服务网络,不断提升广州国际金融城在国内、国外两个市场配置金融资源的能力。

(3) 华南金融产业带的核心功能区。增强广州国际金融城服务华南、辐射全国的能力和作用,力争成为华南地区金融产业带的核心功能区、区域金融发展的引擎。加强与广州南沙、深圳前海、珠海横琴等金融功能区的分工与协作,深化与港澳台地区的金融合作,吸引港澳台金融机构和投资者参与国际金融城的开发建设,借助港澳台地区的平台向海外推广广州国际金融城的品牌。

(4)区域金融监督管理中心区。广州国际金融城已经有中国人民银行、中国银行业监督管理委员会、中国保监会驻粤机构进驻,发挥国家金融管理部门的决策、信息优势,强化广州国际金融城作为区域金融监督管理中心的地位。

起步区以金融办公为核心,同时设置商业服务、文化娱乐、休闲居住及其他相关配套服务功能,形成了充满活力、开放的五大功能区——金融办公区、总部办公区、综合商业区、滨水休闲区和特色生活区(图 5-12 和图 5-13)。

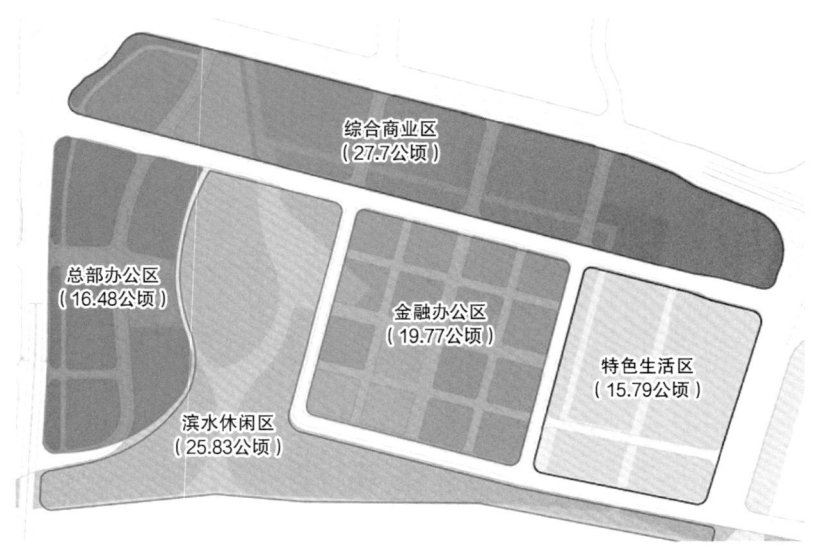

图 5-12　广州国际金融城起步区功能分区示意图

图 5-13　广州国际金融城起步区总平面图

金融办公区位于广州国际金融城中心部位,主要吸引国内外著名金融机构进驻,是带动国际金融城整体发展的主要引擎。总部办公区利用金融办公的集聚效应,布局世界500强企业、跨国公司、国内知名企业的区域总部及咨询、会计、信息、评级、认证等金融服务类业态,为国际金融城提供高端的商务办公服务。综合商业区多功能复合,是集服务办公、商务酒店、商业休闲、社区配套、餐饮美食于一体的综合配套商业区。滨水休闲区充分利用现状河涌,设置休闲商业、餐饮、地标等设施,提供多样的、具有活力的滨水活动场所,营造宜人和富有魅力的岭南滨水休闲空间。特色生活区主要由棠下村安置住宅区和江源半岛居住小区组成,在建筑设计中体现岭南特色,滨江规划建设一处五星级酒店,为规划区提供顶级的配套设施。

最值得一提的是,广州国际金融城在打造金融交易所和交易平台方面所取得的成绩。目前已经进驻的有广州期货交易所(以碳排放交易品种为主)、中国外汇交易中心广州分中心、华南区域股权交易市场平台、华南区域票据交易市场平台、知识产权交易和金融服务平台等。这些交易所和交易平台为企业提供了融资、股权、知识产权等方面的国际化服务。

5.3 城市共享空间功能平台

5.3.1 基于城市战略性共享空间,打造城市现代服务业战略性功能平台

城市共享空间包括的内容较多,广场、街头绿地、购物中心都属于城市共享空间范畴。城市规划学一般认为,城市中具有战略性意义的共享空间是以城市中央公园为代表的空间类型。城市中央公园的最初构想由奥姆斯特德(Frederick Law Olmsted)提出,他与沃克(Calvert Vaux)共同设计了纽约中央公园,这标志着城市公众生活的景观时代的到来。纽约中央公园成为纽约这座超级城市的点睛之笔。它不仅仅是巨型绿肺,还是市民休憩、度假、交往之处,平均每年有4 000万名游客游览纽约中央公园。这些游客每年在"入口"社区消费约147亿美元,这直接或间接地提供了24.2万个工作岗位。城市中央公园作为城市的绿肺,生态价值、景观价值仅是其价值体系中的一部分,其更为重要的价值在于它具有不可替代的战略性地理位置,城市中央公园可以成为城市的集散中枢和基础设施核心,并最大程度地带动公园周边的高端消费产业和商务办公、金融服务等生产性服务业的发展。例如,纽约中央公园周边已经发展成具有全球影响力的广告创意、时尚高端消费、酒店服务业集聚地。第五大道、时代广场这些现代服务业集聚区,极大地体现了纽约中央公园的公共空间价值。

一方面,城市中央公园对现代服务业尤其是高端消费业的带动源于其在城市中的战略性地理位置。一般而言,中央公园都是快速城市交通设施和城市文化展览设

施汇集之处,大量的城市基础设施汇集有利于带来巨量的人流、商务活动和消费需求。另一方面,这种带动作用也是城市中央公园的生态和景观价值与产业规律良性互动的必然效果,中央公园为高端消费提供了非常好的体验场景。试想一下,在五星级酒店的露天阳台上喝着下午茶,俯瞰着眼前的巨型中央公园,这样的消费场景体验自然是其他场所难以提供的。

当前,全球范围内兴起了低碳城市、绿色城市的浪潮,党的十九大也提出建设公园城市体系,习近平总书记在成都市考察时明确提出了公园城市的建设要求。新经济要求资源节约、环境友好、绿色低碳的高质量生产发展方式,城市作为一半以上人口的生产生活载体,建设公园城市正是高质量发展的落实。公园城市建构的实质是城市价值创造、转化和实现的过程,它以生态价值创造为核心并渐次展开。在原有自然生态基础上,将城市多元价值要素进行科学有机整合,推进生态价值与经济、政治、社会、文化、治理等价值要素相互融合、协同创新,从而实现城市价值的最大化与最优化。

作为我国公园城市的典型代表,成都的实践具有极大的示范价值。成都在夯实城市生态基础的同时,立足生态价值,产生新的产业价值。例如,成都积极引导生产性服务业融入公园城市建设,支持高标准规划建设西部(成都)科学城,构建"一核四区"的创新空间布局,打造具有全国影响力的科技创新中心重要载体。成都在天府新区兴隆湖科学城的成功实践,堪称以生态公共空间嬗变出现代服务业产业价值的典范之作,它结合大水面、大绿化,打造高品质科创空间,构建产业资源集聚和价值创造平台,布局建设国家制造业创新中心、产业创新中心。此外,成都还积极构建"科技化、体验化、主题化、个性化"的新兴生活消费场景,建成了一批生态优质、功能复合的公园广场、天府绿道、社区街道等公共空间,营造舒适宜人的休闲交往场景,促进社区人群融合与交流互动。

以城市中央公园为代表的共享空间与先进产业的结合,应从整座城市的科技发展、经济运行、文化创新出发,进行全面系统的规划、设计和建设。在城市区域,依托各级公园,以绿道为脉络,结合城市功能、公共服务设施、产业、商业、文化等,形成"公园+"的发展模式,积极营造新业态、新场景。例如,结合生态与产业,形成绿色生态办公区(Ecological Office District, EOD);结合生态与居住,形成公园地产;结合公园与高端消费、文化创意,形成公园文创区等。

5.3.2 案例一:西湖与西溪湿地——推动杭州向更高国际化水平进阶

杭州是世界级的历史文化名城,以西湖为代表的山水景观一直是其名片。杭州是中国的准一线城市,最近十多年来的发展非常引人瞩目。以阿里巴巴为代表的互联网创新产业集群,使得杭州成为中国乃至世界的互联网中心城市。2016年G20峰会的成功举办以及2022年即将举办的第19届亚运会,将杭州推向了全球新兴城市的一线地位。但杭州的国际化程度一直不足。从城市空间上来说,杭州老的城市心一直围绕着西湖—武林广场—庆春路—解放路这一区域布局商业、商务、办公和酒店等城市国际化核心设施。传统的城市中心地处老城区，空间局促，要布局新型的国际化设施，代价非常高。正是在这样的背景下，杭州推出了"西湖西进战略"，并在此基础上，实行西湖＋西溪国家湿地公园（简称西溪湿地）的"双西名片"这一具有战略性意义的空间举措。西湖和西溪湿地，为城市高效、高水平利用共享空间增强城市的国际化功能，推动城市向更高的国际化水平进阶，提供了两个有代表性的范本。大西湖风景区主体处在城市中心城区，通过景区扩容、升级和开放更大的共享空间，为城市提供了高端酒店、国际购物和国际会务的功能承载平台，极大地推动了包括旅游产业、文化产业、购物消费在内的高端消费产业的发展；而西溪湿地则处在城市的新开发区域，依托生态环境优势、成本洼地优势，通过以阿里巴巴为核心的龙头企业的进驻，打造以互联网技术研发为主导产业、兼有现代金融服务的城市未来产业平台，其所在的杭州未来城已经成为杭州的现代科创中心。

1. 西湖：基于中心城区的巨型共享空间，打造城市国际化消费中心升级的战略功能平台

1）大西湖风景区概况

西湖（图5-14）位于杭州市西面，是中国首批国家重点风景名胜区和中国十大风景名胜之一。2011年在法国巴黎举办的第35届世界遗产大会上，"杭州西湖文化景观"被正式列入世界文化遗产名录。西湖三面环山，面积约为6.39平方千米，东西宽约2.8千米，南北长约3.2千米，绕湖一周近15千米。空间形态上呈现"一山、二塔、三岛、三堤、五湖"的基本格局。西湖是中国首个不收门票的5A级景区，免费开放的公园系列使得西湖沿线成了开放式大公园。

图5-14 杭州西湖

2002年，在习近平总书记主政浙江之始，杭州按照习近平总书记指示，推进了西湖西进战略，将周边自然山体纳入大西湖景区范围为，形成了以传统西湖为核心，周围山体和水体为延伸补充的大西湖风景区。按照"看得见山、望得见水、记得住乡愁"的要求，通过因地制宜、筑山理水的园林手法，把大的自然景观空间引入杭州城市，以大山大水、真山真水、好山好水来构筑大尺度的城市空间和旅游载体空间,使得传统的以水为脉的西湖景区成为既有水脉、又有山魂的新的大西湖风景区。

2) 西湖这一巨型城市共享空间对杭州城市具有战略性价值

(1) 西湖构建了杭州独特的风景价值。山水杭州是杭州的城市名片,西湖无疑是杭州三水(西湖、京杭运河、钱塘江)中最为重要的部分,因为它处在城市核心区,放眼全球,杭州是非常少有的在城市内部即有如此秀美的自然风光可赏的城市。随着西湖西进战略将周边自然山体纳入大西湖风景区范围内,其风景价值更为凸显。

(2) 西湖构建了杭州独特的产业价值。旅游产业已经成为杭州的支柱性产业之一。西湖是杭州旅游产业发展的重要载体。西湖不仅仅提供了旅游的观光地,其周边区域还是高端国际化酒店、消费等旅游服务设施的空间载体。2016年的G20峰会中不少国际政要人士就入住西湖周边的国际酒店中。

(3) 西湖构建了杭州独特的人文价值。杭州作为历史文化名城,许多历史遗迹和人文价值场所都分布在西湖沿岸区域。

(4) 西湖构建了杭州独特的生态价值。大西湖风景区为杭州城市提供了一片绿肺、一片大的水域生态系统空间,具有无可替代的生态价值。

3) 大西湖风景区的核心战略功能:杭州的国际化消费功能平台

(1) 西湖公园内部功能分布上,实现城市公园功能、文化旅游功能和度假功能的融合。西湖公园作为一个城市大公共开放空间,没有围墙,完全开放,与城市完全交融。公园内部布局了以下各功能。

文化艺术展示功能:一是以艺术书法文化展示为主的,主要支撑项目有博物馆、古书院、艺术院、书画院、纪念馆等古代艺术展示场所;二是以柳浪闻莺为代表的展示中国传统官文化的区域。

高端休闲度假功能:以西湖国宾馆、健康吧、网球活动中心、高尔夫活动中心为功能载体的高端休闲度假区。

市民游乐休闲功能:以老年公园、少年公园、太子湾公园、长桥公园为代表的城市免费开放式游憩公园。

特色旅游游览功能:雷峰塔佛文化游览区、以自然风光特色游览为主题的花港观鱼游览区、曲院风荷特色游览区。

(2) 西湖公园周边功能布局上,突出高端酒店、国际购物和城市消费中心的功能平台建设。西湖周边布局居住、医疗卫生、行政办公、文化展览、商业商务办公、酒店餐饮娱乐、度假疗养、高等教育等城市功能(图5-15和表5-6)。作为一个城市中心的公园,周边区域的功能复合符合城市发展规律。为适应杭州的国际化大都市发展需要,近年来西湖沿线滨水地块的改造开发,突出城市国际性高端消费功能平台的建设,例如西湖东部邻近主城区的香格里拉大酒店、温德姆酒店、国贸中心、湖滨银泰等高端酒店、百货商业设施的建设。

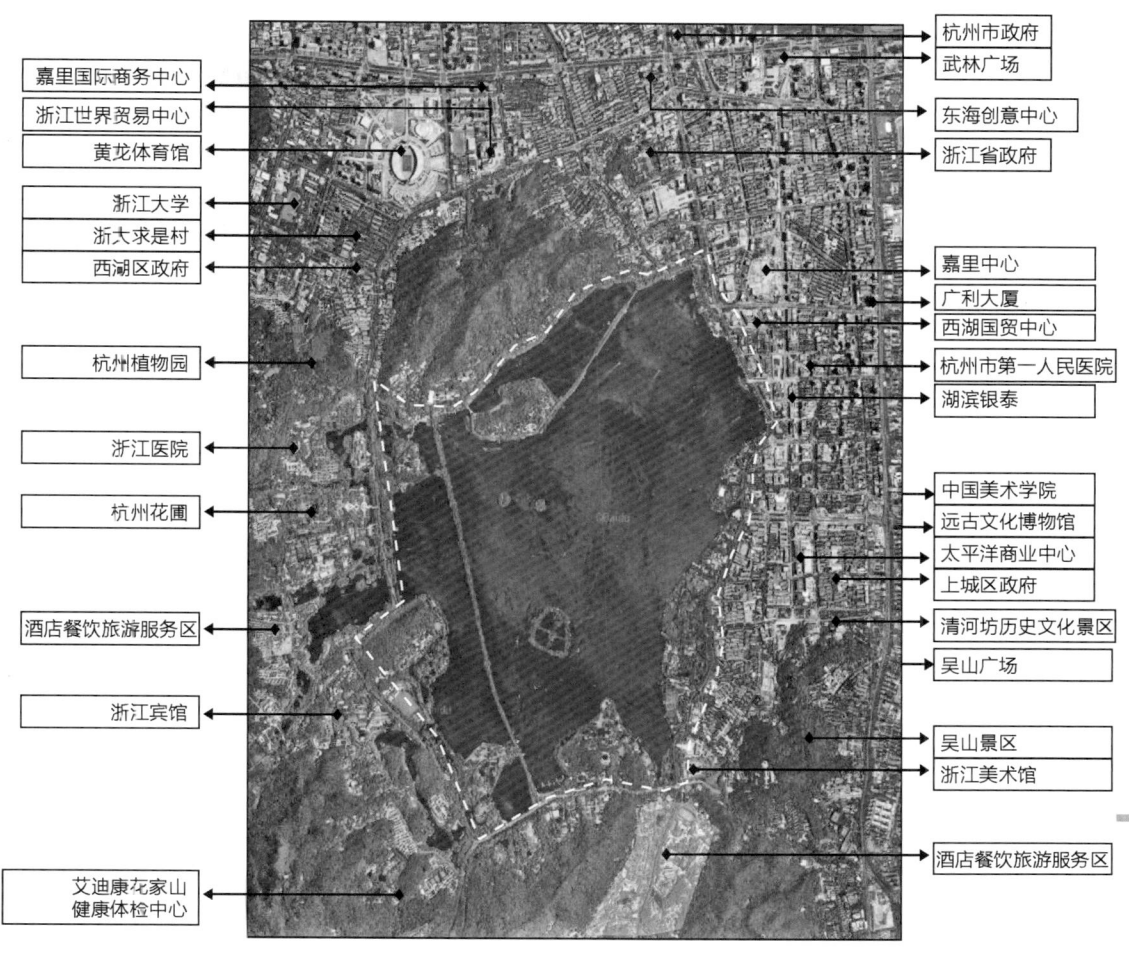

图 5-15 西湖公园周边功能分布

表 5-6　　　　　　　　　　西湖公园周边功能布局

功能分区	功能业态	业态项目
东面	居住	国都公寓、仙林苑、涌金花园、柳浪新苑
	医疗卫生	杭州市第一人民医院、上城区人民医院、浙江省中医院、浙江省儿童医院
	行政办公	上城区政府
	高等教育	中国美术学院、上城区教育学院、杭州广播电视大学
	文化展览	远古文化博物馆、清河坊历史文化景区、浙江美术馆
	商业/商务办公	嘉里中心、广利大厦、西湖国贸中心、湖滨银泰、太平洋商业中心、杭州解百购物广场
南面	酒店餐饮娱乐	杭州朗诗假日酒店、玉皇山庄、蓝天清水湾国际大酒店
	度假疗养	杭州海勒疗养院
	高等教育	杭州师范大学音乐学院
	文化展览	中国音乐博物馆、中国丝绸博物馆
西面	科普、观赏游览	杭州植物园、杭州花圃
	医疗卫生	艾迪康花家山健康体检中心、浙江医院、杭州疗养院名医馆
	文化展览	中国茶叶博物馆
	度假疗养	浙江省总工会疗养院、昆龙度假村
	酒店餐饮娱乐	浙江宾馆、航海酒店、中天俱乐部、爱丁堡酒店、杭州金溪山庄

(续表)

功能分区	功能业态	业态项目
北面	商业/商务办公	浙江世界贸易中心、嘉里国际商务中心、武林广场、东海创意中心、现代国际大厦、黄龙世纪广场、黄龙饭店
	行政办公	浙江省政府、杭州市政府、西湖区政府、浙江省地税局
	高等教育	浙江大学、杭州市陈经纶体育学校、浙江省老龄文艺大学
	居住	景湖苑、三华园、西子名苑、黄龙雅苑、丁香公寓
	文化体育	浙江图书馆、现代博物馆、护国仁王寺遗址、黄龙体育馆
	医疗卫生	杭州市中医院、下城区人民医院

商业商务办公功能：主要分布在西湖的东部和北部区域。北部区域的落地项目有浙江世界贸易中心、嘉里国际商务中心、武林广场、东海创意中心、现代国际大厦、黄龙世纪广场；东部区域近年来改造的重点方向就是强化商业商务功能，主要设施有嘉里中心、广利大厦、西湖国贸中心、湖滨银泰、太平洋商业中心、杭州解百购物广场等。

酒店和国际购物等高端消费性服务功能：西湖四周都有酒店分布，且各具特色。东部靠近主城区的酒店设施以新建的高星级酒店为主，如香格里拉酒店、温德姆酒店和世茂酒店；而在南部、北部区域，酒店设施以传统的度假村为主，例如西湖国宾馆。

度假疗养功能：疗养院主要在西湖西部的自然山体中，多数为当年政府部门所建，如浙江省总工会疗养院、昆龙度假村，现在都改制成为商业运作模式的社会养老和疗养机构。

文化展览和文化体验高端消费功能：西湖东部的远古文化博物馆、清河坊历史文化景区、浙江美术馆，西部的中国茶叶博物馆，北部的现代博物馆等。

4) 启示

西湖共享空间为城市规划者和管理者提供的最具价值的启示是如何在城市的大空间尺度下运用中国风景园林的建造手法将自然中的大山大水引入城市，并充分利用好这一巨型公共空间的生态价值和景观价值，使之与现代经济和现代生活的真实需求结合起来，成为城市具有国际化服务能级的文化和消费功能平台。

2. 西溪湿地：基于巨型生态空间打造世界互联网中心城市的战略平台

杭州西溪湿地位于杭州市区西部(图5-16)，东起紫金港路西侧，西至绕城公路东侧，南起沿山河，北至文二路延伸段，占地1 136公顷，原为自然湿地、农用地及村民宅基地。西溪湿地是国内罕见的保存较好的城市外围湿地型生态资源，在杭州市绿地生态系统结构中具有独特的地位及作用。

西溪湿地按生态边界、风貌及开发理念的差异可分为三大分区：西部湿地生态景观封育区，包括五常民俗文化村、农耕体验文化村、现代艺术村和大众休憩村；

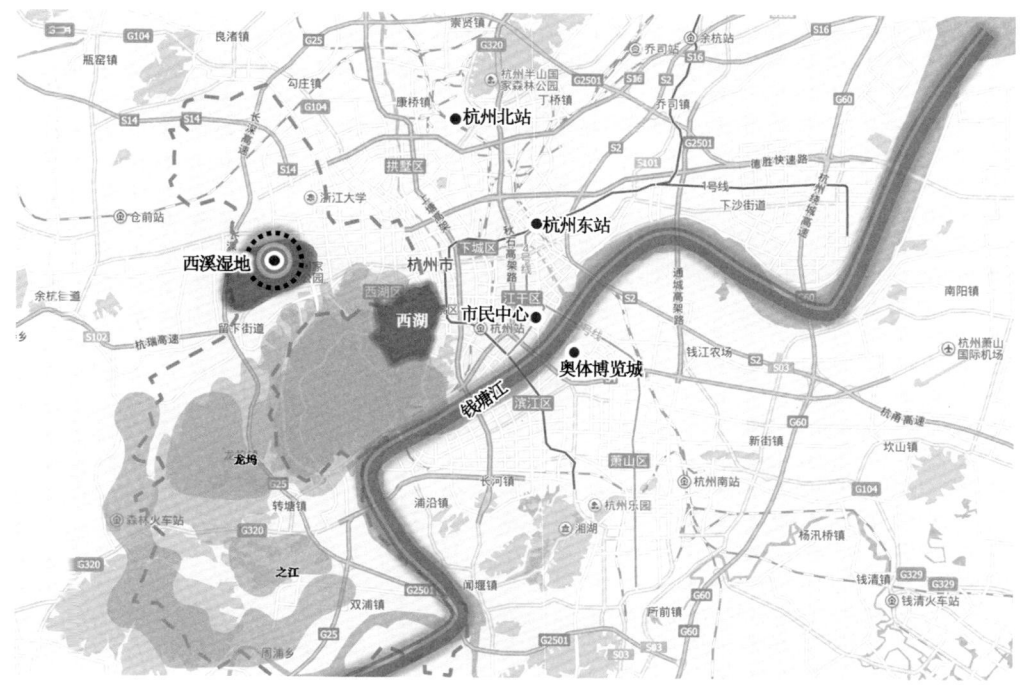

图 5-16 西溪湿地区位

中部湿地生态旅游休闲区,包括民俗文化游览区、秋雪庵保护区和曲水庵保护区;东部湿地生态保护培育区,包括文化创意产业区、生态保护培育区和旅游服务中心区。

西溪湿地这一城市战略共享空间,具有较高的文化旅游产业价值。西溪湿地被评为5A级景区,集生态湿地、城市湿地、文化湿地于一身,堪称中国湿地第一园。以"西溪天堂"国际旅游综合体为代表的休闲旅游区建成并投入使用,成为杭州这座国际知名休闲旅游城市的新平台。

从杭州进阶国际化大都市这一战略方向来看,西溪湿地的战略意义在于,它为杭州建设全国乃至全球互联网中心城市提供了一个战略级的空间和平台。西溪周边以创意产业园、阿里巴巴淘宝城、海创园、恒生科技园为代表的互联网产业平台,构建起"互联网行业巨擘(阿里巴巴)+独角兽企业+创业型企业"的互联网企业生态链,推动了杭州未来科技城、城西科创大走廊的发展,杭州也因此在全国乃至全球的互联网产业领域中具有了极大影响力,成为浙江乃至中国吸引人才的科技高地之一。值得一提的是,西溪湿地周边地区形成了以浙江大学、杭州师范大学、西湖大学等为代表的高校密集区,产—学—研的链条在空间上高度集聚,为互联网中心的创建提供了极大的人才、知识和创新能力支撑。

5.3.3 案例二:上海浦东世纪公园——世界级金融贸易区扩展的空间载体

上海作为长三角世界级城市群的核心城市,承担着国家参与世界竞争的战略使命。上海一直被当作国家改革开放的前沿阵地和试验田。在改革开放之初,上海率先以虹桥国际机场为依托,将虹桥板块作为对外开放,尤其是对日韩开放的前沿阵地,并依托延安路向东辐射。在20世纪90年代上海成立国家级的浦东新区后,陆家嘴地区被定位为世界级的金融贸易区。陆家嘴的开发无疑是非常成功的,已经成为世界级金融机构的集聚地、众多世界500强企业的总部基地。但陆家嘴的空间有限,沿着世纪大道东扩、沿着黄浦江展开,成为陆家嘴金融城开发的必然选择。世纪大道沿线、世纪公园以及上海联洋国际社区的建设,是陆家嘴高端产业功能向外辐射的必然,也是浦东开发的合理逻辑。

上海世纪公园的建设为陆家嘴金融贸易区向东扩展提供了空间动力。金融贸易区作为一个高度集聚性空间,其空间动力的衰减程度高于一般产业区。因此,在沿线建一个新的战略级空间载体,为金融贸易区的东扩再度汇集空间发展动力,是城市空间发展规律的必然要求,世纪公园应运而生。从小陆家嘴核心区向东沿世纪大道到世纪公园,长度达5千米左右,世纪公园为这一段金融贸易区注入了空间动力。

世纪公园(图5-17)东邻芳甸路,南临花木路,北靠锦绣路,占地面积为140.3公顷,是上海市中心区域内最大的城市生态公园。公园绿地面积为86万平方米,水体面积为27万平方米,广场面积为8.5万平方米。它不仅为浦东提供了一片城市绿肺,成为难得的城市休闲、生态空间,更重要的是成为陆家嘴高端产业功能向东扩展的空间载体,为陆家嘴提供人文休闲空间,其空间价值、风景价值和生态价值等战略意义极大地推动了浦东的发展。

图5-17 上海世纪公园

世纪公园周边功能布局突出金融贸易办公、文化、政务、展览等高端城市功能和高端居住功能(表5-7),成为陆家嘴金融贸易区向东拓展的空间载体。

(1) 居住功能:世纪公园住宅是浦东地区住宅的标杆之一,高品质、高价格。虽然世纪公园四周均有住宅,但其定位各有不同。南面居住区开发较早,有一定比例的普通公寓和公房;东部开发较晚,定位最高,其中的九间堂、四季雅苑、御翠园等别墅项目是浦东的顶尖住宅项目。

(2) 商业商务办公功能:主要集中在世纪公园北面区域和南面区域。北面区域有银联大厦、金鹰大厦、汇商大厦、上海信息大厦、太平人寿大厦等商业建筑;南面区域有紫竹国际大厦、博览汇广场、证大喜马拉雅中心、永达国际大厦,其中证大喜马拉雅中心已经成为世纪公园周边办公楼的典范。

(3) 会议会展功能：最大的会展设施是世纪公园东面的上海新国际博览中心；北面还有浦东展览馆。证大喜马拉雅中心也具有高层次的文化展示交流功能。

(4) 行政办公功能：集中在世纪公园北面区域，设有浦东新区的众多政府机构，包括区政府、区人民法院、区检察院、区公安局、区工商局、区市民中心、区国资委、区出入境检验检疫局，以及中国质量认证中心上海分中心、上海银监局、上海证监局、上海海事法院、上海出入境管理局等。

(5) 文化展览等功能：主要在世纪公园北面区域，主要设施有东方艺术中心、浦东群众文化艺术馆、浦东新区展览馆。

表 5-7　　　　　　　　　　　世纪公园周边现代产业功能布局

功能分区	功能业态	业态项目
东面	居住	高层：当代清水园、仁恒河滨城三期、吉云公寓、浦东虹桥公寓、浦东虹桥花园、水清木华公寓、广阳新景苑 别墅：九间堂、金色维也纳金樽花园、御翠园、涵园千秋别墅、四季雅苑
东面	商业、商务办公	浦东嘉里城、证大大拇指广场
东面	基础教育	进才实验小学、耀中国际学校
东面	会议会展	上海新国际博览中心
南面	居住	花木苑、绿园公寓、金桂小区、牡丹小区、兰花小区、海桐苑、杏花新苑、锦绣苑、龙昌苑、花木鑫丰苑、环龙新纪园、浦东世纪花园、大唐盛世花园、大唐国际公寓
南面	基础教育	建平世纪中学、东辉外语高中、海桐小学、花木中心小学
南面	商业、商务办公	科昌商厦、东辰大厦、花木玉兰广场、新领地花木星辰苑、影城小筑办公楼、紫竹国际大厦、博览汇广场、证大喜马拉雅中心、永达国际大厦、麦德龙、百安居
西面	居住	陆家嘴东和公寓、陆家嘴中央公寓、锦绣坊、香梅花园、上海绿城、锦绣华庭、锦绣天第、万源杰座、陆家嘴人才公寓、东方龙苑、涵合园、爱家亚洲花园
西面	商业、商务办公	陆家嘴世纪金融广场、上海东锦江希尔顿逸林酒店、万杰商务楼博地精品酒店
西面	基础教育	上海日本人学校浦东校区、建平香梅中学、耀中国际学校、浦明师范学校附属小学东城校区
北面	居住	联洋花园、联洋年华园、联洋新苑、天安花园、华丽家族花园
北面	基础教育	上海进才实验中学
北面	商业、商务办公	东怡大酒店、上海佳兆业金融中心、金融大厦、联洋商业广场
北面	行政办公	浦东新区的众多政府机构，包括区政府、区人民法院、区检察院、区公安局、区工商局、区市民中心、区国资委、区出入境检验检疫局，以及中国质量认证中心上海分中心、上海银监局、上海证监局、上海海事法院、上海出入境管理局等
北面	文化会展	东方艺术中心、浦东群众文化艺术馆、浦东新区展览馆、银联大厦、金鹰大厦、汇商大厦、上海信息大厦、太平人寿大厦、上海科技馆

世纪公园给城市规划者和管理者带来的最具价值的启示：一是以生态绿色大空间来承载现代服务业功能，引领后发展区域价值的提升。世纪公园诞生时期，浦东新区建设正由基础开发转入功能开发。公园的建设引领区域板块回归市中心，带动

了人气,注入了强大的功能活力,促进板块走向高价值端。得益于世纪公园特质空间,这一区域成为陆家嘴现代服务业东扩的空间载体。二是借助战略级的大轴线将大公园空间引向主城区的手法,值得城市中央公园借鉴。浦东世纪公园犹如一枚绿色的翡翠镶嵌于壮观的世纪大道终点,而世纪大道是统领着浦东新区的战略级大轴线,西起小陆家嘴金融贸易区这一国家级的战略区域。将公园的主入口与世纪大道连为一体,更好地体现了世纪公园的价值。

5.4 科技商务区战略创新功能平台

5.4.1 创新要素高度集聚、创新动力强大的 TBD 战略创新功能平台

科技商务区(Technological Business District,TBD)指城市内以街区为空间载体,以科技研发、高新技术产业、商务办公和居住休闲等相关活动高度集聚为主要特征,集科创研发、孵化转化、商贸交易、商务办公、会展会议等功能于一体,吸引大量创新与创业发展的要素,并具有一定区域影响力的、开放型的、混合开发的核心城市空间。TBD 是商流、物流、资金流、人才流、技术流、信息流和交通流等融合共生的枢纽。TBD 作为科技创新和高新技术产业集聚发展的核心承载区,以及资源高效配置和创新协调发展的创新创业示范区,对周边区域具有强大的辐射带动作用。

1. 创新驱动的 TBD

创新是 TBD 发展的核心驱动力,主要有四类激发因子对创新产生促进作用,分别是创新企业集群、大学和研究机构、创新型人才和政府(图 5-18)。大学和研究机

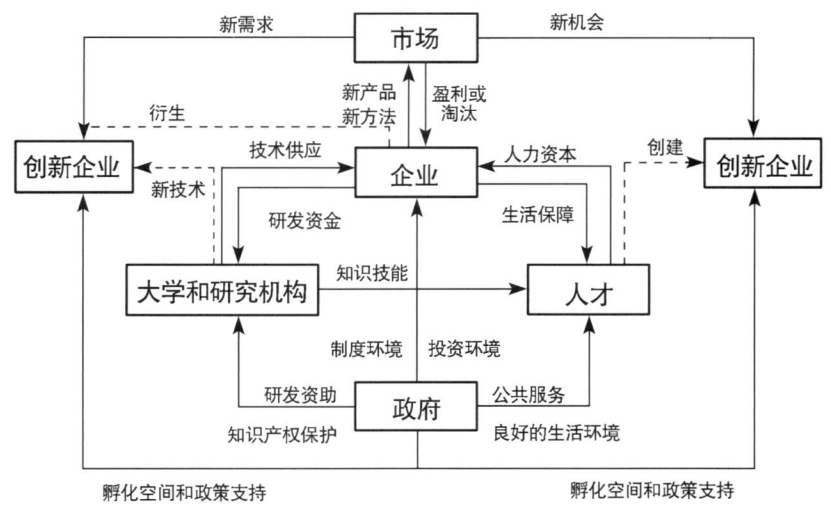

图 5-18 创新的激发因子

构是科创驱动的关键要素,它们是"知识创新源",是技术创新和创业活动的激励者、促进者和合作者,并在创新要素的吸引方面发挥了磁力源的作用。在几乎所有技术发展迅速的地区,都能看到大学和研究机构在其中发挥的关键性作用。大学和研究机构的传统功能包括知识更新、培育人力资本、促进新技术的发展,对区域发展形成促进作用的新功能包括对区域形象的塑造、对大型企业的吸引、对教师和学生创业的鼓励等。通过形成研究联盟、高技术发展中心、企业实验室、传统产业创新中心、技术转移中心等,提升大学作为知识创新源所能作出的贡献。亚洲不少国家中比较成功的TBD都围绕大学进行布局,形成以知识创新源为核心的结构模式。

2. TBD创新的硬环境

硬环境支撑创新的形成,可以分为生产设施、生活设施和创新激发设施三类。

(1) 生产设施是指TBD高技术产业所需要的办公环境和相关支撑条件,是企业进行区位选择时考虑的物质环境因素,包括进行教育和人才培养的学校,适应研发需要的实验室或办公空间,适应中试和小规模生产需要的生产制造空间,高技术企业衍生或初创企业成长所需要的孵化空间和加速空间,进行对外联系所需要的机场、火车站等大型交通设施及设施之间的快速联系通道,以及为实现高效便捷通信联系所需要的现代通信设施等。这些物质空间的组织为TBD的研究、开发和生产提供了基本的环境载体,是企业进行创新和生产的前提条件。

(2) 生活设施是指为TBD各类人才提供居住和休闲功能的设施,包括有吸引力的居民环境、购物中心、文化场所、餐馆、运动设施、娱乐区域等。Glaeser认为这种城市宜居性是吸引企业家等人才集聚的关键,具体包括丰富的商品市场和服务、优美的建筑环境与城市外观、教育设施、良好的公共文化服务设施。

(3) 创新激发设施是指TBD中对创意创新的产生能起到激发作用的空间设施,包括激发不同主体非正式交流的互动空间(如酒吧、咖啡厅、俱乐部等),为人才提供高品质文化生活的文化艺术空间(如博物馆、文化馆、音乐厅等),以及为高技术产品和创意成果提供展示平台的展览空间(如展览馆、会展中心等)。创新激发设施为创新行动者提供了空间接触机会,通过空间接触和面对面交流,促进隐性知识的共享。

3. 支撑创业的金融服务设施

TBD的成功需要有国际化的投融资渠道,以研究成果、技术和人力资本作为吸引力,获取全球层面流动的资本,为创新和创业提供资金支持和服务。投融资渠道的建立,一方面可以为创业型企业提供资本支持,发挥金融体系对科技创新起到的资本支持、分散风险、激励约束等功能;另一方面可以利用投资方丰富的企业管理和市场推广经验,帮助初创企业快速成长,解决企业成长过程中面临的困难,使投资方起到创业导师的作用。企业在起步期和发展期不仅需要资本支持,还需要管理运作和市场渠道等多方面支持。创业投资、天使投资和孵化器,可以提高技术创新培育速度,运用市场机制可以更敏锐地发现适合孵化和培育的科技项目,盘活存量的技术资本,起到加速创新成果市场化的作用(图5-19)。此外,TBD凭借良好的技术与人力资本优势,吸引跨国公司投资设立研发分支机构,实现全球-地方资本联结和创新扩散的途径。

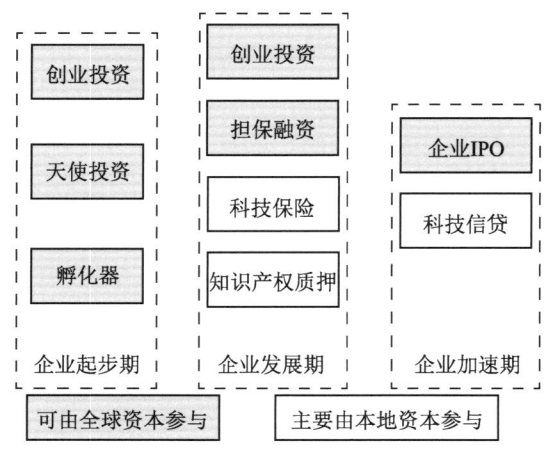

图 5-19　企业不同发展阶段所需的金融服务类型

5.4.2　案例一：雄安新区——世界级科创中心城市

2017 年 4 月,中共中央、国务院决定设立河北雄安新区。这是一次重大的历史性战略选择,河北雄安新区成为继深圳经济特区和上海浦东新区之后又一具有全国意义的新区,是千年大计。雄安新区位于河北省中部,距北京、天津均为 105 千米,距石家庄 155 千米,距保定 30 千米,距北京大兴国际机场 55 千米,区位优势明显。根据规划,雄安新区定位为二类大城市,包括雄县、容城县、安新县三县及周边部分区域。规划建设的起步区面积约为 100 平方千米,中期发展区面积约为 200 平方千米,远期控制区面积约为 2 000 平方千米。

1. 雄安新区的定位

雄安新区作为北京非首都功能疏解集中承载地,要建设成为高水平社会主义现代化城市、京津冀世界级城市群的重要一极、现代化经济体系的新引擎、推动高质量发展的全国样板。

绿色生态宜居新城区。充分体现生态文明建设要求,坚持生态优先、绿色发展,划定生态保护红线、永久基本农田和城镇开发边界,合理确定新区建设规模,完善生态功能,统筹绿色廊道和景观建设,构建蓝绿交织、清新明亮、水城共融、多组团集约紧凑发展的生态城市布局。

创新驱动发展引领区。坚持把创新作为高质量发展的第一动力,实施创新驱动发展战略,推进以科技创新为核心的全面创新,积极吸纳和集聚京津及国内外创新要素资源,发展高端高新产业,推动产学研深度融合,建设创新发展引领区和综合改革试验区,布局一批国家级创新平台,打造体制机制新高地和京津冀协同创新重要平台,建设现代化经济体系。

协调发展示范区。通过集中承接北京非首都功能疏解,有效缓解北京"大城市病",发挥对河北省乃至京津冀地区的辐射带动作用;提升区域公共服务整体水平,打造要素有序自由流动、主体功能约束有效、基本公共服务均等、资源环境可承载的区域协调发展示范区,为建设京津冀世界级城市群提供支撑。

开放发展先行区。形成与国际投资贸易通行规则相衔接的制度创新体系,主动服务北京国际交往中心功能,打造扩大开放新高地和对外合作新平台。

2. 重点产业选择

(1) 新一代信息技术产业。围绕建设数字城市,重点发展下一代通信网络、物联网、大数据、云计算、人工智能、工业互联网、网络安全等信息技术产业。推动信息安全技术研发应用,发展规模化自主可控的网络空间安全产业。超前布局区块链、太赫兹、认知计算等技术研发及试验。

(2) 现代生命科学和生物技术产业。率先发展脑科学、细胞治疗、基因工程、分子育种、组织工程等前沿技术,培育生物医药和高性能医疗器械产业,加强重大疾病新药创制。建设世界一流的生物技术与生命科学创新示范中心、高端医疗和健康服务中心、生物产业基地。

(3) 新材料产业。聚焦人工智能、宽带通信、新型显示、高端医疗、高效储能等产业发展对新材料的重大需求,在新型能源材料、高技术信息材料、生物医学材料、生物基材料等领域开展应用基础研究和产业化,突破产业化制备瓶颈,培育新区产业发展新增长点。

(4) 高端现代服务业。接轨国际,发展金融服务、科创服务、商务服务、智慧物流、现代供应链、数字规划、数字创意、智慧教育、智慧医疗等现代服务业,促进制造业和服务业深度融合。围绕创新链构建服务链,发展创业孵化、技术转移转化、科技咨询、知识产权、检验检测认证等科技服务业,建设国家质量基础设施研究基地。

(5) 绿色生态农业。建设国家农业科技创新中心,发展以生物育种为主体的现代生物科技农业,推动苗木、花卉的育种和栽培研发,建设现代农业设施园区。融入科技、人文等元素,发展创意农业、认养农业、观光农业、都市农业等新业态,建设第一、二、三产业融合发展示范区。

3. 整体空间格局与产业布局

雄安新区将呈现"一主、五辅、多节点"的空间格局(图5-20)。雄安新区坚持产城融合、职住均衡和以水定产、以产兴城的原则,采取集中与分散相结合的方式,推动形成起步区、外围组团和特色小城镇协同发展的产业格局(图5-21和图5-22)。

(1) "一主"即起步区。起步区面积约为100平方千米,呈组团式结构,形成"北城、中苑、南淀"格局。"北城"集中布局五个城市组团;"中苑"恢复历史上的大溵古淀,塑造生态范围;"南淀"为临淀区域,严控开发建设,塑造白洋淀滨水岸线。起步区构建一流的承接平台、基础设施、公共服务,重点承接北京疏解的事业单位、总部企业、金融机构、高等院校、科研院所等,重点发展人工智能、信息安全、量子技术、超级计算等尖端技术产业基地,建设国家医疗中心。在起步区内选择适当区域规划建设启动区,重点承接北京非首都功能疏解,突出创新特色,提供优质公共服务,集聚一批互联网、大数据、人工智能、前沿信息技术、生物技术、现代金融、总部经济等创新型、示范性重点项目,发挥引领带动作用。

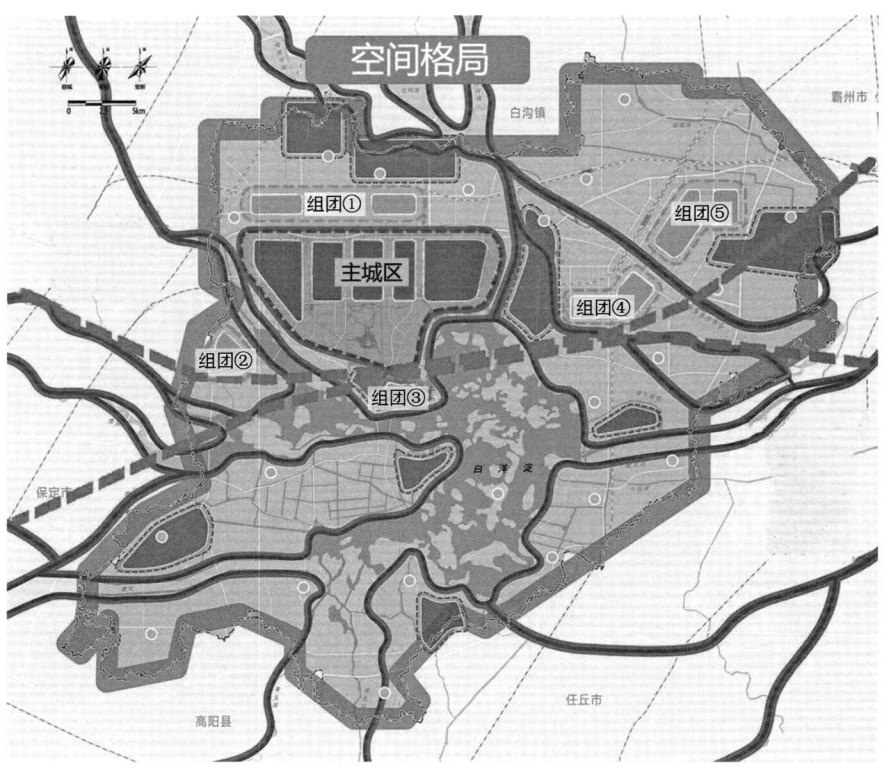

图 5-20　雄安新区的整体空间格局

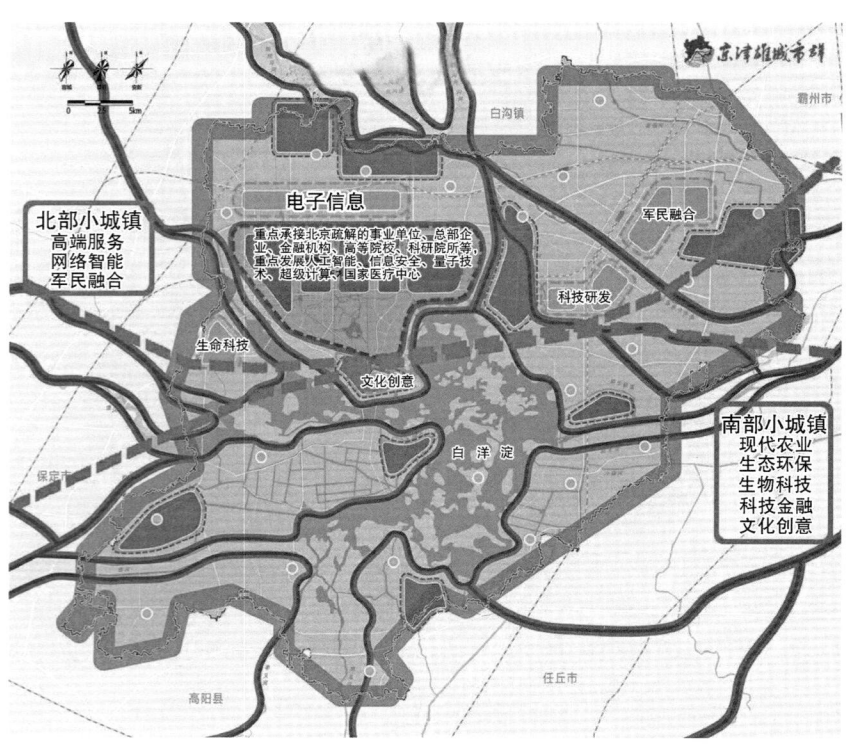

图 5-21　雄安新区产业布局

图 5-22 雄安新区效果图

(2)"五辅"即五个外围组团,分别为生物生命组团、科技创新资源组团、休闲旅游服务组团、高端旅游组团、创新创业组团。外围组团与起步区分工协作,承接北京非首都功能的疏解,布局电子信息、生命科技、文化创意、军民融合、科技研发等高端高新产业,以及支撑科技创新和产业发展的基础设施。

(3)"多节点"即多个周边特色小城镇(数字科技小镇、人工智能小镇、光电信息小镇等)。因镇制宜,有序承接北京非首都功能的疏解,形成各具特色的产业发展格局。北部小城镇主要以高端服务、网络智能、军民融合等产业为特色。南部小城镇主要以现代农业、生态环保、生物科技、科技金融、文化创意等产业为特色。

4. 打造具有世界级影响力的科创中心城市

(1)打造一流硬件设施环境。有序推进基础设施建设,完善配套条件,推动疏解对象顺利落地。打造优质公共服务环境,率先建设一批高水平的公共服务设施,提供租购并举的多元化住房保障,有效吸引北京人口。

(2)搭建国际一流的科技创新平台。按照国家科技创新基地总体部署,积极布局建设国家实验室、国家重点实验室、工程研究中心等一批国家级创新平台,努力打造全球创新资源集聚地。围绕集聚高端创新要素,加强与国内外知名教育科研机构及企业合作,建立以企业为主体、市场为导向、产学研深度融合的技术创新体系。

(3)大力搭建人才载体平台,建设国际一流的科技教育基础设施。加强重大科技基础设施建设,实施一批国家科教创新工程,集中资源建设国家科学大装置等开放型重大科研设施、科技创新平台,布局一批公共大数据、基础研发支撑、技术验证试验等开放式科技创新支撑平台,全面提高创新支撑能力。建设世界一流的研究型大学雄安大学。同时,建设具有国际先进水平的现代职业教育体系,整合各类科教资源,集中力量打造国际人才培训基地,为创新发展提供人力资本的支撑。

(4)引进国内与国际的高科技龙头企业。目前,已有腾讯、阿里巴巴、百度等高科技龙头企业,中国联合网络通信集团有限公司、中国航天科工集团有限公司、中国移动通信集团有限公司、中国船舶重工集团有限公司等央企进入规划园区。雄安新区已储备了一大批战略性新兴产业项目,创新资源向新区加速集聚。

5. 发挥白洋淀的空间动力优势,打造拥湾发展的世界级科创中心城市

白洋淀景区及其绵长的岸线,是雄安新区的战略空间资源。白洋淀不仅仅具有生态价值、环境价值、文化旅游价值,还具有独特的空间价值,是雄安新区建设世界级科创中心城市的核心空间资源。雄安新区围绕白洋淀,功能组团沿白洋淀生态空间区展开,形成环湾发展格局。以白洋淀为区域共享中心,形成类似旧金山的大湾区结构。同时,将生态空间转变为环湾发展绿色驱动力,催生湾区型生态共享空间及新功能。白洋淀对于雄安新区发展现代产业,尤其是科创等高价值产业具有重大意义。

通过高端产业特色小镇建设,将白洋淀环湖区域打造成具有国际影响力,能对标旧金山湾区的高科技产业带。借助白洋淀形成拥湾发展格局,转变空间发展模式,由高强度的集聚化中心城区转向均衡发展、有机生长的都市空间区域。在这些都市空间区域内,以特色小镇为主要形式的多节点体系围绕白洋淀生态空间,形成连绵的大都市空间区(图5-23)。雄安新区的特色小镇以产业为先导,不少是高科技小镇。这些产业与中期建设的200平方千米上的高新科技产业相辅相成,是雄安新区核心区产业的延伸与补充。

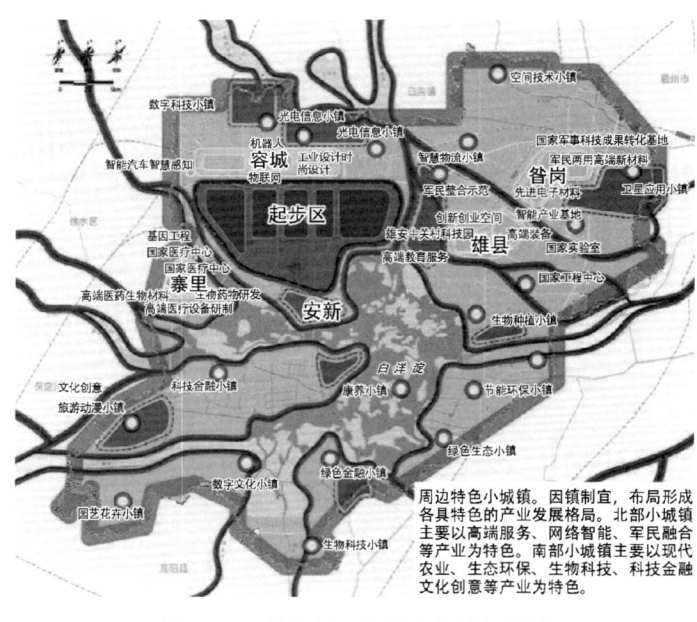

图 5-23 雄安新区高端产业特色小镇

5.4.3 案例二:杭州未来科技城——杭州迈向全球互联网中心城市的战略创新平台

杭州未来科技城是中国共产党中央委员会组织部、国务院国有资产监督管理委员会确定的全国四个未来科技城之一,是第三批国家级海外高层次人才创新创业基地。它位于杭州市中心西侧,毗邻西溪湿地和浙江大学,北至杭长高速公路,东至杭州绕城高速公路,南至杭徽高速公路(02省道),西至南湖。杭州未来科技城的规划控制面积为113平方千米,其中重点建设核心区为25平方千米(图5-24)。

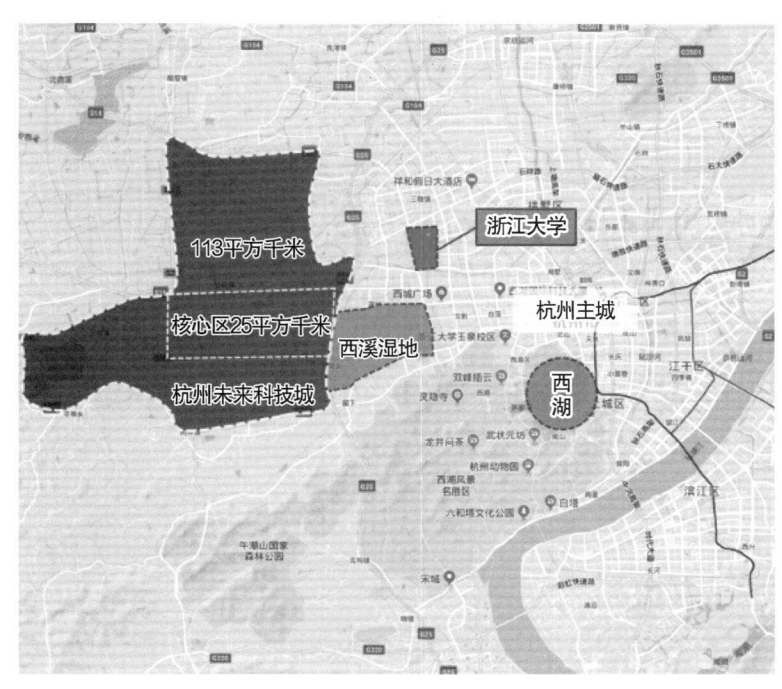

图5-24　杭州未来科技城区位

核心区集中设置了海创园(10平方千米)、信息产业园、创意设计园、金融商务区、综合配套区、科研文教区等产业园区,集聚了阿里巴巴、西溪国际信息产业园、恒生科技园、联强国际、加利利等一大批优质项目,集群效应逐渐显现,产业承载力突出。

核心区大体分为研发生活功能区、综合服务功能区和科教生活功能区(图5-25),科教生活功能区为核心,以研发、教育、居住为主要功能。基地西区块规划为信息、制造、医疗器械类产业,东北区块规划为高教科研,东南区块规划为电子商务、软件、信息服务类产业,南区块规划为高档住宅。

图5-25　核心区的功能区划

1. 规划定位

总体目标：以高端人才为基础、以科技创新为动力、以技术研发为核心、以创新经济为主导，通过构建国家创新产业高地，培育国际高端人才创业集群，打造面向世界、辐射全国、引领未来的国际化现代科技新城，构建具有全球影响力的人才集聚高地和科技研发中心。

总体定位：一是面向世界的国际创新人才特区。深入实施人才优先发展战略，推进人才机制创新，构建与国际接轨的人才体制机制，搭建人才发展支撑平台，优化创新创业环境，大量集聚科技领军人才和优秀创新人才，建设面向世界的国际创新人才特区。二是辐射全国的可持续创业基地。围绕自身发展定位，充分发挥民营经济创新活力，通过集聚一批高端创新资源、建设一批高端产业项目，加快吸引国际一流研发机构聚力培育创新型龙头企业，构筑以创新经济为主的产业发展体系，打造辐射全国的可持续创业基地。三是引领未来的高端品质生态宜居新城。借力城市人文、生态和服务资源，推动产城融合，促进职住平衡，营造高端品质生活环境，以"生态人文皆上品、创业安居两相宜"为目标，创建引领未来的高端品质生态宜居新城。

2. 重点产业选择

未来科技城在产业上聚焦以科技创新为主要推动力的高端产业，重点打造新一代信息技术、生物医药、新能源和文化创意产业等四大主导产业。为更好地服务于创新要素功能的发挥，同时打造金融服务、商务服务、科研服务和高端消费性服务等四大拓展产业。

（1）四大主导产业。新一代信息技术产业重点发展云计算、电子商务、物联网。生物医药产业重点发展创新药物、生物技术药物、生物医学材料。新能源产业重点发展下一代太阳能光伏电池及组件、新型电池、风电设备。文化创意产业重点发展影视创意、数字出版、数字新媒体、网游动漫。

（2）四大拓展产业。金融服务产业重点发展科技金融、金融后台服务。科研服务产业重点发展研发外包服务、研发公共服务、科技中介服务。商务服务产业重点发展总部园区形式的总部经济、法律服务、审计和会计服务等商务服务。高端消费性服务产业重点发展高星级宾馆酒店、健康医疗服务、国际学校、商业购物中心和消费服务。

3. 基于创新功能的战略平台

（1）产学研创新平台：未来科技城周边拥有浙江大学、杭州师范大学、浙江理工大学等众多高校及海创园等研发生产机构，在本地企业、高校和科研机构联合的基础上，将形成产、学、研一体化的创新智力体系。有影响力的科研机构包括中国电子科技集团公司第五十二研究所、阿里巴巴达摩院、中国移动研发中心、之江实验室、浙大超重力实验室、阿里巴巴-浙江大学前沿技术联合研究中心、百度（杭州）创新中心、中乌人工智能产业中心等。

（2）公共研发服务机构和行业功能性机构平台：创新药物早期成药性评价公共服务平台、新药筛选中心、浙江省医疗器械检验研究院、浙江省医疗器械审评中心、

《中国现代应用药学》杂志社。

（3）公共服务设施平台：会议中心、文创交流中心、未来科技城国际会展中心等。

（4）企业孵化器和众创空间：苏河汇、36氪、紫金港创客、500 Startups、Plug and Play China、蜂巢杭州梦想小镇站、浙江青年众创空间、原质创想·众创空间、中国电信创新创业基地、良仓众创空间、润湾创客中心、极客创业营、湾西众创空间、第七空间。

（5）金融服务平台：西溪金融岛（图5-26）除了已经入驻的浦发银行、中信银行、中国银行这样的传统金融机构，还有为创新创业服务的天使基金、风险投资机构、股权交易所、上市服务机构等金融机构，包括阿里菜鸟基金（50亿元规模）、阿里新零售基金（100亿元规模）、光大资管华东区域中心、草根投资、友乾网络科技（互联网金融）、PA基金、省股交中心海创板、浙江省科技风险投资有限公司、海邦人才基金、浙大创新母基金（120亿元规模）等。

图5-26　西溪金融岛

（6）国际化的生活服务功能平台：国际社区、商业购物中心、购物街区、星级宾馆酒店等生活服务功能设施。

（7）现代生产性服务业集聚区：以总部园区形式发展总部经济，提供法律、审计和会计服务等商务服务的生产性服务企业集聚区，提供科研服务和现代商务服务，例如研发外包服务专业园区，以及知识产权交易中心、专利技术认证服务和转让服务中心等研发公共服务平台。

5.5　文化创意战略性功能平台

5.5.1　文化工业和创意经济是城市新经济的核心驱动力

创意经济又名创意产业、创意工业，是指那些从个人的创造力、技能和天分中获取发展动力的产业，以及那些通过对知识产权的开发创造潜在财富和就业机会的活动。它通常包括广告、建筑艺术、艺术和古董市场、工艺品、时尚设计、电影与录像、交互式互动软件、音乐、表演艺术、出版、软件及计算机服务、电视和广播传媒、文化旅游、博物馆和美术馆、遗产和体育等。

在现代消费中,所有商品既有实用价值,也有文化价值;在文化经济中,流通过程并非仅仅是实物商品和货币的周转,还包括消费过程中文化意义与消费体验的传播。在现代社会中,创造财富的手段已经不仅仅局限于制造实物产品,非物质的、符号的交换与消费已经成为经济增长的新领域。随着"后工业时代"的到来,满足人们休闲需要以及向其他商品和行业提供文化附加值的文化经济在未来社会中的地位将会越来越重要,文化对于经济增长模式转变的引领作用也越来越受到重视。

R. Florida 认为经济社会发展分为农业经济时代、工业经济时代、服务经济时代、创意经济时代四个时期。在 1900 年以前,世界还处于农业经济时代,那时的经济主要以农业为主,工业经济、服务经济和创意经济还处于萌芽状态;1900—1960 年,工业经济发展迅速,成为世界的主导经济,而农业经济在经济社会中扮演的角色开始转变,服务经济和创意经济在此期间有所发展;1960—1980 年,在世界范围内服务经济超过工业经济,成为领头羊,工业经济占世界经济的份额开始有所下降,创意经济则开始进一步发展;1980 年以来,虽然服务经济依然占据主导地位,但是创意经济增长速度很快,有着超越服务经济的趋势。在创意经济时代,一国的经济不再主要由其自然资源、工业生产能力、军事力量决定,竞争围绕着"动员、吸引和留住具有创意才能的人才"这一个中心展开。当代城市规划大师霍尔在《文明中的城市》一书中,将城市的活力、创新能力与文化创造力结合起来。他提出城市文化的力量正取代单纯的物质生产和技术进步而日益成为城市经济发展的主流。当前新的文化工业正成为城市发展的新动力和创新方向。新一波的城市创新表现为艺术与技术的结合,以互联网技术为物质基础,以新的含有附加价值的服务业为支撑。

从世界上具文化影响力的城市的发展实践看,文化工业和创意经济呈现出喷薄之势。对于伦敦、纽约等老牌国际大都市而言,老城区灰色空间成为城市发展中的伤疤,如何实现城市复兴,是摆在城市管理者和规划学者面前的迫切问题。Castells 指出,20 世纪后期废弃的制造业基地和老城区的移民聚居区等日渐衰败,形成了城市中的灰色空间,与社会问题结合造成严重的社会分化。Wilson 指出,伴随着跨国精英和低端服务业劳动力的社会两极分化趋势,"下层阶级"聚居区在原来的城市中心区域不断形成,城市空间的两极化成为城市发展所面临的问题。伦敦的城市管理者通过大力发展文化工业和创意经济,城市新经济的成功实践揭示了文化工业和创意经济有可能成为解决城市灰色空间的有效办法。1997 年,英国成立了创意产业特别工作小组(Creative Industry Task Force)。1998 年,英国文化媒体和体育部的数据显示,这一包含广告、建筑设计、艺术古董、音乐制造、出版等数十个行业的城市经济新领域就业总人口已高达百万,其人均产值近 6 万英镑,伦敦中心城区的复兴为世界所瞩目。无独有偶,Hutton 通过对多座西方城市内城区域新经济的研究发现,在 2001 年".com"经济坍塌之后,设计、广告创意等以创造性和知识性为基础的新经济活动正在为伦敦、温哥华、西雅图等城市带来新鲜血液,新的社会空间正在形成。旧城中心区新文化工业的出现和城市旅游业的发展,为城市空间和城市经济的复活带来新的生命力。

5.5.2 文化工业和创意经济的经济学解释：新经济内生增长理论

新经济增长内生理论研究的焦点就是需要一种怎样的内生机制才能保证经济增长的可持续性，即克服要素回报递减，实现要素回报递增。随着创意经济时代的到来，"脑力""创意"密集型产业渐渐取代"土地""劳力"密集型产业在国民经济中的地位。哈佛大学教授 J. S. Nye 认为，在信息时代，资本、自然原料甚至土地已经不是财富的关键性生产要素。投资驱动型经济已经走到尽头，我们须转向创新驱动型经济与知识驱动型经济，而这需要新创意、新知识来推动。P. Romer 指出，新创意会衍生出无穷尽新产品、新市场和创造财富的新机会，所以新创意才是推动经济增长的原动力。

无论是强调生产要素外溢效应的 Romer 的内生增长模型，还是强调人力资本要素的 Lucas 的人力资本积累理论，都强调了知识和创意代替自然资源和有形的劳动生产，成为财富创造和经济增长的主要源泉。经济学家熊彼特也认为，现代经济发展的根本动力不是资本和劳动力，而是创新，而创新的关键就是知识和信息的生产、传播、使用。继农业经济以土地、工业经济以资本和矿产为最重要资源之后，创意经济使技术创新、知识生产和人才资源作为经济资源获得了空前重要的战略地位，越来越多的国家和地区开始认识到在创意经济时代，推动经济增长的主要因素不再是技术，也不是信息，而是创意和创新。Michalski 等认为，从广义的角度来看，创意经济常被视为信息化社会发展的催化剂，21 世纪明显的变革就是从一致性和服从性的大众世纪跨越到强调独特性及创造力的知识经济时代。

文化工业和创意经济理论特别强调人力资本这一关键生产要素。自从发展经济学家强调经济发展要素之一的"人力资本"的作用后，城市经济学者对人力资本的研究一直没有停止过。雅各布斯在《城市经济》中提出，城市发展的原动力是地理上相邻的多种多样的产业共存与人力资本的集聚。诺贝尔奖得主罗伯特·卢卡斯证明了人力资本的集中能提高地方的生产率，从而推动经济增长的假说，并称此为"简·雅各布效果"。人力资本的集中是企业和投资接踵而来的必要条件。企业选择落位在某个城市的原因不仅仅在于该地区的市场和供给网络，更重要的是希望从当地受过良好教育、高质量的人力资本中获得生产力提高的收益。R. Florida 的创意阶层论发展了雅各布斯等人的观点。他认为，在创意经济时代，为了能得到受过高等教育的劳动力，企业会跟随创意阶层到他们居住的城市。正因为如此，R. Florida 主张地方政府与其为了吸引企业投资而实行各种减税政策，不如投入一些资金用于城市便利性建设，从而吸引创意阶层，因为他们才是经济发展的主要推动力。

5.5.3 案例一：武汉中央文化区——推动武汉走向国际化大都市的城市新名片

1. 发展背景

武汉作为中国中部的国家中心城市，总面积为 8 569 平方千米，2017 年的地区生产总值为13 410亿元,处中国万亿俱乐部城市之列。但武汉在产业和城市风貌国际化方面,一直存在不足。从洋务运动的张之洞汉阳钢铁厂,到新中国成立后的武汉钢铁厂,再到改革开放后的神龙富康汽车产业园,武汉一直以大型重化工业城市的面貌出现,其历史文化资源以及高校资源没有被挖掘,产业结构中传统产业比重过高,现代生产性服务业、高端的战略新兴产业以及代表国际生活方式需求的高端消费性服务业一直没有发展起来,城市的面貌落后陈旧,被人诟病为"中国最大的县城"。

武汉作为中国长江经济带中段最为重要的城市、国家中心城市之一,要跻身有一定影响力的国际化大都市行列,必须大力提升城市的国际化水平并进行产业升级。武汉自20世纪90年代开始,大力发展创新型产业,力图通过发展以光通信为代表的信息产业,来推进城市向创新驱动、价值驱动转型,东湖光谷科技园区的光通信行业已经在世界上有一定影响力。而如何将城市的丰富历史文化资源整合,尤其是发展起有文化影响力和传播力的文化创意产业,并为城市提供一个国际化的城市消费中心,是摆在武汉面前的一个重要挑战,中央文化区正是在这样的背景下,被推向城市发展前台的。

2. 武汉中央文化区概况

武汉中央文化区位于武汉市核心地段(图5-27),武昌区东湖和沙湖之间,地理位置相当于武汉市的几何中心。项目规划区域面积约为1.8平方千米,总建筑面积为340万平方米,是万达集团投资500亿元,倾力打造的以文化为核心,兼具旅游、商业、商务、居住功能的世界级文化旅游项目。

图5-27 武汉中央文化区区位

中央文化区由文化旅游区、滨河商业区、高档居住及配套区三个区域组成,具有文化、旅游、商业、商务、居住五大功能(图5-28);业态上分为文化业态和商业业态。其中,楚河汉街具有独一无二的区域资源,沿楚河、汉街布局建设"汉秀"剧场、电影文化主题公园、名人广场、大众戏台、杜莎夫人蜡像馆、汉街文华书城、正刚艺术画廊、星级酒店、商业步行街、万达广场、超高层甲级写字楼等。楚河、汉街是区域的两条主轴线,商业、办公、观展、居住沿两翼布局,核心文化设施布局在两端标定区域气质。

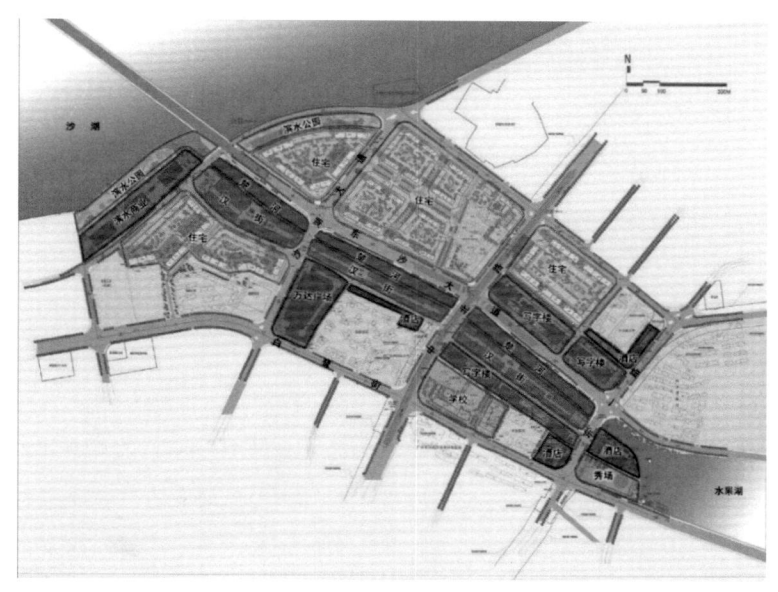

图 5-28 楚河汉街功能布局

中央文化区主要有三大类产业功能内容：

(1) 文化类项目：中央文化区建有十大文化项目，总投资 80 亿元。汉街东端建有"汉秀"剧场。这是万达集团与世界著名的美国弗兰克演艺公司合作投资 25 亿元打造的超越目前世界所有演艺水平的舞台项目。剧场建筑由全球顶尖建筑艺术大师：北京奥运会、广州亚运会、伦敦奥运会开闭幕式艺术总监马克·费舍尔先生设计。剧场建筑外形灵感来自中国传统的红灯笼造型。"汉秀"剧场的投资建设是中国文化产业的里程碑事件。汉街西端有万达投资 35 亿元建造的全球唯一的电影乐园，建筑面积为 10 万平方米，建筑创意由马克·费舍尔先生取自楚汉文化精髓"编钟"。电影乐园共设有六个电影科技娱乐项目，有 4D 影院、5D 影院、飞行影院、互动影院、体验影院、太空影院等。该项目汇集全球最新顶尖电影娱乐科技，堪称"室内环球影城"。万达电影城位于汉街中段，共设有 15 个影厅，总座位数为 3 000 座，包括数字 3D 影厅、IMAX 巨幕影厅，是国内规模最大、设施最先进的电影城。文化旅游区设置五个名人广场，分别为屈原广场、昭君广场、知音广场、药圣广场、太极广场，以此纪念湖北历史文化名人，提高楚汉文化的影响力。汉街中部广场设置有大众戏台，展示武汉丰富的群众业余文化生活。汉街引进了世界著名的名人蜡像馆，还建有大型书城、美术馆、艺术琴行，展现各种文化元素。

(2) 商业和消费类项目：万达集团投资 30 亿元在东湖、沙湖周边共打造五个酒店，全面提升武汉市酒店水准，包括两家六星级酒店，一家五星级酒店。武汉中央文化区的商业和消费类项目集聚在汉街商业步行街。汉街位于楚河南岸，总长为 1 500 米，总面积为 21 万平方米，拥有商业、美食、休闲、娱乐多种业态，集合 200 多家国内外一流商家。汉街以民国风格建筑为主体，集聚时尚元素的现代建筑和欧式建筑穿插其中，充分表达对历史的尊重和对未来的憧憬。万达广场位于汉街中部，建筑面积为 13 万平方米，汇聚 150 余家全球顶级奢侈品牌，拥有众多高端商业的旗舰店。

(3) 商业办公类项目：项目规划 8 栋国际级的甲级写字楼,地上建筑面积约为 45 万平方米,完全按照低碳智能的标准设计,使武汉市商务楼水准提升到世界一流水平(图 5-29)。

图 5-29 中央文化区项目

此外,一流的生态环境是中央文化区的生态基底。贯穿项目东西的楚河是文化旅游区的灵魂。楚河全长 2.2 千米,连接东湖和沙湖,是国务院批准的武汉市"六湖连通水网治理工程"的首个工程。楚河水面宽度为 40～70 米,加上滨河绿化及道路宽度可达 150 米。两千米长的滨河景观绿化带绿树成荫,步移景换,为武汉市民提供优美的休闲场所。环保游船用于在东湖与沙湖之间进行水上旅游观光。

3. 案例启示

武汉中央文化区的出现标定了城市的文化属性,体现了地域荣耀感,以民族性展示了国际性,以文化引领大众消费时尚,传达了一种新都市生活方式,成为促进区域产业升级的发展动力。武汉中央文化区拥有城市中心商圈这一先天优势,牢牢占据特色商业街、顶级业态这些战略高地。万达集团在谋求企业向文化产业转型的同时,也在传承与发展上为武汉的文化旅游注入新想法,新的亮点使这座城市焕发更大的魅力,武汉的文化旅游资源得到重新整合并更上一个台阶。购物在汉街万达广场,娱乐休闲在电影乐园、"汉秀"剧场,商务洽谈在七星级酒店,武汉中央文化区正在成为一座城市的文化图腾!

5.5.4 案例二:上海田子坊——文化创意产业引导中心城区城市更新

1. 田子坊创意产业园区概况

田子坊位于上海市黄浦区泰康路打浦桥地区,南北长约 420 米,占地面积约为 7 公顷,其核心区"三巷一街"占地 2 公顷,建筑面积约为 3 万平方米。该地块位于上海三区交汇之地[图 5-30(a)],具有良好的可达性,向西是徐汇区的衡山路时尚休闲衍区和上海图书馆,北面是著名的淮海中路商业带,东面则是老城厢城隍庙商业区[图 5-30(b)]。街区形成于 20 世纪 20 年代,是目前上海为数不多的典型里弄建筑格局,是上海历史街区中保存历史文化遗产类型较为丰富的社区之一。田子坊基于上海市弄堂老厂房空间改造,形成集艺术、人文、历史风貌于一体的文化艺术商业园区(图 5-31)。

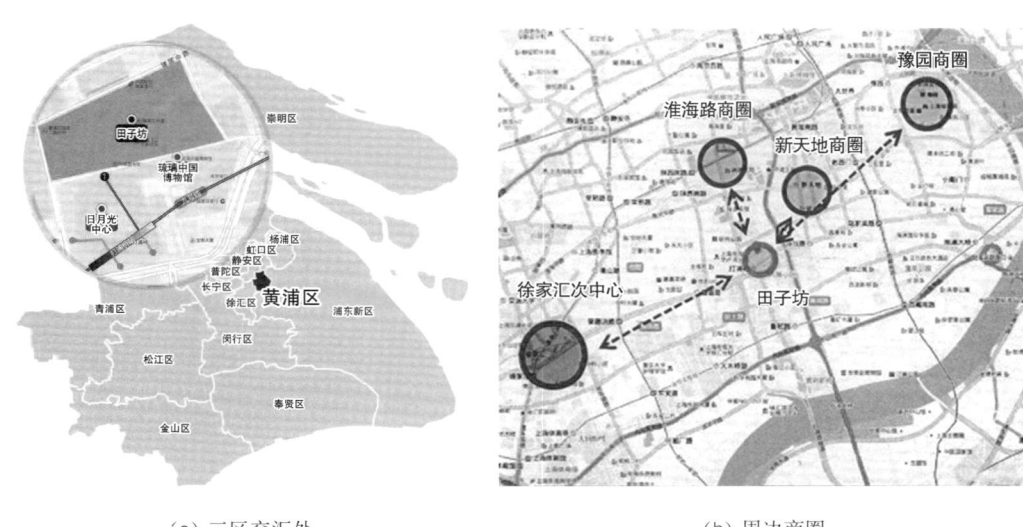

(a)三区交汇处　　　　　　　　(b)周边商圈

图 5-30　田子坊区位示意

图 5-31　田子坊鸟瞰

目前田子坊共有各类商户426家(工厂区域209家,石库门区域217家)。其中,文化创意企业有297家,占总量的69.7%;其他相关产业63家,占总量的14.8%;商业配套服务性产业66家,占总量的15.5%。田子坊地区不再是单纯的文化创意产业集聚地区,商业、旅游、餐饮、休闲等设施快速增加,空间上进一步向里弄住宅地区扩展。田子坊已成为知名的商业街区,商品多元化,业态丰富。

田子坊集聚的产业包括美术业(画廊)、出版业(图书报刊和音像制品零售)、影视业(电影后期制作)、会展文化业(展览服务)、创意设计业(广告设计、工业设计、建筑设计、服饰设计、形象设计)、文化相关产业(琉璃艺术品制作、老相机制作、摄影作品制作、陶瓷艺术品制作)。田子坊吸引了来自美国、法国、英国、澳大利亚、加拿大、丹麦、爱尔兰、新加坡、日本、马来西亚,以及中国香港、中国台湾等36个国家和地区的百余家中外创意企业入驻,占总商户的19.6%。多元素、多文化、多风格是田子坊国际化的主要体现。

不同于大拆大建的城市改造模式,田子坊创意产业区采取的是历史街区保护模式,将原有的石库门建筑完全保留,依托周边的相关资源及商业文化环境,引入创意产业,对建筑进行局部改造,形成一定的产业集聚效应。在经营模式上,有意进驻的商家与艺术家们自行和居民商谈置换,管理委员会与社区居委会从中斡旋、沟通协商。这种在中心城区低成本的旧改模式,保留了城市的历史记忆,成本也不高,还极大地推动了城市创意产业和文化工业的发展,是旧城改造新模式探索的典范。它实现了以文化为资本改造城区和激活街巷经济的理念。田子坊改造带动的文化活力、经济活力和社会活力受到政策性的肯定,这是一次"自下而上",由多层次民间主体共同参与,通过与政府行政部门商议、协调而实现的城市创新模式,形成了中国城市改造的新模式。

2. 田子坊的三个历史发展阶段

1) 第一阶段:以艺术家个人工作室、创意设计类企业和创意公司等为主导

1998年,田子坊迎来了第一批艺术家,标志着田子坊更新第一阶段的开始。随着上海画家陈逸飞将自己的工作室搬入翻修后的老厂房,英国女设计师克莱尔等艺术家也纷纷在田子坊开设自己的公司。此后,王劼音画室、尔冬强艺术中心、郑炜陶艺工作室、乐天陶舍等艺术家工作室先后入驻田子坊(图5-32)。在艺术家的号召力、廉价的租金与原生态的海派文化氛围多方面影响下,大批国内外艺术家纷纷来到田子坊安家,田子坊形成了以室内设计、视觉艺术、工艺艺术为主的国际化标准产业基调。

在集聚区形成初期,田子坊的周边配套服务行业相对落后。艺术家们的商业消费需求催生了坊内第一批餐饮服务业。但是,有限的人流量限制着服务行业的发展。

2) 第二阶段:空间和产业的演变

2005年,田子坊正式成为上海首批挂牌的"创意产业园区"之一。2005年1月,由上海同济城市规划设计研究院、国家历史文化名城研究中心合作的《上海市泰康路历史风貌区保护与利用概念规划》,将整个泰康路历史风貌区规划为集里坊居住、视觉文化创意产业、艺术消费休闲于一体的现代新型里坊社区。

图 5-32　第一阶段的田子坊

居民开始自发将房屋出租给画家,服务、餐饮、工艺类商家纷纷进驻,大量新服务业加入。资料显示,这个时期田子坊有各行业商户 179 家,与第一阶段同比增长 35%。其中,企业及工作室 143 家,同比增长 8%;个性商业 25 家,为新增产业;餐饮业 11 家,同比增长 450%,出现茶室、小酒吧。个性商业的出现和餐饮业的大量增加,标志着田子坊多元化商业配套开始发展,为外源性人群、小圈层回头客提供可选择的商品,满足其服务需求。田子坊逐渐由文创者的田子坊变为旅游者的田子坊。

3) 第三阶段:蜚声中外的城市地标

2008 年 4 月 11 日,上海市政府决定由卢湾区出资对田子坊内 7 万平方米的区域按计划进行分期改造。随着卢湾区将田子坊纳入"居改非"试验点,合法化居民区内的商业经营执照办理,大量自创品牌的个性商业与餐饮进入。2009 年,田子坊被列入上海市首批文化产业园区。2010 年,田子坊被列为上海世博会主题实践区和国家 3A 级旅游景点等,政府出资 1 800 万元用于改善田子坊范围内的市政工程。环境的改善使得游客群逐渐由时尚小众群体拓展到各层次人群,需求产生供给,量变引起质变,田子坊的产业变迁开始加速(图 5-33)。

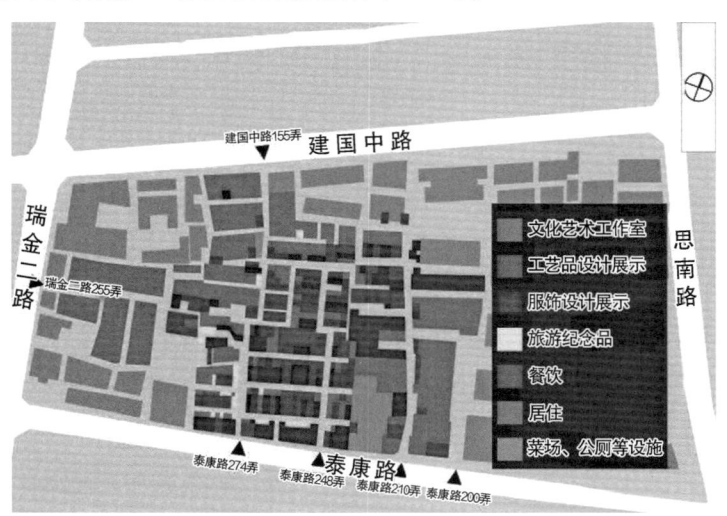

图 5-33　第三阶段的田子坊

2009年，由田子坊园区内的23家文化企业共同发起的"田子坊知识产权保护联盟"正式挂牌成立。由创意企业自发成立的知识产权保护联盟在上海乃至全国尚属首次，它是田子坊为打造品牌推出的一个新举措，也吸引了更多的艺术人才来到此地，形成了较大规模的文化产业链。田子坊成为国际大都市中老城区进行文化创意产业转型升级，发展城市文化的标杆型案例。

3. 田子坊打造文化工业和创意产业的举措

田子坊的发展与上海建设有全球影响力的国际大都市的进程是密不可分的。2008年以前，田子坊的发展以民间力量为主，从以陈逸飞为代表的文创者，到慕名而来的游客，田子坊的文化创意产业尚处在没有规划的自由野蛮生长阶段，其规模和影响力相对是有限的。2008年，田子坊进入了新的发展阶段。田子坊管委会委托设计部门编制了《上海田子坊发展规划》，强化功能规划和区域改造规划，制订田子坊改造核心概念对应的功能指向，保持其作为创意产业聚集地的特色。同济大学等单位合作编制了《卢湾区田子坊功能拓展概念总策划》，该文件被作为功能管理的依据。由区政府向市级政府提出了田子坊改造区域范围内的"居改非"的申请报告得到同意批复，"居改非"的实施意味着田子坊第二期以居民区住宅为对象的改造得到法律的保护，客观上推进了田子坊改造的发展进程。在产业管理上，政府有关机构制定了《田子坊创新产业集聚区产业导向目录》，建立田子坊行业准入机制，明确了创意产业的鼓励及限制和禁止类的标准。"国际化创意文化社区"的高定位，以及随后城市政府的规划引导和管理措施，使田子坊真正成为上海中心城区的国际化创意社区。

规划改造确立的原则是保护濒危城市文化遗产，利用创意和文化艺术促进经济增长；保留海派里坊社区功能，改善社区形象，吸引创意投资和商机；老建筑与新文化融合，营造一个城市创造性产业集聚地。规划确立的田子坊核心功能是创意产业集聚地、里坊风貌居住地、海派文化展示地、世博主题演绎地。

规划确立了田子坊"一坊、四街、十里、二十巷"的空间形态布局（图5-34）。"一坊"即田子坊，作为一个完整的城市社区，其功能包括三个方面：历史文化街功能、创意产业园区功能、城市居住功能。"四街"即四个历史风貌老街，其中的南街以泰康路历史风貌为依托，恢复其市井商业街的功能，同时将引入创意产业时尚理念，新旧结合，恢复部分老字号和老市场，开辟创意店铺、创意作坊，打造上海的创意休闲街；北街主要是建国中路，充分利用公共建筑的历史风貌与空间，引入高端创意娱乐，整合原法租界警务署建筑群、花园洋房、新式里弄和石库门建筑等遗产资源，建设一个高品位、高标准、高消费的都市风尚地标；西街瑞金二路还原历史风貌，重现浪漫生活气息，引入国际知名品牌，营造一条个性化创意消费时尚街；东街思南路保持原有海派特色的梧桐大道。"十里"即十个海派旧里弄，社区应保留适当的居住功能，引入创意居住生活的新理念，延续市井里弄生活风情，引入创意石库门生活方式，传承海派特质的生活品质；建立原生态与创意展示的石库门建筑与生活博物馆。"二十巷"即二十个特色里弄小巷，保持里坊内小巷的特色，重塑小巷宜人的环境，通过提炼鲜明的主题，展示其迷人的魅力，如骑楼巷、二井巷、特角巷、花园巷、排门巷、艺专巷、篱笆巷等各具特色的小巷。

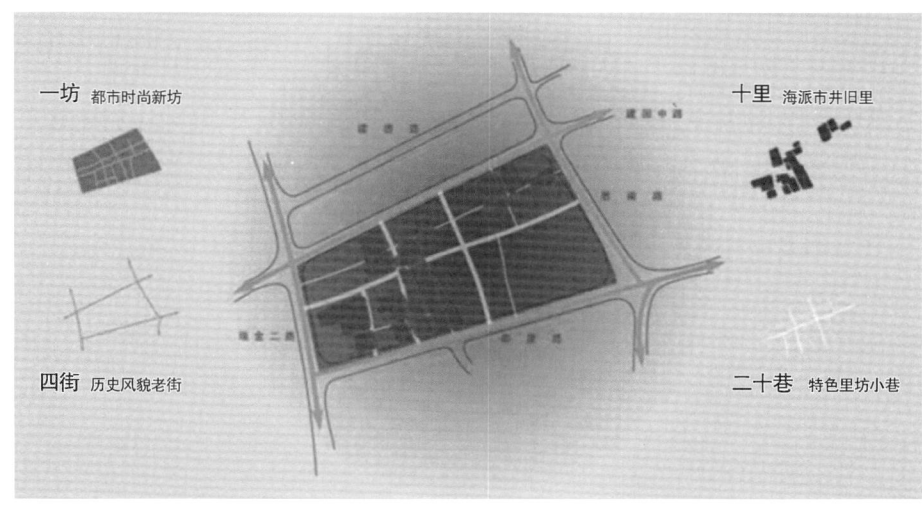

图 5-34　田子坊"一坊、四街、十里、二十巷"的空间形态

在业态布局上，田子坊主要以艺术创作和创意设计公司为主，由商业画廊和工艺美术、视觉艺术、建筑设计类的创意办公发展为创意工艺品、首饰、服装等创意商业，配以少量酒吧和特色餐饮的业态模式（图 5-35）。

图 5-35　田子坊实景

田子坊对发展城市文创产业集聚区的启示在于其通过遗产保护利用使原有建筑重生，通过创意产业发展使原有土地增值的老城区获得更新改造。田子坊文化创意园区由创意孵化地提升为中国创意园的先锋品牌，创造出保护历史风貌、改善生活环境、发展创意产业和谐共存的新模式。

5.6 国际贸易和物流功能平台

5.6.1 国际化贸易物流平台是城市增强全球产业链联通度的战略选择

国际贸易是商品和服务跨越国境的流通,它是经济全球化的重要形式。虽然当前国际投资、国际金融已成为经济全球化的主要实现方式,但国际贸易仍然起着非常重要的作用,而且跨国公司的国际投资,很大比例的最终产出仍然要通过国际贸易进出口的方式销往全球市场。国际贸易一直都是全球产业链、供应链实现相互连接的重要渠道。尽管当前全球化在某些领域遇到阻碍,但国际贸易的规模、深度和地域广度仍然在不断扩大,全球进出口总额与全球 GDP 的比例关系还在继续上升。

从中国的实践经验看,扩大开放、融入全球产业价值链网络,是过去 40 余年成功的关键因素之一。中国经济地位提升最快的阶段,其实就是中国 2001 年加入世界贸易组织至今,中国的国际贸易总量持续增长。据统计,2020 年中国货物贸易进出口总值达 32.16 万亿元,其中出口 17.93 万亿元。凭借着强大的生产能力和完善的工业体系,中国已经多年位于全球贸易大国前列。国际贸易同时也会促进中国生产能力的提升,中国成为公认的"世界工厂"。

当前,全球范围内的双边和多边贸易自由化协定仍在继续推进。2020 年,东盟 10 国和中国、日本、韩国、澳大利亚、新西兰共 15 个亚太国家正式签署了《区域全面经济伙伴关系协定》。同年,中国和欧盟完成了《中欧双边投资协定》谈判。这些重大经贸协定的签署表明,中国在区域经济合作和推动全球经济贸易和投资自由化方面迈出了坚实的一步。这也为中国国内国际双循环相互促进的新发展格局提供了外部环境支持,国际贸易将取得更大的发展。

对于国际性大都市而言,国际贸易(包括随之衍生的国际物流)功能一直都是其经济开放度、城市国际化和全球影响力的重要考量指标。上海建设卓越的全球城市,其"五大中心"定位中就有国际贸易中心、国际航运中心这两项内容。对于世界级城市群中的二级城市而言,要实现向功能性国际城市的进阶,大力发展国际贸易(物流)功能平台是必然选择。当前多数国内二级城市的贸易仍然以国内贸易为主,缺乏有全球产业链联通度的产业、贸易功能平台和国际贸易企业。为此,打造国际化的商贸市场平台、国际物流园区、跨境电商园区,乃至争取国家自由贸易区政策,都是当前阶段城市政府的战略选项。

5.6.2 案例:义乌——一座以国际贸易实现专业化崛起的全球价值节点城市

义乌是浙江省金华市下辖的县级市,是人口数仅 84 万的中小城市,但走出了一条以国际贸易物流业实现专业化崛起的道路,成为世界城市网络体系中有独特价值的节点性城市。义乌拥有中国最大的小商品市场，是全球最大的小商品集散中心，被联合国、世界银行等国际机构确定为世界第一大市场。它凭借"买全球、卖全球、买卖全球"的贸易纽带作用，成为中国重要的国际贸易窗口之一，被赋予"世界小商品之都"的新时代定位。通过义乌国际贸易窗口实现的出口额多年占浙江全省出口额的1/10以上，内贸、外贸网商密度分列全国第一、第二。2020年，义乌市外贸进出口总值为3 129.5亿元，其中，出口额为3 006.2亿元，占全省出口额的11.9%。"义新欧"中欧班列是"一带一路"中令人瞩目的国际贸易新通道。

面对历史成绩和新的时代定位，义乌有着更大的雄心和抱负，在进一步建设国际贸易(物流)全球价值节点城市方面有新的战略和规划。义乌市提出，到2035年，建成国际一流营商环境样板城市、以世界小商品之都为特色的国际样板城市，基本建成世界小商品之都，成为新时代全面展示中国特色社会主义制度优越性重要窗口的模范生；到21世纪中叶，建成高质量高水平世界小商品之都。

2020年9月，国务院正式发布了《中国(浙江)自由贸易试验区扩展区域方案》，在金华义乌片区打造世界小商品之都，建设国际小商品自由贸易中心、数字贸易创新中心、内陆国际物流枢纽港、制造创新示范地和"一带一路"开放合作重要平台。

1. 义乌国际商贸产业价值链

义乌国际商贸产业价值链如图5-36所示。

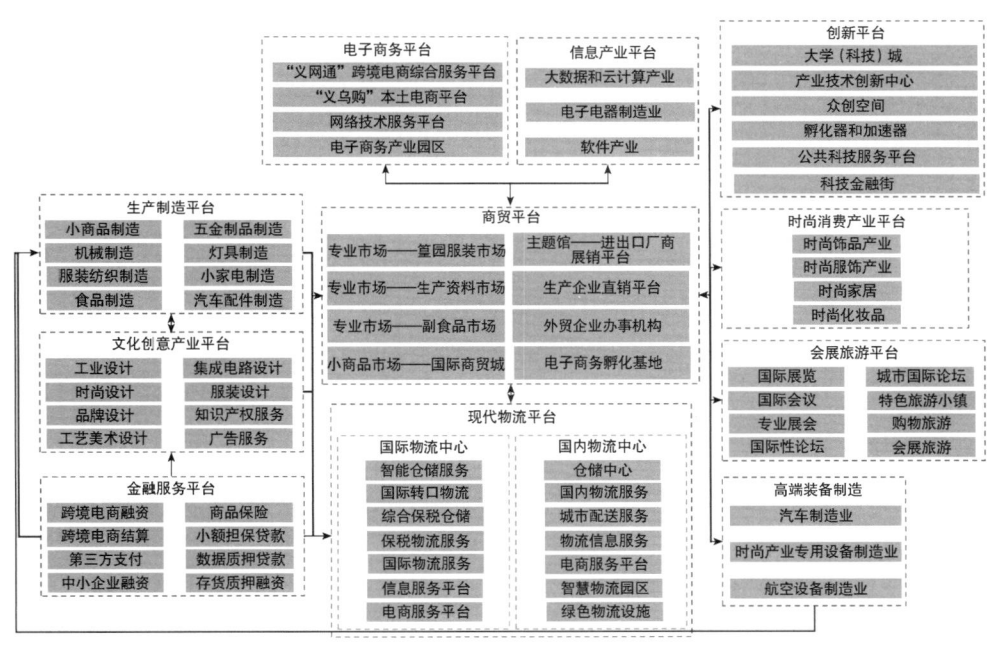

图5-36 义乌国际商贸产业价值链

2. 义乌国际商贸功能体系的五大功能平台

(1) 商贸流通平台：由义乌国际商贸城、义乌中国网商城、国内国际专业市场三个区块构成。最为人所熟知的义乌小商品市场就是义乌国际商贸流通平台的子项目，由国际商贸城、篁园市场、宾王市场三个批发市场簇群组成。义乌国际商贸城是义乌建设国际性商贸城市的标志性建筑、小商品市场的现代化延伸,现拥有营业面积 400 余万平方米,商位 7 万个,是中国最大的小商品出口基地之一。义乌国际商贸城以位于国际贸易核心区范围内的义乌国际商贸城一、二、三期为基础,形成小商品贸易核心区。贸易的商品类型包括时装服饰、玩具、饰品、日用百货、五金工具、小家电、电信器材、办公学习用品、体育休闲用品、化妆品、进口商品、床上用品、汽车用品等。

(2) 金融商务平台:金融中心以及总部经济区。针对国际贸易特点的"国贸通""义乌通"等供应链金融平台,围绕供应链金融服务平台开展贸易金融融资创新。为利用自由贸易区特有的金融红利,争取将中国(上海)自由贸易试验区、中国(杭州)跨境电子商务综合试验区、宁波综合保税区、深圳前海新区等金融政策复制到义乌。

(3) 现代物流平台:包括义乌内陆口岸场站、义乌城西物流中心、金义综合保税区、青口海关监管中心、义乌铁路物流中心、义乌空港物流中心等海陆空一体化的国际现代物流功能平台,能提供国际集装箱物流服务,仓储、分拨配送物流服务,以及海关国检、信息交易、包装、理货、流通加工等增值服务类现代物流服务功能。

(4) 文化创意平台:商贸产业的国际化进阶离不开国际交流与博览,义乌国际博览中心具有国际博览的功能;随着电子商务的兴起,网红经济、网络传播成为越来越重要的商贸环节。义乌国际文化中心、义乌文化创意区、1970 文创园、跨界电商文创园、宾王 158 文创园等项目是为国际商贸服务的文化创意子项目。

(5) 小商品制造研发平台:先进制造研发区苏溪区块以及小商品装备制造研发区佛堂区块。

5.7 国际会展博览功能平台

5.7.1 会展博览业对城市和经济强大的带动效应

会展博览业是指会议、展览、大型活动等集体性的商业或非商业活动,包括各种类型的博览会、展销活动、大/中/小型会议、文化活动、节庆活动等。会展博览业对相关产业具有 1∶9 的拉动作用,会展不仅能带来巨大的经济效益,还能带来巨大的社会效益。因此,受到越来越多地区和城市的重视。会展博览业强大的经济带动作用主要体现在三个方面:

(1) 促进贸易交易。从历史上看,伦敦、法兰克福、巴黎等城市的大规模国际展览会或博览会,以贸易桥梁的形式,促成了资本主义生产力的大发展。1851 年,伦敦首次举行世界博览会,标志着旧贸易集市向标准的国际展览会与博览会过渡。在第二次世界大战后的经济全球化进程中,米兰博览会、莱比锡博览会、巴黎博览会被誉为连接各国贸易的三大桥梁,有力地促进了国际贸易和全球化进程。

(2) 促进技术扩散。会展作为同类型企业间交流的平台,为企业展示产品、收集信息、交流技术提供了桥梁。

(3) 促进产业联动和产业集群。会展博览使产业集群内的同类企业、相关企业在时间和空间上集聚,通过引导行业发展趋势、促进要素流动来实现行业的规模经济,产生溢出效应,延伸产业价值链。

5.7.2 现代会展博览场馆的特征

会展博览场馆是举办会议、展览等活动的场所,包括会议、展览活动的主体建筑、附属建筑,以及相配套的设施设备和服务两部分。在现代会展业中,会展博览场馆的主力形式是会展中心。在建筑形态上,会展中心有会展建筑综合体和会展城两种。会展建筑综合体是当今较为流行的一种大型会展场馆类型,包含了展览、会议、办公、餐饮、休憩等多种功能,如加拿大会展大厦、墨尔本国际会展中心、上海世贸商城等。会展城指超大规模的会展中心,如英国国家展览中心、德国汉诺威展览中心、国家会展中心(上海)等。现代会展博览场馆通常具有如下特征:

(1) 规模宏大。如汉诺威展览中心(图5-37)经多次扩建,已占地100万平方米,内有1万~2万平方米的巨型展厅24个,有多个多层展厅。室内展出面积共达47.9万平方米,露天展场面积达27.8万平方米,还配有功能齐全的会议中心。虹桥商务区建设国家级大型会展场馆——国家会展中心(上海)(图5-38),该项目总投资约160亿元,室内净展面积达40万平方米,室外展区面积达10万平方米。

图5-37 汉诺威展览中心　　　　图5-38 国家会展中心(上海)

(2) 功能综合。现代会展场馆不仅有展馆、会议中心,还有餐饮服务、商务酒店、通信服务、商务服务等设施,还可以进行文艺表演、体育比赛等活动,且多建有大面积的停车场。

(3) 科技化、信息化、智能化程度高。高科技在现代会展场馆中得到充分利用,现代大型会展场馆基本上都配备了智能化程度很高的信息网络系统、通信系统和智能化系统。

(4) 展馆单体规模巨大,适合大型展览。现代会展博览场馆展厅基本上都是单层单体,面积约为1万平方米,高度为13~16米。这是具有科学依据的:1万平方米的单层单体场馆,长约为140米,宽约为70米,处于人眼的正常视觉范围内,观众不容易迷失方向；高度 13～16 米是符合展台特殊装修设计的要求，更加适合布展作业。

5.7.3 现代会展博览功能平台的选址

不同规模、能级和类型的会展博览场馆，对于交通、相关配套设施的要求不一样，因此对城市区位也有不同的要求。一般来说，城市的会展博览场馆选址呈现出如下规律(表 5-8)：①大城市新建的大型会展场馆和大型会议中心一般选址在城市近郊区域，尤其是一些具有国际能级的会展博览场馆，通常都在机场或者高铁枢纽附近建设，如上海的国家会展中心就在虹桥枢纽附近，北京的中国国际展览中心(新馆)就在北京首都国际机场附近，深圳国际会展中心也在深圳宝安国际机场附近。②城市会展建筑综合体类型的会展中心规模体量会相对小一些，展会的服务能级也相对低一点，一般会选择在城市中心区域，这样能利用城市中心区域的配套商业和酒店等设施。如上海光大会展中心，虽然其展会规模比不上国家会展中心(上海)，但因为周边配套完善，每年承办的展会在时间上也是很紧凑的。③大型会展城一般都布局在城市近郊和新城区域，规模体量大，能承办国际能级的大型展会，而且一些城市将会展城作为新区、新城开发的重要引擎，一般都会配套快速交通干道或地铁等大容量公共交通系统。重庆悦来会展城就是大型会展城的代表。

最后需要指出的是，出于财政支出和场馆高效利用的考量，多数城市新建的会展博览场馆，一般会与体育场馆、文化场馆等共建，甚至共用。如济南西站的国际会展中心就与图书馆、艺术馆、博物馆等文化设施共聚，为新区建设提供合力；不少城市的奥体中心也可以承担起会展博览场馆的功能。

表 5-8　　　　　　　　　　　　　　会展博览场馆选址

会展博览场馆类型	位置	对交通的要求	自身服务设施的建设要求	优劣势	案例
大型会展场馆、大型会议中心	城市近郊，尤其是邻近高铁枢纽、机场区域	城市快速干道、城市环线	自身配套设施多，如住宿、办公、娱乐、商务服务设施	城市近郊有足够空间布局大型会展；邻近快速交通枢纽，为商务活动提供便利	国家会展中心(上海)、中国国际展览中心(新馆)、深圳国际会展中心
城市会展建筑综合体	市中心附近	城市快速干道	利用周边成熟配套，自建一部分与会展密切关联的商务、展览辅助功能设施即可	周边配套较为成熟，商务活动便利；但受制于空间，一般规模不大，办展能级有限	上海光大会展中心
大型会展城	城市近郊、新城	区域快速干道、大容量公共交通系统	周边配套一般不够成熟，需要自身建设配套服务设施	有足够大的布局空间，能带动新城区的发展	重庆悦来会展城

5.8 国际旅游度假功能平台

5.8.1 旅游产业的巨大发展空间

随着经济的发展,旅游产业日益成为经济发展的重要动力之一,成为国家经济体系中的重要组成部分。2016年,中国旅游业综合贡献8.19万亿元,占GDP总量的11.01%,成为国民经济的支柱产业之一;旅游产业带动交通、酒店、商业、消费等多个行业和领域,产业带动链条非常广;作为一个劳动密集型产业,旅游产业对目的地的就业带动作用非常明显。

经济的发展推动着旅游产业自身形式和内容的升级。大家普遍认为,当国家人均GDP达1000美元时,国内旅游进入增长期,以观光型游客为主;当人均GDP在2000~3000美元时,旅游产业形态开始向休闲旅游转化,出国旅游进入增长期;当人均GDP在3000~5000美元时,旅游产业形态开始向度假升级;当人均GDP达5000美元时,旅游产业开始向成熟的度假经济过渡。

反观我国旅游业,2016年,中国人均GDP为8866美元,但旅游市场上的休闲度假游份额并没有相应增长,主要原因在于产品的供给没有跟上需求的变化。当前各类旅游景区景点有两万多家,基本都以观光旅游产品为主,休闲度假旅游产品严重缺乏,这导致国内的高端旅游消费需求大量流向海外休闲度假旅游。2016年,我国出境游人数达到1.22亿人次,出境旅游消费1098亿美元。无论是在巴黎的老佛爷奢侈品店,还是在澳大利亚黄金海岸,处处都有华人游客。

我国度假旅游产品的缺乏与我国的自然气候条件有关。当今世界休闲度假旅游产品主要是海滨度假、滑雪度假和高尔夫运动,我国绝大部分地区地处北温带,发展上述产品所需的自然资源禀赋有所欠缺。但更深层次的原因在于,各地政府对本区域的观光资源(也就是两万多家各类旅游景点)的垄断。由于现成的"门票经济",所有者不思进取;而社会资本则因为旅游资源被垄断,无法依托景点来发展度假旅游设施,提升旅游行业的整体素质。

5.8.2 国际旅游度假平台的核心是旅游产业价值链的高价值端

欧美国家的度假旅游在各类旅游产品中居主导地位。随着亚太地区经济的快速发展,休闲度假旅游也成为该区域的新时尚。例如,到泰国旅游的外国人中80%以上是为了度假,新加坡的入境旅游者中以度假旅游为主要目的的人数占旅游总人数的60%左右。

国际旅游度假平台的产业价值链如图5-39所示,典型案例如表5-9所列,表5-10列出了常见的功能板块。

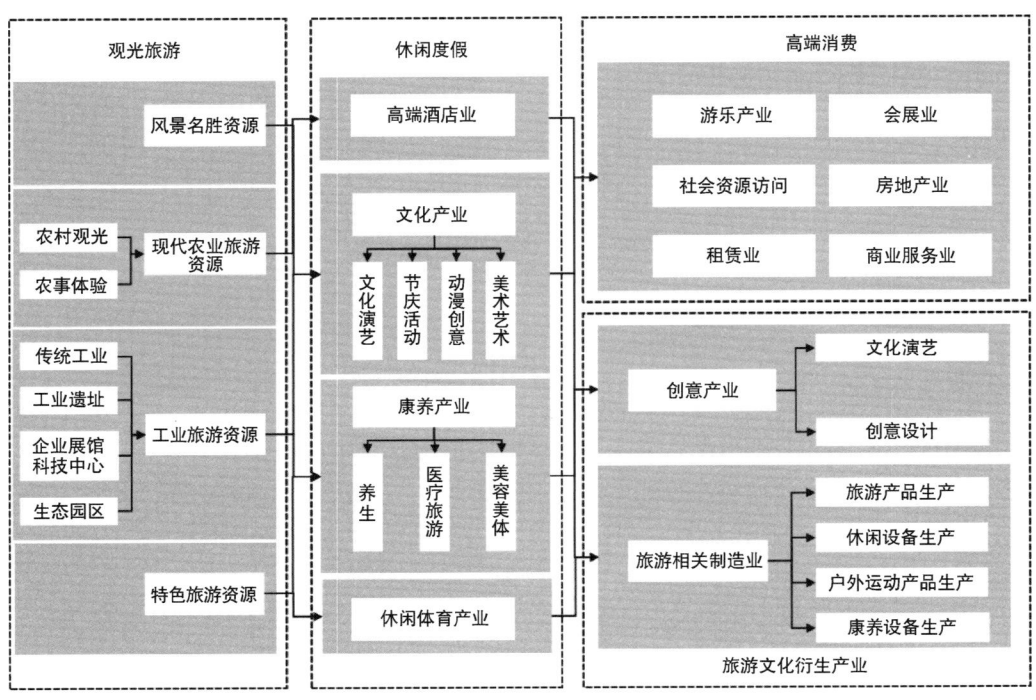

图 5-39　国际旅游度假平台价值链

表 5-9　　　　　　　　　　　国际旅游度假平台典型案例

类型	代表	特征	特别功能设施
滨海型	夏威夷、地中海、加勒比海滩、马尔代夫、三亚亚龙湾	最为常见的类型，一年四季型，游客年龄特征不明显	水上运动娱乐设施
山地型	瑞士阿尔卑斯山、中国长白山万达国际度假区	季节性明显，适宜滑雪、山地徒步，游客有较明显的年龄特征	滑雪设施
温泉型	日本箱根、德国巴登温泉小镇、法国依云小镇	适宜温泉疗养，一年四季型，游客年龄特征不明显	温泉
湖滨型	日内瓦湖度假区、中国太湖国际旅游度假区	一年四季型，家庭游为主	水上运动娱乐设施
会务型	博鳌、墨西哥坎昆	一般缘起于政府推动，商务型特征明显	会议设施
主题娱乐型	上海迪士尼、奥兰多迪士尼、珠海长隆海洋王国	主题娱乐项目推动型，生态自然禀赋没有其他类型那么明显，一年四季型，年轻人、亲子游较多	主题娱乐设施
山水文化型	丽江、张家界	有较大观光旅游特征，有一定的游客年龄特征，自然山水禀赋较强	为了加强娱乐文化性，一般加入文化表演项目，如印象丽江大型文化秀
专项(医疗、美容)型	瑞士巴特勒	特定人群(明星、女士)，度假从属于医疗美容目的，消费门槛高	医疗设施、疗养设施

表 5-10　　国际旅游度假平台功能板块构成

功能板块	内容	案例
度假居住（高端酒店、度假别墅、度假公寓）	五星级酒店群	普吉岛国际度假区有悦榕庄、喜来登、礁湖度假村等五家高级酒店，为商务度假、国际化游客、情侣和年轻游客的不同需求提供服务
	度假别墅部分为酒店经营，部分为私有产权	普吉岛 Laguna Resort 内的度假物业以别墅、联排别墅为主，风格与酒店保持一致，低密度布局、高档次设计，围绕人工湖、高尔夫球场布局，奢华出众
	度假公寓、分时度假公寓	海南国际旅游岛的旅游地产开发中，分时度假公寓是一种常见产品形态
商业	主题商业街、精品商店、奥特莱斯、购物商场	特色商业是每一个国际度假区的必备，希尔顿黑德岛国际度假区的高端购物颇具吸引力
运动	高尔夫球场、练习场、草地网球场、泳池、运动俱乐部	美国南卡州的希尔顿黑德岛国际度假区以三个锦标赛高尔夫球场为核心竞争力，是全球的高尔夫圣地
餐店娱乐	风味美食、俱乐部、水疗中心	巴厘岛国际度假区的水疗和美食吸引全球游客
文化活动	风俗表演、大型文化秀、婚礼活动、自行车步道、儿童主题活动	巴厘岛国际度假区的印度风俗表演
景观公园	植物园、生态保护区、公园、生态湖泊	希尔顿黑德岛国际度假区因植物园和 1 300 亩（约 87 公顷）的生态保护区而成为全球国际度假区生态规划的样本

5.8.3　案例：上海国际旅游度假区

1. 背景

上海国际旅游度假区是上海建设"卓越的全球城市"的组成部分。"世界旅游目的地城市"是上海建设"卓越的全球城市"的题中应有之意，而上海国际旅游度假区则是上海建设"世界旅游目的地城市"的主要抓手之一。在上海最具国际影响力的旅游度假功能平台中，崇明国际生态旅游岛尚没有开发成型；邻近浦东国际机场的上海国际旅游度假区，依托乐高主题乐园、迪士尼主题乐园等主题乐园，重点培育和发展主题游乐、旅游度假、文化创意、会议展览、商业零售、体育休闲等产业，并整合周边旅游资源联动发展，建成能级高、辐射强的国际化旅游度假区。

上海国际旅游度假区位于上海中心城区以外的东南角，浦东中部地区，规划面积约为 24.7 平方千米，其中核心区面积为 7 平方千米，核心区包括上海迪士尼一期主题乐园及酒店、零售、餐饮、娱乐配套设施项目。迪士尼乐园作为世界顶尖的文化娱乐品牌，大大提升了上海国际旅游度假服务业的国际影响力。自上海迪士尼开园以来，上海旅游产业平均增速提升至 8.0%，高于 GDP 平均增速 1.3 个百分点。迪士尼乐园已与传统的外滩、豫园等旅游景点一样，成为上海的旅游名片。

2. 功能模块和空间布局

上海国际旅游度假区重点打造五大功能模块，并有若干重点项目作为支撑（表 5-11 和图 5-40）。

表 5-11　　上海国际旅游度假区五大功能模块及重点项目

功能	重点项目
旅游文化娱乐	迪士尼乐园、横沔古镇、超级秀场集聚区、大型主题婚庆基地、旅游创意产业园区、大型娱乐中心、国际旅游和文化艺术学院集聚区、文化创意街区
会议会展	会议中心、商务会所、高端企业会所、生态总部办公
配套服务（度假、购物）	顶级主题酒店：玩具总动员酒店和上海迪士尼乐园酒店；购物中心：精品购物村（奕欧来上海购物村）、零售商业区、邻家集市、香草集市、零售特产区；配套交通设施：游客停车场、公共交通枢纽、内部停车场
运动休闲	体育休闲设施园区北部、高尔夫球场（周边）、冰雪世界（周边）、室外拓展训练基地（周边）
生态	低碳智慧国际社区、申迪生态园

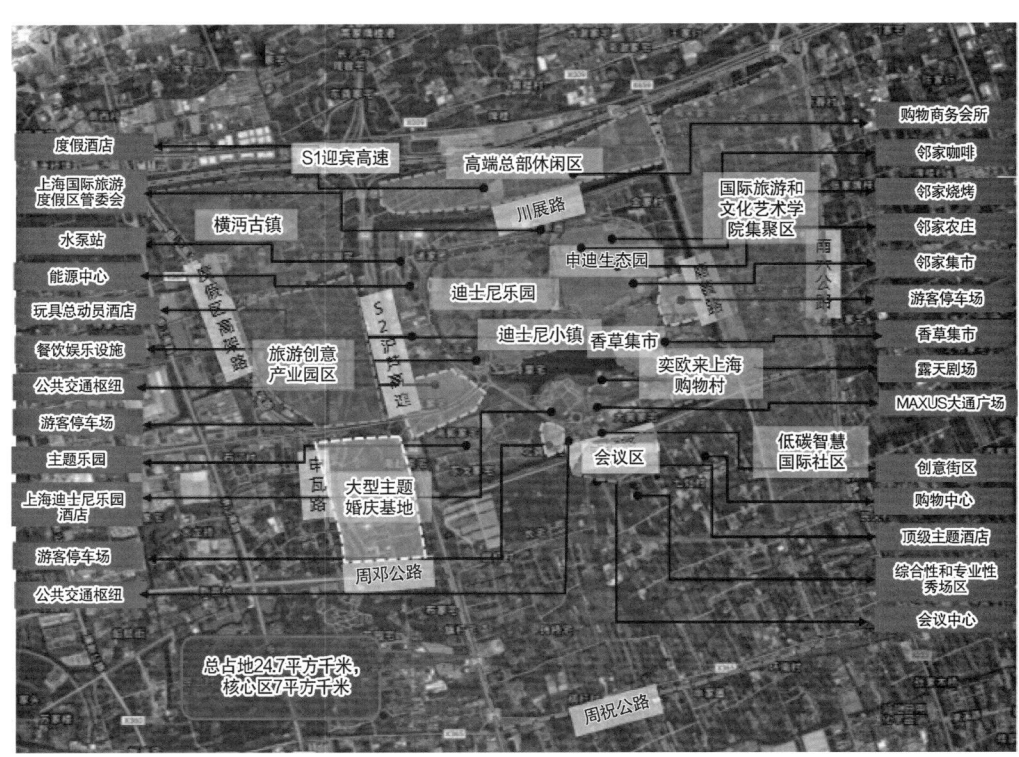

图 5-40　上海国际旅游度假区重点项目空间分布

在空间布局上，以迪士尼乐园核心区为重点、五个发展功能区为基础，着力构建"一核五片"的空间发展格局（图 5-41）：核心区代表性项目为迪士尼乐园项目；南一片区（综合娱乐商业区）代表性项目为现代娱乐商业综合体、超级秀场集聚区；西片区（生态保护旅游区）代表性项目为横沔古镇、大型主题婚庆基地、旅游创意产业园区；北片区（高端总部休闲区）代表性项目为高端总部休闲基地；东片区（远期综合开发区）代表性项目为低碳智慧国际社区、国际旅游和文化艺术学院集聚区；南二片区（低密度开发区）代表性项目为高端国际社区、低密度别墅区。

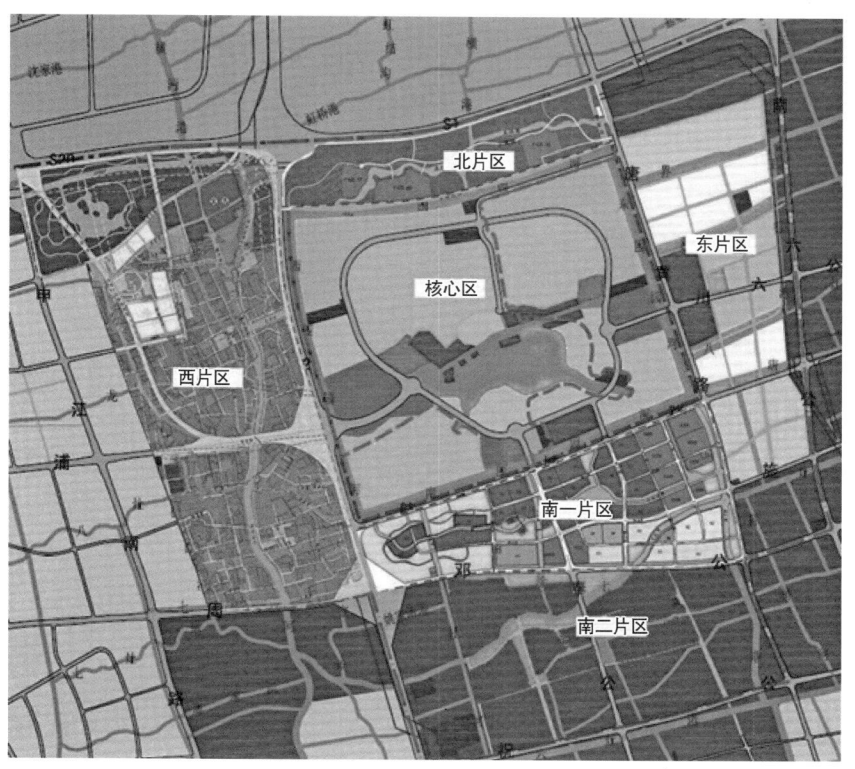

图 5-41　上海国际旅游度假区空间格局

5.9　智能制造产业基地功能平台

制造业是现代经济的基础,制造业的水平很大程度上决定了国家的竞争实力。虽然服务业已经超越制造业,成为经济构成中比重最大的产业大类,但这丝毫不能削弱现代制造业在国民经济中的作用,相反,正是制造业的发展为生产性服务业提供了巨大的市场需求和发展动力。中国的崛起很大程度上得益于改革开放,尤其是 2001 年中国加入世界贸易组织后,更快速高效地融入全球产业链中,大力发展制造业,当前中国已经成为世界工厂,国家在全球竞争中的地位也获得巨大提升。即便是美国,从奥巴马政府到特朗普政府,也一直在推动制造业的回归。

5.9.1　智能制造是发展方向

放眼全球制造业的发展,智能制造已经成为大趋势。德国提出了工业 4.0 计划,中国提出了智能制造 2025 计划,美国和日本等发达经济体也在不遗余力地推动着制造业的升级。一方面,这是因为信息技术的发展为智能制造业实现"自动化、网络化、数字化"的生产过程提供了技术保证;另一方面,这也与需求端出现的个性化需求、"长尾需求"密不可分,原来的批量化生产虽然有规模效益,但在很多领域尤其是消费领域,已经不再具有竞争力。如阿里巴巴的"犀牛工厂"能快速、高效、低成本地生产制造出小批量、有个性和创意的消费品,具有真正的市场竞争力。中国经历了改革开放 40 余年的持续快速发展后,取得了世界瞩目的成就,制造业在国民经济中的占比高于欧美国家,并且建成了门类齐全、独立完整的产业体系,有力推动了工业化和现代化进程,显著增强了综合国力。但必须承认,中国距离制造业强国的目标还有差距。同时,从制造业中的劳动力要素看,中国当前已经过了"人口的数量红利阶段",要利用好"人口素质红利"这个优势,很大程度上也需要大力发展智能制造产业。这是我们国家国民经济的主体,至少在可预见的未来,制造业是中国参与国际竞争的立身之本。

全球城市区域中的二级城市,更加迫切需要发展高端制造产业。一是因为相比于有影响力的国际大都市,高附加值、高创新密集度的现代服务业在二级城市的发展程度会落后一些,这是城市分工体系的规律使然,全球城市重点发展现代服务业,而二级城市将智能制造产业作为其地区经济的重要主体构成,这是城市间分工的规律;二是因为二级城市原有的制造业本身在"自动化、网络化、数字化"的生产过程方面就有不足,产业升级的要求更为迫切。

必须指出的是,二级城市的制造业向智能制造升级,必须要有全球视野,而不能仅仅局限于区域经济的狭隘视角。经济全球化时代,利用好全球产业链上的所有先进生产要素,积极参与全球产业分工,利用好全球产业分工驱动的产业升级,才是二级城市制造业有出路、可持续的升级方向。否则,必然受到市场需求不足、产业升级动力不足和高端要素缺乏造成的升级能力不足的制约,最终在全球产业链中被边缘化。这要求城市必须打造具有国际化水平的智能制造产业基地,拥有具有区域影响力乃至全球影响力的产业规模和能级水平,拥有较强的产业研发能力,并能有效利用好信息化、网络化的技术工具,有条件吸引、吸收、利用并提升全球范围内的高端产业要素(包括知识、信息、技术和高素质人才等)。

5.9.2 智能制造的本质是利用信息化技术对产业价值链价值创造过程的再造

产业价值链上的价值生产过程是在技术创新进步、产业融合和产业协同中进行的。智能制造通过上述三个方面,提升产业价值链上的价值生产效率,从而创造出更多的价值。

在技术创新进步方面,智能制造是未来制造业技术创新发展的方向,它将通过三方面作用推动制造业形成新一轮技术创新浪潮。一是智能制造能更好地满足多样化、个性化、网络化的市场需求,推动制造业的技术创新。二是优先一步在智能制造技术及智能制造模式上取得突破,就能获得先发的竞争优势,这就会促使制造企业就智能技术、智能设备、智能管理、智能生产模式等积极寻求创新和突破,技术进步成为更多制造业企业的主动选择。三是智能制造使消费者作为产品的设计者和开发者成为可能,消费者可以进入制造企业的设计开发软件系统,从而将消费者众多的创新思维引进来,推动产业的创新。制造业的技术创新能够直接带来生产效率的提高,使更多的生产要素流入制造行业,加速该产业的成长。技术创新能够提升制造业的科技含量,从而实现提高制造产品附加值的效果。智能制造的技术创新能够改变传统制造业原有的资源消耗型生产方式,使其向绿色发展转型。

在产业融合方面,随着智能制造技术的创新和延伸,结合了智能制造技术的制造业能够享受到商业模式创新带来的红利,这会进一步促使更多的传统制造业与智能制造技术融合,进一步带来新的价值生产。一是智能制造技术向传统制造业的渗透、融合,能够使得部分原本即将衰退的行业得到改造和提升,重新获得活力。二是智能制造技术促使部分行业成为高端制造行业,如轨道交通装备、海洋工程装备、数控机床等的制造,而高端制造业本身就是高利润行业。三是引入全新的生产制造体系,通过以信息化和智能化为特色的方式提供制造产品和服务,生产能力和经营管理水平将得到提升,从而产生更大的价值。

在产业协同方面,智能制造能够从三方面促进制造业形成产业协同效应。一是促进制造业内各主体间的协同。智能制造是一个复杂的系统,单个经济主体不可能独立完成产业化运作的整个过程,需要产业链上各个不同的主体进行协作,发挥各自的专长,各方在协作体系下获得利益。二是基于工业互联网平台的网络协同。传统装备制造企业之间存在着一定的信息不对称,而智能制造使得制造业产业链上的不同企业通过工业互联网平台共享信息,可根据市场需求变化,随时并同时进行生产、制造、物流配送等,实现网络协同制造。三是促进高信息技术产业与制造业间的协同发展。高信息技术产业与传统制造业相融合而产生的智能制造是未来制造业的高级化形态,它将具有很强的竞争优势。因此,高信息技术产业和传统制造业将协同发展、相互促进,最终实现互惠共赢。很显然,更高效率、更广泛、更有深度的产业协同,意味着更多的价值生产。

5.9.3 案例:中国(上海)自由贸易试验区临港新片区

1. 背景

早在 1996 年 1 月,国家就明确提出要建设上海国际航运中心。根据上海市城市总体规划,要把上海建成国际经济、金融、贸易、航运中心;上海国际经济中心的形成与发展需要有与之相匹配的国际航运中心作为强力支撑。而临港新片区是上海国际航运中心的重要组成部分,是建设上海国际航运中心的关键举措,是依托上海大小洋山国际枢纽港和上海浦东国际机场航空枢纽的国家级现代装备产业园区。

根据"十四五"发展规划,上海将打造以临港为核心,浦东、闵行、嘉定、宝山、松江等区域构成的近郊产业带,形成"一核一带"智能制造产业集群。"一核"便是临港世界级智能制造产业中心,临港新片区将搭建若干个智能制造公共服务平台,树立若干智能制造示范、标杆工厂;同时提出加强上海智能制造研发与转化功能型平台、国家机器人"两个中心"等平台建设,为上海智能制造发展提供平台载体支撑。2019 年 8 月,国务院正式发布《中国(上海)自由贸易试验区临港新片区总体方案》,临港新片区正式揭牌,标志着自贸区新片区及临港新片区发展新时代的到来。

从 2003 年至今,临港引进了包括 C919 发动机项目、中科院高效低碳燃气轮机项目、中国中车股份有限公司、上海中船三井造船柴油机有限公司、上海电气集团、上海汽车集团股份有限公司、特斯拉、三一重工股份有限公司、卡特彼勒、奔驰再制造、华大半导体有限公司、上海新晟半导体科技有限公司、中科寒武纪科技股份有限公司、科大讯飞股份有限公司、"彩虹鱼"、地平线(上海)人工智能技术有限公司、树根互联技术有限公司、百度创新中心、上海航天技术研究院等重大项目和行业标杆企业。临港产业区形成了新能源装备、船舶关键件、海洋工程、汽车整车及零部件、大型物流及工程机械、民用航空设备及关键零部件六大产业制造基地,并正在汇聚集成电路、机器人、人工智能、生物医药等新兴产业。

目前临港新片区作为上海高端制造业的代名词,是上海高端制造产业集聚度最高、产业链最齐全的区域。临港新片区正迎来全面对接长三角一体化、自贸区新片区带来的重大发展机遇,打造新型产业高地;发展开源创新赋能的人工智能产业,依托应用场景优势,吸引国际创新元素不断集聚,加快人工智能核心基础技术创新,打造以智能网联汽车车载试验区为代表的人工智能新兴增长极,形成人工智能与实体经济融合发展的新典范,为上海形成"1+4"的人工智能发展体系提供有力支撑。

2. 规划概况

(1) 区位:临港新片区位于上海市东南(图5-42),地处长江口和杭州湾的交汇处,是长江经济带和海上丝绸之路经济带的重要区域。临港新片区规划面积为343平方千米,现有人口68万人。

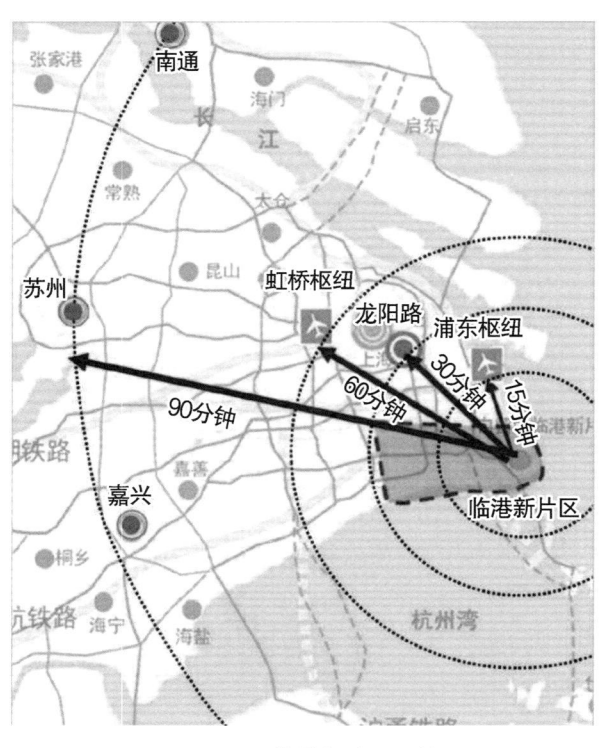

图5-42 临港新片区区位

(2) 战略定位:临港新片区是上海建设具有全球影响力的科技创新中心的主体承载区,是以自贸区创新、产业科技创新为特色的开放创新先行试验区,将打造成为以世界级先进制造业产业集群为支撑的"国际智造城",以产城深度融合、生态美丽宜居、海洋文化繁荣为内涵的"滨海未来城",即"两区""两城"的定位。

(3) 功能分区：临港新片区由国际未来区（主城区）、智能制造区（重装备产业区、奉贤园区）、统筹发展区（主产业区）、智慧生态区（综合区）及海洋科创城（自贸区、科技城、大学城）等功能区域组成（图 5-43）。同时，还规划泥城、书院、万祥和芦潮港四个城市社区，从而形成片区服务核心区和社区服务中心、产业服务单元，为产业区提供配套服务，实现配套服务全覆盖。

(4) 产业布局：坚持"产城一体、以产兴城、产城融合"的发展思路，临港新片区分为五大产业区域，通过产业的区域空间集聚发展，发挥产业的规模协同效益。规划到 2025 年，将临港新片区打造成更具国际市场影响力和竞争力的特殊经济功能区，建成开放创新、智慧生态、产城融合、宜业宜居的现代化新城（图 5-44）。

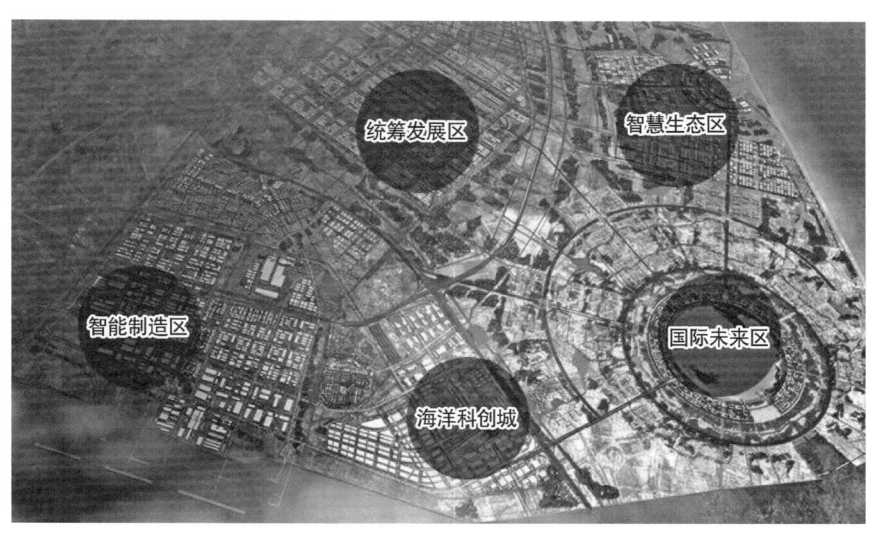

图 5-43　临港新片区功能分区

图 5-44　临港新片区效果图

① 国际未来区（主城区）：以滴水湖为中心，形成"一湖三环"的空间布局（图 5-45）。核心区域基础设施和功能配套基本建成。该区域拥湖临海，环境优美，生态宜居，是现代滨海新城之典范。

图 5-45 临港新片区主城区实景

② 智能制造区(重装备产业区、奉贤园区):该区是临港制造、临港智造的核心产业区。国家级重装备基地已建成新能源装备、大型船用关键件、汽车整车及零部件、海洋工程装备、工程机械装备、民用航空装备、再制造等产业集群。奉贤园区集聚以智能制造为主题的科技型产业,打造以智能制造、智慧社区、低碳生态、宜业宜居为特征的"智能制造小镇"。

③ 统筹发展区(主产业区):该区域目前尚未开发,正在做产业规划,将重点聚焦发展战略性新兴产业和生产性服务业,将成为城乡统筹发展的示范区。

④ 智慧生态区(综合区):该区域是产业、生活、生态融为一体的综合性功能区域,集聚产业培训、科技研发、总部办公、文化会展、生态度假等功能,是临港产业功能的提升与延伸、城市功能的补充和延续。

⑤ 海洋科创城(自贸区、科技城、大学城):该区域是临港科创中心主体承载区的核心区域、国家海洋经济创新发展示范区,依托自贸区、科技城和大学城,以科技创新研发为主,重点发展人工智能、信息技术、海洋装备等先导产业。

3. 产业发展

(1) 产业发展目标:建设以现代装备产业为主体的国家级现代制造业基地、以物流产业为核心的国际生产服务业枢纽和以海洋文化为特色的城市生活服务业集聚区,形成集先进制造、现代物流、研发服务、出口加工、教育培训和城市生活等功能于一体的综合性产业体系。

(2) 产业发展体系:在原有产业基础上,立足国家战略,依托上海优势,聚焦重点领域、重大项目、关键主体,加快构建"2+3+4"产业体系,加快国际智能制造中心建设,实现先进制造业和现代服务业的高效联动,成为国家新型工业化示范基地和战略性新兴产业示范区。"2"是指人工智能和机器人两大先导产业。通过抢占智能制造技术全球制高点,提升临港新片区产业的国际竞争力。"3"是指三大支柱产业。通过加快发展高端智能装备、海洋装备、智能汽车三大支柱产业,形成支撑临港新片区经济发展的三大支柱产业,确保顺利实现临港新片区制造业总产值目标。"4"是指四大新兴产业。通过积极探索软件及信息服务、集成电路及专用装备、航空航天、节能环保四大新兴产业,着眼上海科技创新中心建设全局,对接张江综合性国家科学中心和其他科技创新集聚区的成果产业化和产业链升级的需求,形成一批有特色、有潜力、优化全市产业链配套的企业。

(3) 主导产业：临港新片区的主导产业类别为先进制造业和战略性新兴产业、现代服务业、海洋经济产业和产业联动开发，具体产业内容如表 5-12 所列。

表 5-12 临港新片区主导产业

类别	内容
先进制造业和战略性新兴产业	核电、风电、太阳能、智能电网等新能源高端装备，民用航空、船舶、海洋工程、轨道交通、汽车等交通运输装备，物流及智能工程机械等重大成套装备，基础零部件等关键基础装备、LED、通信网络等新一代信息技术产业，数控机床、工业机器人、微电子及光电子装备等智能制造装备，文化装备制造，节能环保装备，汽车零部件、高档机电产品再制造产业
现代服务业	金融服务、电子商务、文化创意、会议展览、旅游休闲、研发设计、教育培训、检验检测、专业服务等生产性服务业，供应链管理、保税交割仓储、分拨集拼中心、融资租赁、离岸金融等
海洋经济产业	海洋科技研发、海洋设备制造、海洋服务和海洋文化产业，海洋工程装备、海洋生物医药、海水淡化和海洋资源开发利用产业，海洋文化创意产业、海洋会展业、海洋观光旅游业、海洋高等教育及职业培训产业，港航物流技术服务、海岸带环境监测维护服务产业
产业联动开发	联动自贸区，建设金融集聚区，整合楼宇办公资源，吸引商业银行、基金公司、黄金交易所、财富管理公司等金融机构落位，承接溢出效应，依托自贸试验区在金融、航运、贸易等方面的开放创新优势，共建产业联动平台；联动浦东空港，探索打造空港都市产业基地；联动张江、金桥、陆家嘴、外高桥四大开发主体，以重点区域的联合开发为突破，带动产城融合发展，促进科技成果在临港新片区的转化；联动上海国际旅游度假区，带动临港地区的城市化，开发具有国际影响力的商业、文化、体育和旅游休闲产业

4. 配套产业功能平台的构建

(1) 金融服务中心：在临港新片区内建设金融服务中心大楼，引入农业银行、工商银行、建设银行等国有大型商业银行，为客户提供点到点结汇、购汇、单证核销等一揽子金融服务。

(2) 物流配套服务：与海关、商检、外汇等相关机构合作，为企业报关、商品报检、出口收汇、出口退税等提供咨询服务和解决方案，提高物流运营效率。

(3) 生活配套服务：依托临港新片区主城区和四个分城区的商业生活配套能力，为入驻企业和引进人口提供生活住宿、酒店餐饮、学校医院和娱乐休闲等各项服务。

5. 启示与借鉴

临港新片区作为上海建设科技创新中心的主体承载区，通过发展高端产业和建设高品质新城，结合人工智能关键核心技术，形成了智能装备产业集聚区，人才支撑体系不断得到优化，朝着"国际智能制造中心"的核心载体不断演进。

5.10 泛城市区域的国际化功能平台空间——特色小镇

5.10.1 特色小镇有条件承载特定的专业化国际功能

大都市区这种介于城市群和城市之间的城市空间形态，在全球城市化进程中广泛存在，如美国东北部大西洋沿岸地带、大湖区（芝加哥—底特律—匹兹堡一带），英国的伦敦—伯明翰—利物浦和曼彻斯特地带，日本以东京—名古屋—大阪为核心的东海道都市连绵区，中国的沪宁杭地区、粤港澳大湾区。这些带状分布、规模巨大的城镇集聚区,一般以若干个大城市为中心,大、小城镇连续分布,区内集中了全国相当大一部分人口和经济活动。在大都市连绵区内,除了大、中城市这种典型城市空间形态外,还有农业功能区,以及数量众多的中、小城镇。都市连绵区内的核心市区区域,成为现代生产性服务业和高端生活性服务业集聚的区域;而部分城镇和县城则有可能发展成为都市连绵区中核心城市的外围组团;此外,更多数量的中、小城镇则以特色小镇形式,成为承载都市连绵区特色产业、特色职能以及人口的空间。

从国际实践看,小城镇是城市化的重要载体,发达国家的多数人口都是在小型城市和小城镇中生活。例如人口达 8 200 万、城镇化率达 97% 的德国,仅有四个 100 万人口以上的大型城市,50 万人口以上的中型城市不超过 10 个,却有超过 13 500 个小城镇,75% 的小城镇人口少于 5 000 人。又如美国,50% 以上的人口居住在 5 万人以下的小城镇。

2013 年,中央城镇化工作会议提出新型城镇化道路。《国家新型城镇化规划(2014—2020 年)》提到,发展有历史记忆、文化脉络、地域风貌、民族特点的美丽城镇,要培育一批文化旅游、商贸物流、资源加工、交通枢纽等专业特色小镇。特色小镇成为推进新型城镇化的一个重要抓手。2015 年,习近平总书记对浙江特色小镇建设作出重要批示,国家领导考察浙江特色小镇后,特色小镇建设上升到新的空间战略高度。2016 年,住房和城乡建设部决定在全国范围开展特色小镇培育工作,明确提出到 2020 年,培育 1 000 个左右各具特色、富有活力的休闲旅游、商贸物流、现代制造、教育科技、传统文化、美丽宜居等特色小镇,引领带动全国小城镇建设,不断提高建设水平和发展质量。

从国内外实践经验看,特色小镇作为大都市区多层次空间体系的重要组成,只要定位准、规划好,是有条件承载特定的专业化国际功能的。比如瑞士的达沃斯小镇,人口仅 1.3 万人,通过专业化聚焦发展,成为享誉全球的温泉度假、国际会议、运动度假胜地,是国际冬季运动中心之一,每年一度的达沃斯论坛更进一步提升了这个小镇的国际会议这一专业化国际功能。又如中国浙江桐庐乌镇,通过专业化聚焦,利用原有的国际旅游资源,成为每年一度的全球互联网发展大会的举办地,承担起了国际会议和国际交往的专业化国际功能。

5.10.2 案例:杭州梦想小镇

1. 概况

梦想小镇坐落在杭州市余杭区仓前街道(图 5-46),占地面积约为 3 平方千米,是浙江省第一批特色小镇,于 2014 年 9 月正式启动建设 17 万平方米的先导区。2018 年,梦想小镇入选全国最美特色小镇 50 强,也是国家级互联网创新创业高地。梦想小镇因为互联网和新经济产业发展突出,生态环境优美,兼具旅游价值,多产业协调发展成果卓著,多次接待国家和省市领导人的考察,成为杭州以产业特色小镇发展新经济的一张名片。产业特色小镇这种新的特质战略空间区,成为实现区域协调发展和新型城镇化的新的生产力空间组织模式,受到城市规划和建设部门的高度重视。

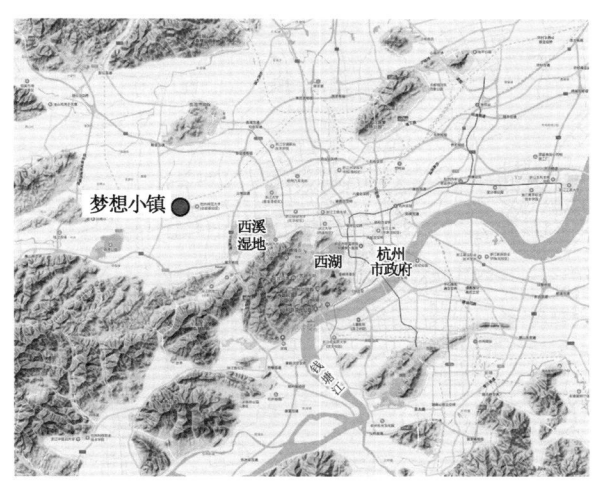

图 5-46 梦想小镇的区位

经过近 7 年的发展,梦想小镇已经从原来的先导区发展到目前涵盖互联网创业小镇和天使小镇两大板块。其中,互联网创业小镇重点鼓励和支持"泛大学生"群体创办电子商务、软件设计、信息服务、集成电路、大数据、云计算、网络安全、动漫设计等互联网相关领域产品研发、生产、经营和技术(工程)服务的企业;天使小镇重点培育和发展科技金融、互联网金融,集聚天使投资基金、股权投资机构、财富管理机构,着力构建覆盖企业发展初创期、成长期、成熟期等各个不同发展阶段的金融服务体系。梦想小镇以信息服务和发展创新创意产业为核心,入驻企业 3 900 家左右,完成特色产业投资 31 亿元,年缴税 4 亿元,拥有发明专利 30 项。梦想小镇已被住房和城乡建设部列入全国范围推介的 10 个特色小镇样板,被浙江省经济和信息化委员会列入全省 13 个省级行业标杆小镇。

在发展互联网和新经济产业的同时,梦想小镇利用其所坐落的余杭区仓前街道的章太炎故居、四无粮仓陈列馆深厚的历史底蕴,以在出世与入世之间自由徜徉的自然生态系统为载体,按照互联网创业要求对规划进行改造提升,使文化、旅游和产业等功能在古街内进行有机叠加、共生共融。仓前街道具有 880 多年的历史,街区内保留了许多文物保护单位和一大批古建筑,梦想小镇针对仓前街道的存量空间,通过保护、改造、更新、开发多种方式,按照 4A 级旅游景区的标准,打造特色小镇的内外部空间,使其成为杭州旅游新名片。

梦想小镇的成功是多种因素共同作用的结果:所处的仓前街道和杭州未来科技城的开放、包容、创新、服务的政务生态系统的支撑;阿里巴巴总部和金融资源集聚发展的产业生态系统的驱动;通过建设众创空间、O2O 服务体系、"苗圃 + 孵化器 + 加速器"孵化链条,打造更富激情的创业生态系统;帮助"有梦想、有激情、有知识、有创意",但"无资本、无经验、无市场、无支撑"的大学生"无中生有",使他们创业的梦想变成现实。

2. 规划定位:全球互联网小镇

全球互联网小镇是梦想小镇实现新型城镇化的基本载体之一,是智慧城市的典型应用,其核心理念是开放与连接。互联网小镇将基于数据资产中心,融合各产业数据,为各产业的商业升级提供全景视角的数据指导,建立面向全社会的数据服务平台,提供多维度的社会服务,形成数据融合的新常态,从而提升包括企业和政府在内的经济活动效率、行政管理与服务职能、决策与执行职能。

全球互联网小镇这一定位,契合了新时期杭州市产业布局的需要。新时期杭州产业主要以以金融业为代表的现代生产性服务业、以互联网产业为代表的信息服务产业、现代制造业为主。其中,以金融服务和商务服务为主的现代生产性服务业,基本上都是以高端写字楼为空间载体,主要分布在武林广场、钱江新城、奥体及钱江世纪城三个区域;现代制造业则在从下沙到大江东的区域内较为广泛地分布;以互联网信息服务产业为核心的科技类产业,则主要分布在城西文教区、滨江区和未来科技城,其中尤其以梦想小镇所在的未来科技城为突出代表,这一区域凭借阿里巴巴总部和金融资源集聚发展的产业生态系统优势,响应国家"大众创业、万众创新"号召,成为浙江省、杭州市大力发展信息经济的代表,已经被公认为全国互联网创业首选地和创新资本集聚高地。

3. 产业功能平台

梦想小镇以高端人才为基础、以科技创新为动力、以技术研发为核心、以金融创新为支撑,策划"三主三副"六大功能。三大主导功能是新一代信息技术产业功能、文化创意产业功能、小镇旅游产业功能;三大拓展功能是科技金融服务功能、研发服务功能、生活配套服务功能。

通过功能复合、产业融合、空间缝合来实现这六大功能的落地(图5-47)。通过

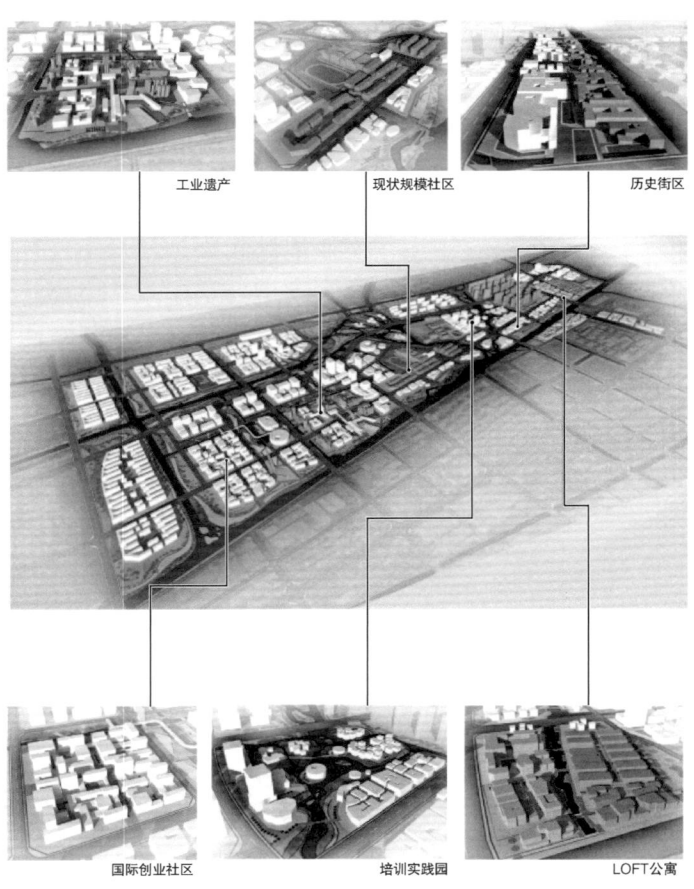

图5-47 梦想小镇功能布局

余杭塘河公共服务缝合脉和中部生态田园融合脉两大生态系统，构建创业孵化平台、云计算创业坊、互联网创业园、全球创新坊等新兴产业功能平台，以及仓前历史文化街区、工业遗产等旅游功能平台。同时，这些功能平台与周边新一代信息技术企业、科研机构、高校等科技创新资源无缝融合。仓前历史文化街区周边集聚了众多大型企业，如淘宝城、中国移动、中国电信等龙头企业；大批科研机构，如中电海康集团第五十二研究所、浙江数字经济研究院等；同时，集聚了中小微企业700余家，与高校资源如浙江大学、杭州师范大学、杭州未来科技城创新研究院等结合紧密。

下篇

功能性国际城市的战略功能平台构建实践

邢东新区
——邢台走向功能性国际城市的战略大平台

6.1　战略谋划：邢台迈向功能性国际城市，迫切需要构建战略大平台

6.2　战略破局：将邢东新区作为邢台国际化的战略突破口

6.3　战略落位：以高铁枢纽和中央生态公园为支点，打造国际化邢东新区

规划建设邢东新区,对邢台市具有里程碑意义。其大背景是2014年京津冀协同发展上升为国家战略,为对接北京非首都职能转移,需要规划集中承载区;同时,京沪高铁以及邢台高铁站的建设,为邢台加速融入京津冀世界级城市群提供了基础性条件。邢台最初打算向城市西部发展太行新城,将其作为城市战略大平台。经过多轮战略研讨后,市委市政府确定了城市向东发展,打造邢东新区的重要决策。从战略谋划到战略破局,再到战略落位,涉及整个城市以及邢东新区战略平台的战略功能、产业选择、平台构建和空间组织等多方面内容。2016年1月,河北省政府批复了《邢台邢东新区总体规划纲要(2016—2030)》,邢东新区将建设成为省级战略发展平台,并被纳入河北省"十三五"发展规划和京津冀协同发展规划。经过数年的发展,回头看,当初的决策抓准了主要矛盾,把握住了重大发展机遇,是成功的。

6.1 战略谋划:邢台迈向功能性国际城市,迫切需要构建战略大平台

6.1.1 为对接京津冀协同发展,提出建设邢台战略大平台

1. 邢台战略大平台的提出

2014年,京津冀协同发展成为国家战略,北京非首都职能转移,河北作为北京非首都职能和产业疏解的集中承接地,需要有战略大平台。事实上,河北各地市都在争先恐后地建设各类平台,河北省上报了48个承接产业转移的平台。其中邢台有两个,但是平台的级别和能级都不够,无法支撑起区域产业发展的整体格局,无法打破城市化低水平发展的困局,难以扭转中心城市空间发展首位度不够的局面,无法从根本上赋予邢台城市发展新的动能。

2014年,河北省省长提出,邢台缺少一个对上承接政策支持、对外承接产业转移、对内引领转型升级、能够支撑邢台跨越式发展的"战略大平台"。邢台市委市政府就这一关系邢台未来长远发展的命题,在全市范围内展开大调研、大讨论。邢台战略大平台构建面临着东、西两个方向的选择,需要进行科学分析,远近结合,做出最终决策。

2. 东西战略空间方向之辨

邢台战略大平台的最初设想有"太行新区"和"邢东四化同步综合试验区"两个选择,前者着眼于邢台西部太行山的自然资源,后者着眼于邢台东部蕴含的城市化、产业化、区域资源导入等机遇,各有各的特色和支撑。东、西两个方向的问题,是战略谋划的大事。

为此,作为邢台城市规划的主要参与方,上海同济大学规划团队应邢台政府和规划局要求,从城市发展和规划专业的角度,给出了明确建议——选择向东,选择"邢东四化同步综合试验区",即后来的邢东新区。

该建议基于四个层面的专业分析,详细如下:

(1)"邢东四化同步综合试验区"平台构想更能紧扣当前"四化同步""产业转

型""产城融合"的国家发展战略。以高铁新区为核心,整合上东片区、开发区、任县、南和等区域,具有集中性、外向性、开阔性、联动性的特点,是当前摆在面前的最具有潜力的区域,是邢台四化同步战略的理想空间落脚点,更能有力推动产业转型升级,也更有利于产城融合、做大做强中心城市。

(2)"邢东四化同步综合试验区"平台更能抓住邢台面前的以高铁经济为代表的基础设施红利、京津冀协同发展红利、投资洼地效应、城镇化加速效应四大战略机遇。

(3)"邢东四化同步综合试验区"平台的主导空间更为集聚,各个组团板块空间联系相对紧凑,整体大且强,聚合效应更明显,较易形成规模效应,更具优势和动力。

(4)"邢东四化同步综合试验区"平台具有更丰富的可利用土地资源、产业基础、交通条件和区位体检,更具现实操作性。

经过规划专业人士的反复分析研究及政府有关部门多轮会议的权衡,上海同济大学规划团队明确提出了邢台战略大平台向东发展的可行性建议,得到了邢台市领导的认可。上下统一思想,形成共识,为邢台战略大平台从战略谋划进入平台规划打下了扎实的思想基础。

3. 战略大平台的战略定位、产业选择、平台构建和空间组织谋划

在确定了发展方向后,邢台开始组织编制战略大平台的相关规划。上海同济大学规划团队应邀,主导参与了整个过程,针对战略大平台的功能定位、产业选择、平台构建和空间组织,向市领导提出了专业建议,并得到认可。最终,在2015年,《邢台邢东新区总体规划纲要(2016—2030)》成稿,标志着在战略大平台的功能定位、产业选择、平台构建和空间组织等重大事项上各方取得了一致性意见,达成共识。

(1)战略定位:科学确定邢东新区定位,必须守住发展和生态两条底线,解决邢台发展慢和环境差的问题;必须有利于产业转型升级,解决邢台产业层次不高的问题;必须立足区位特点和发展基础,充分发挥比较优势,统筹考虑长远发展与可能。邢东新区发展战略定位为新能源及新能源汽车产业基地、转型升级及产城融合示范区。

(2)产业选择:邢东新区重点发展先进装备制造、新能源及新能源汽车、节能环保、新材料、电子信息等战略性新兴产业,以及现代物流、服务外包、金融、会展等现代服务业。

(3)平台构建:规划提出"科技创智、金融创新、商贸物流、陆港枢纽、新基础设施、互联网+、企业基地、人力资源、文化创意、生态环境"十大引擎及18个功能子平台项目。

(4)空间组织:规划两大核心空间,一是依托邢台高铁的高铁新城,将其作为连接雄安新区的战略通道功能,以及城市产业升级的推动力;二是依托塌陷区建设14平方千米的中央生态公园,将其作为城市软实力的核心空间。

2015年11月,河北省政府常务会议专题讨论通过了《邢台邢东新区总体规划纲要(2016—2030)》。2016年1月,河北省政府批复了《邢台邢东新区总体规划纲要(2016—2030)》,邢东新区将建设成为省级战略发展平台,并被纳入河北省"十三五"

发展规划和京津冀协同发展规划。

6.1.2 同济大学战略咨询报告

"太行新区"和"邢东四化同步综合试验区"两大战略平台构想，东、西两个发展方向，选择哪一个？有如下四个层面的战略研判。

1. 哪个战略平台更能扣紧国家的发展战略

邢台的战略大平台必须抓住大势，必须能够紧扣国家和河北省当前重大战略。国家层面、河北省省级层面经济建设领域的重大战略是四化同步、产业转型、产城融合、做大做强中心城市。

(1) 四化同步是党的十八大提出的纲领性战略内容，邢台应高度重视，积极响应。

推动四化同步这一重大战略，在邢台最好有一个战略性、集中性的空间区域，可以快速导入新型工业化的内容和包含信息、科技金融等的现代服务业。这一空间区域最好能够具有非常强的城市化动力，可以提供巨大的财政红利、基础设施红利、人口红利，从而实现强有力的产城互动发展。

以高铁新城为核心，整合上东片区、开发区、任县、南和等区域，整合工业发展、信息科技、城镇发展、现代农业四方面，快速推动邢台地区的四化同步重大战略落地。这是邢台在产业发展战略和城市发展战略的重大转型，是邢台契合国家四化同步战略的重大平台。

(2) 推动产业转型发展是国家当前的重大战略，邢台需要从产业内容和发展模式上转型。

邢台东部，以高铁为中心的联动发展区域，可以把新型产业内容、科技内容、现代服务业内容、外向型经济内容等引进来。还可以利用城市开发所产生的巨大红利，依托高铁新城、无水陆港、任县等县城，把各类产业平台构建起来，推动邢台传统产业向中高端迈进。区域大量人口资源的盘活，还可以促进大众创业、大众创新，培育出新的经济增长点。所以，东部在推动邢台产业转型发展方面的地位优势很明显。

邢台西部的发展思路主要是将邢台已有的传统工业和太行山的生态资源、旅游资源结合发展，在当前，产业关联度低，服务业内容单一，城市支撑力不强，新型产业的导入和现代服务业内容的发展都有困难，产业转型升级动力不足。

(3) 产城融合是河北的重大战略导向，东部在推动产城融合、产城一体发展方面，优于西部。

当前邢台开发区位于西部，任县、南和也有较好的产业基础，根据正在编制的"一城五星"规划，邢台主城的产业布局区域应该位于东部。因此，城市向东发展，有利于推动城市新城和产业园区的同步发展，形成南北走向的大城区和大产业园区，在空间和内容上互为支撑。如果战略大平台的主体空间不放在东部，就无法整合城市动力和产业动力，难以实现战略层面的产城互动、产城一体。

(4) 做大做强中心城市和县城是河北省的重大战略，东部是目前做大做强中心城市最为有力的空间选择。

"邢东四化同步综合试验区"处于上东片区、桥东区、开发区、任县、南和、沙河中间的区域，通过邢州大道联动西北新区，坐拥高铁站点、城市入口、陆港港区等重大支撑要素，比较容易打造启动区，且一区启动，满盘皆活，具有战略性、支点性的空间特征。而邢台西部，无论选择何处作为启动区，整合和联动的区域都有限，没有集中有力的主导空间。

综上所述，选择东部，邢台的战略大平台可以更好地契合国家和河北省的重大战略布局，紧紧抓住时代机遇。

2. 哪个战略平台更能抓住邢台的战略机遇期

一个战略平台的优劣，其重要的体现就是能否抓住战略性机遇，并整合为发展的动力，从而实现最大化、最快速度的自我发展。相对于一般城市，处于特定发展阶段的邢台拥有四大机遇：一是以高铁经济为代表的基础设施红利，二是京津冀协同发展红利，三是投资洼地效应，四是城镇化加速效应。

（1）"邢东四化同步综合试验区"的平台构想就是要抓住高铁经济、陆港经济、高速城市门户经济，将这些新增的机遇转换成切实的产业与城市发展动力。

（2）"邢东四化同步综合试验区"可以利用高铁站点的入口优势和18个功能平台的构建，借力京津冀协同发展战略，推动产业承接和配套融合发展。

（3）"邢东四化同步综合试验区"可以更好地利用邢台的投资洼地效应。北部的京津冀、东部的山东半岛、南部的中原经济区，都为邢台提供了较为明显的投资成本优势。"邢东四化同步综合试验区"具有非常好的区位优势、城市优势、人口优势，可以建成规模化的城区和园区，将投资洼地效应转换成为产城发展动力。

（4）"邢东四化同步综合试验区"可以更加有力地利用和强化邢台城镇化的加速效应。邢台作为具有700万以上人口的区域内唯一的中心城市，人口数刚刚达90万，正处于城市化加速阶段，"邢东四化同步综合试验区"的战略平台构想，就是要"借力"，同时强化这一动力。

3. 哪个平台的主导空间更具优势和动力

战略大平台主导空间的选择是战略实施的关键，主导空间的内在动力、战略潜力很大程度上决定着战略大平台的战略能力。

（1）主导空间的集聚和分散是东、西两个平台在空间形式上的重要区别。西部各板块之间跨度较大，布局相对分散，整体大而散，集聚效应难以突显，在当前很难形成爆发性力量。东部各个组团板块空间联系相对紧密，整体大且强，聚合效应更明显，较易形成规模效应。

（2）东部空间更有利于拉大城市框架和集中做大产业空间、做大城市。西部区域基本在现有的主城区规划框架内，城市新区实质是旧城格局下的新组团片区。东部城市新区整合高铁片区、高新技术开发区、桥东区、邢台县晏家屯镇等区域，跨越式地拉大主城区框架，从而摒弃原有的零散产业布局，形成一个更加广阔的产业集聚空间。

（3）东部具有更强的资源整合力，可以整合老城与新区、城市与产业、主城与卫星城。以襄都路为界的东部新区将会近距离、全方位地拉动老城的更新与提升。东部城市与产业在高铁新城的统领下可实现产城融合,产城一体。主城与卫星城在功能上相互协作,空间上通过快速路实现同城化。西部幅员辽阔,城镇组团之间、产业组团之间、与老城之间距离太远,交通不便,可整合的城镇化内容、产业化内容较少,难度巨大。

(4) 东部在"一城五星"中的带动整合作用更强,可以把南和、任县、沙河整合进来。通过发展东部,做大城市后即可整合南和、任县和沙河,三县拥抱产业,成为邢台市的产业融合组团,整体形成大产城互动区,战略大平台才有更广阔的发展空间。这一点更是西部所不具备的。

(5) 东部推动邢台与外部区域空间一体化的能力更强,有利于推动邢台的空间、资源、产业、城市融入区域一体化发展之中。

4. 哪个平台更具可行性和战略策动能力

选择哪一个战略大平台,重要的一点就是看其当前是否具有可操作性,即要看哪一个战略大平台能够在第一时间形成邢台的发展支点,把资源和潜力转换成现实的竞争优势,是否在第一时间就具有可行性,是否可以避免长期酝酿等待。通过以下五方面比较,东部显然比西部更具有可行性。

(1) 可利用土地资源,东部占优。东部土地平整,建设条件较好,而且建设用地相对集中,有利于大项目启动及区域概念形成。相比之下,西部虽然生态环境非常优越,但是地形地貌起伏较大,土地建设条件相对较差。从可利用的建设用地角度而言,东部在存量和增量上具有明显优势。

(2) 与西部相比,东部显然是投资热点。产业新区的发展与产业平台、房地产开发、工业地产开发等市场配置是相辅相成的。从人气活力、配套基础设施等方面看,东部成为房地产开发最具活力、企业入驻最踊跃的地区,是近期市场开发的热点区域。

(3) 东部能够比西部更快、更好地把产业做起来。东部本身就有产业基础,平台构建有资源支撑,产业发展有广阔腹地,产业引入有交通区位支撑,产业转型有平台构建。相对西部,东部区域显然是产业平台、产业空间、产业引入、产业转型能够快速形成的区域。

(4) 东部可以快速多区联动,推动城市形成空间发展的规模效应、联动效应。东部本身是一个相对集聚的空间,核心区建设现实可行。核心区启动之后,多区可以快速联动,一体化发展,成为一个整体的东部新区。

(5) 东部可以快速改变城市面貌和形象。依托高铁站、现有的基础设施和项目引资情况,东部区域可以"一年起好步,两年出形象,三年成规模"。东部通过标志性城市空间建设,将展现邢台的新面貌:生态自然与城市人文和谐共生,传统旧城与城市新区并驾齐驱,创意革新与绿色崛起双轮驱动。

总之,东部的选项紧紧扣住了党的十八大以来的战略主题,着眼于抓住邢台发展的机遇,空间上具有对外承接能力和内生动力,操作性很强。而西部是重要的、长期性的、需要耐心培育的、近期实施有一定难度的战略选项。

因此,我们的建议是先东后西。东部近期启动,作为未来十年邢台的战略大平台;西部后期启动,作为战略大平台第二阶段的内容。

6.2　战略破局:将邢东新区作为邢台国际化的战略突破口

邢台最大的战略性问题是城市首位度较低,城市规模、空间和产业首位度都不够,无法有效带动整个邢台市域的发展。做大做强中心城区,才是以一城带动一域的棋眼。显然,仅仅依靠邢台老城区的修修补补,中心城区无法真正做大做强。唯有建立邢东新区,实现跨越式发展,才足以构建起强大的空间和产业增长极。

6.2.1　面对的重大战略问题

邢台发展的问题有很多,其中有一个核心问题,即城市整体战略构建中战略首位度较低,没有战略大平台;空间发展没有首位度带来的集聚效应;城市发展没有首位度的规模效应;产业发展没有首位度的引领功能。

(1) 战略首位度。战略众多,但没有符合当前时代城市发展和产业发展、没有落实"五位一体"和"四化同步"的发展大平台的构建。

(2) 空间首位度。市域空间没有形成典型的首位度空间,没有空间引领效应,没有空间协调发展的动力。

(3) 城市首位度。城市发展空间小,城市人口基数少,"小马拉大车"。

(4) 产业首位度。产业层次低,布局混乱,"有企业无产业"或"有产业无企业"现象严重。

解决首位度问题,是解决产城互动、产业布局、转型发展、城市结构、城市特色、城市经济等问题的前提和基础。

6.2.2　面临的重大战略机遇

邢台面临的重大战略机遇包括:

(1) 高铁经济。高铁经济带来时空的变化、新的内容以及重大的城市空间结构变化。

(2) 城市进阶。人口跨越80万,城市进入规模和内容上的爆发期。

(3) 新型城镇化。《国家新型城镇化规划(2014—2020年)》进一步明确邢台处于京广发展带上,是国家城镇化战略格局中的重要节点城市,属于国家重点开发地区。新型城镇化需要邢台探索一条符合自身情况的城镇发展模式。

(4) 区域一体化。小城市群和"一城五星"空间高效联动对邢台的发展提出新需求。

(5) 产业转型。重大的产业转移、重要的产业转型发展、产业整合布局需要强劲动力。

(6) 京津冀协同发展。邢台应承接京津冀外溢的城市功能和产业,在区域一体化格局中重新定位。

(7) 交通大枢纽。邢台交通设施建设基本完成,枢纽平台潜力突显。

(8) 投资洼地。邢台已经成为山东、京津冀核心区、中原经济区核心地带的投资洼地,地价、房价低,投资成本低。

6.2.3 新时期战略切入点

邢台新时期的战略切入点主要在城市、产业、环境三个方面。

1. 城市

一是设立战略新区,通过设立邢东新区,实现城市的跨越式大发展。二是组团式发展,城市不能继续走蔓延式的"摊大饼"的发展模式,应改为组团式联动发展模式。三是发展小城镇群,将小、散、乱的城镇进行空间重组,集约资源、集中精力、集聚产业,以小城市(镇)群的形态形成规模效应和区域协同发展模式。

2. 产业

一是产业整合及布局,产业体系需要重新梳理,结合空间要素进行重新整合及布局。二是产城融合,产业和城市一体化发展,以城促产,以产兴城。三是平台构建,梳理产业发展引擎,构建各类产业平台。四是组团落实,确定产业内容及发展平台后,通过组团化的形式逐步进行产业空间落地。

3. 环境

一是借用太行山前地带,建立国家级森林公园。二是做好"水"文章,建立内外三重水系,由外及内分别形成城镇水空间、环城水空间、内城场所水空间。三是利用田资源,处理好现代农业发展模式及现代农业与城市的空间关系。四是建立城市公园体系,将生态绿地转化为城市大公园,提炼出区域概念,促进城市生态文明发展。

6.2.4 做大城区的战略举措

邢台自西向东形成大西城(滨江路西部新城、西北新区、老城区)、大东城(塌陷区、高铁新城、开发区组合的邢东新区,白马河北部新城和高新技术产业园)、大园区(任县、南和形成的大产业园区)的主城空间格局(图6-1),外围由皇寺(邢台县)、内丘、沙河、滏阳、东三召形成五个产城融合组团,作为远期中心城区的部分。

1. 主城的两大城区、两小组团

1) 两大城区

(1) 老城区:将现有的城区作为大西城区组团,即襄都路至滨江路之间的老城区,其发展方向是优化提升,推进功能更新和空间品质提升。

(2) 邢东新区:襄都路至大东环区域,整合京广高铁以西的塌陷区和东部的高铁新城,打造东部战略转型新区。东部新区的发展更能抓住城市的战略机遇,在此区域内可以实现高铁商务区、总部经济、绿色生态办公区(Ecological Office District,EOD)、科技人才港、陆港经济区等创新功能内容,促进城市转型发展。

2）两小组团

（1）滨江路西部新城：结合南水北调形成的历史性机遇，滨江路以西大空间集聚都市型现代服务业，整合西部乡镇，打造滨江路西部新城。

（2）北部组团：邢州大道以北的区域，以西北新区为基础，沿白马河向东拓展，打造白马河北部新城。

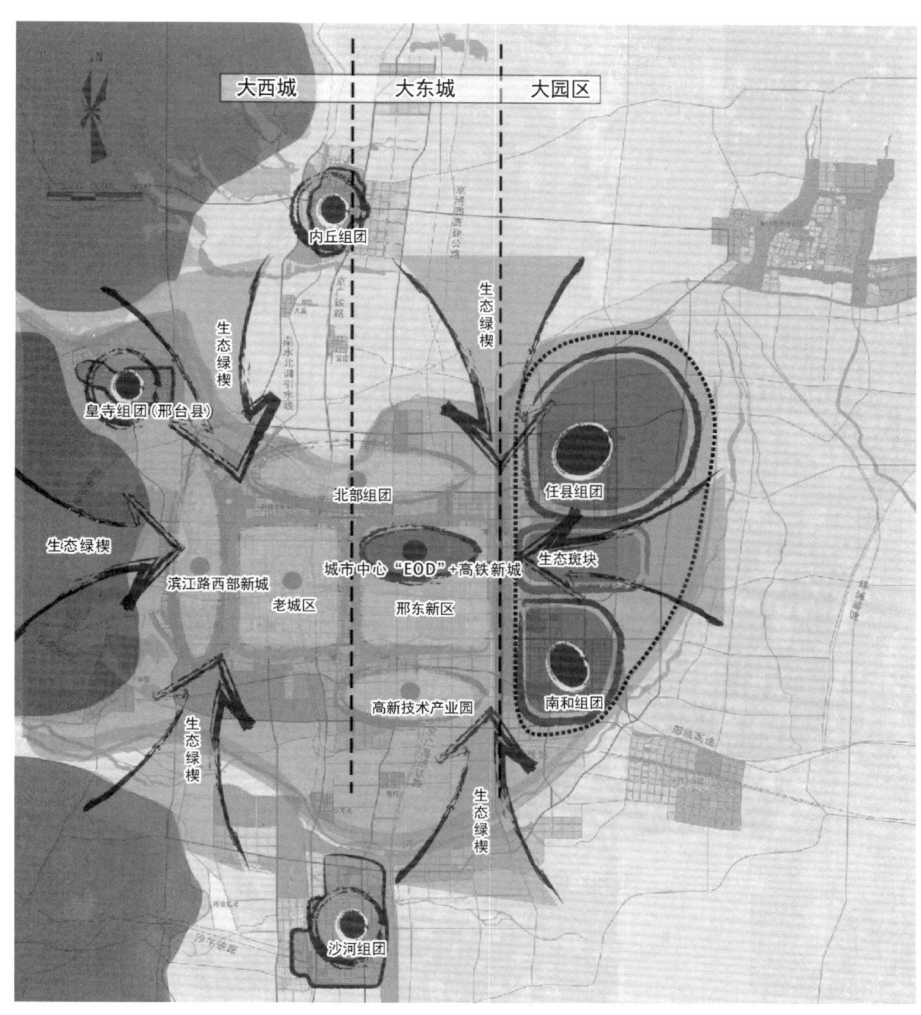

图6-1 大城区战略空间结构

2. 三大产业空间区域

（1）主体产业集聚区：将南和、任县作为主城区的两大产城融合组团，分别引领城市东北和东南两大产业布局空间，两大产城组团通过中间的生态绿地和组团路网联系，整合为一个大产业园区，与邢东新区相互支撑。

（2）高新技术产业园：考虑到开发区在先进制造业、新能源产业、传统产业方面已有的发展基础，将开发区原有的产业区独立出来，打造成高新技术产业园。

（3）城市外围的工业组团：部分二类工业和城区重化产业向外迁移，布置到滏阳和东三召两个工业区，滏阳和东三召也可以作为两个相对独立的工业组团发展。

3. 五大外围产城组团布局

(1) 皇寺(邢台县)组团：将邢台县新城区放在皇寺镇，综合发展科教、旅游、休闲度假和生态产业，作为一个独立的组团发展，恢复邢台县古时候的名称龙岗区。其以东部分分别划入桥西区、桥东区和邢东新区。

(2) 内丘组团：虽然内丘自身发展现状与《市辖区设置标准(征求意见稿)》的要求尚有一段距离，且内丘现状产业主要为钢及钢制品、煤及煤化工、水泥建材，环境污染较为严重，对自身和中心城区都有一定污染，撤县设区有利于其调整产业结构、完善城市功能和改善生态环境。因此，内丘也可作为一个独立的区划组团发展，通过市一级政府统一协调，借力主城区市级要素和政策来发展相对落后的区级组团。

(3) 沙河组团：沙河具有很好的经济发展基础，基本达到《市辖区设置标准(征求意见稿)》的要求，其撤县设区将对邢台市级财政有较大贡献。沙河作为一个独立的区划组团发展，远期可与主城区东南部产城融合区衔接靠近，将东部整合为一个大产业区。

(4) 滏阳组团：邢台市主城区外围东北部的滏阳组团规划为生态产业新城。建设高标准的省级经济开发区，打造黑龙港流域发展振兴示范平台，创建邢台市科学发展、绿色崛起的示范区。产业功能主要包括食品制造、装备制造。

(5) 东三召组团：位于邢临高速公路以南、赞南公路以东区域。该组团主要承接京津冀产业转移，中心城市钢铁、化工、水泥等重型企业的搬迁，以及引进的新兴产业，以新材料、装备制造为主。

6.2.5 战略大平台的构建

战略大平台的实质是通过产城融合的方式，在空间上、产业上、功能上，将邢台核心的发展战略和要素，通过一个具象的空间集中组织起来，取得战略首位度效应、空间首位度效应、城市首位度效应、产业首位度效应，形成一个引领整体发展的平台。

1. 战略大平台的基本内容

1) 空间构成

通过邢东新区这一城市级战略大平台的构建，尤其是上东新区EOD和高铁新城双核心引擎空间的联动，将邢东新区和老城区打造成东西向的城市综合发展轴(图6-2)，使得老城区与新区互为发展动力，实现空间上的耦合与互动。同时，邢台战略大平台体现出绿色发展的新理念，利用现有的山川、河流、林地、田园等资源，构建城市级的绿楔空间，为城市的发展提供生态活力。

2) 产业植入

(1) 大东城：创新驱动的城市现代服务产业发展集聚区。通过塌陷区、高铁区、开发区的组合发展，以创新驱动产业战略升级。大东城主要现代产业有总部经济、金融商务、新型都市商业、大商贸产业、现代物流产业、科技办公产业、服务外包产业等新型现代产业。

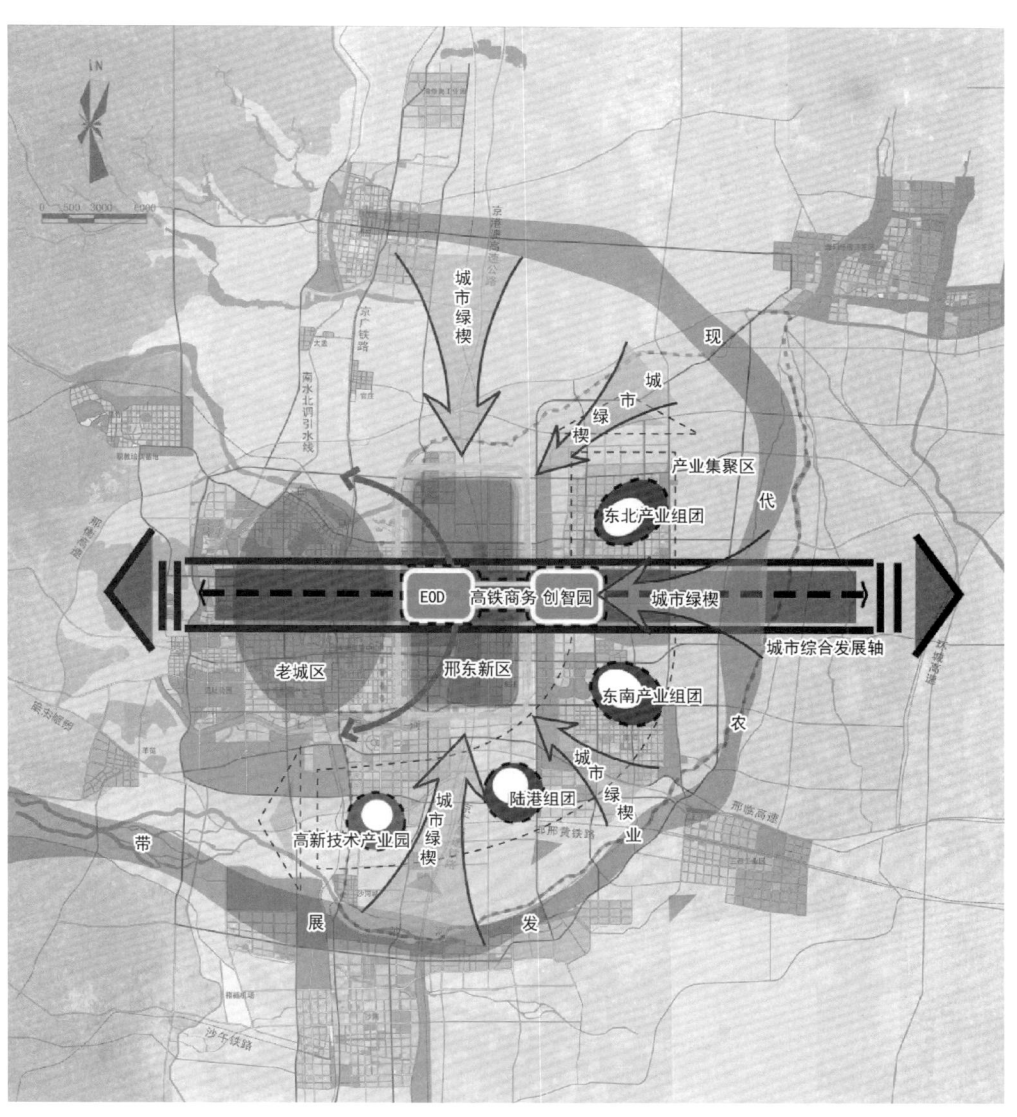

图 6-2 战略大平台空间结构

(2) 实体经济园区：城市战略新兴产业的集聚区。一方面，优化传统优势产业，推动建材、食品、纺织服装、医药化工等产业向产业链新兴环节发展；另一方面，立足于先进制造业、现代服务业、新能源产业，将原有的开发区产业园打造为高新技术产业园，积极推进服务外包产业、陆港枢纽产业、研发服务产业的发展。

(3) 京津冀产业协同发展产业区：积极培育新能源、新材料、高端装备制造等战略新兴产业，改造提升传统制造业，加快发展服务业，重点承接技术转移、配套生产环节。通过建立总部和制造基地、合作招商、共建园区等方式加强产业对接协作。

3) 内置产城平台

(1) 十大产业引擎：科技、文化、金融、市场、交通设施、人力资源、生产资料、企业基地、战略投资、生态环境。

(2) 18 大产业平台项目：人才港、生态科技港、无水港、高新科技产业区、中央活力区、高铁新城、东城 EOD、龙岗新区、上东片区、京津产业转移基地、总部经济区、大商贸区、七里河休闲产业带、科教产业基地、文化创意基地、火车站商圈、呼叫中心、现代物流基地。

4) 核心抓手

大东城和大园区具有极为重要的战略意义,两区融合,可以整体融入京津冀协同发展的国家战略,成为与京津冀协作发展的一个大平台(图6-3),也是邢台大都市区"四化同步综合试验区"的产城融合大平台。该平台当前的核心抓手有：①EOD和高铁新城启动；②大产业园格局拉开；③高科技园区；④人才港；⑤无水港。

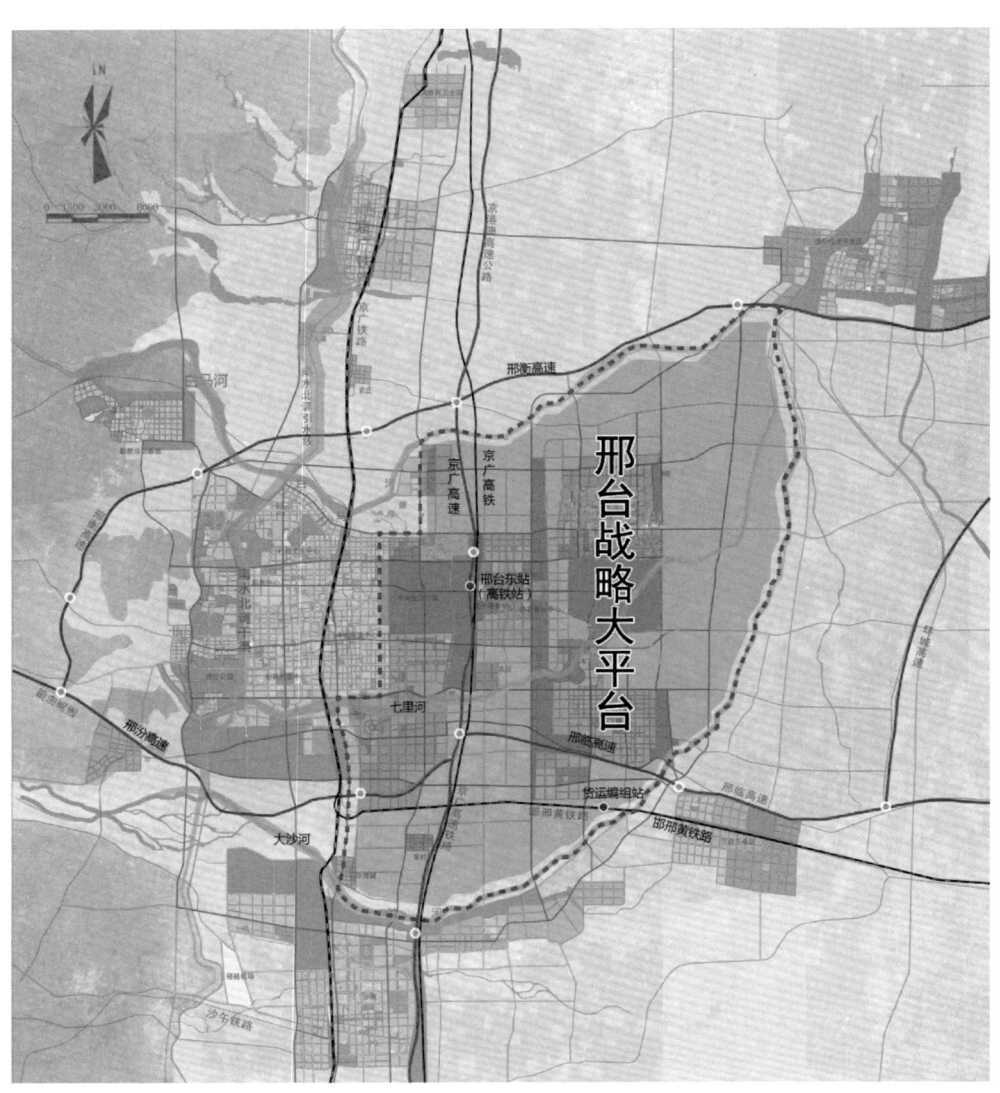

图6-3　邢台战略大平台

2. 战略大平台中的产业提升战略

1) 产业体系构建

立足于邢台的产业基础现实条件,充分考虑全球产业发展规律和国家产业发展方向,邢东新区战略大平台瞄准的核心产业主要是战略新兴产业和现代服务业两大类型。其中,战略新兴产业主要有高端装备制造、电子信息、节能环保、新能源、新材料五大产业；现代服务业主要有现代商贸业、现代物流业、金融业、会展与商务服务业、文化创意产业、旅游业六大产业。

2) 产业升级引擎

产业升级和发展的动力来源，一是科技平台力量，二是市场平台力量。城市的市场平台和科技平台就是产业引擎平台。邢台产业发展的十大产业引擎包括科技、文化、金融、市场、交通设施、人力资源、生产资料、企业基地、战略投资、生态环境（图6-4）。

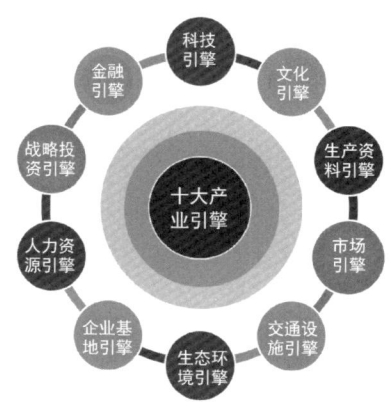

图6-4 十大产业引擎示意

3) 18大产业平台项目

产业发展不单要有产业引擎，还要把产业引擎以产业平台的方式组织起来，邢台的18大产业平台项目如表6-1所列。

表6-1　18大产业平台项目

序号	产业平台	内涵	案例借鉴
1	高铁新城	邢东新区的商务发展核心，邢台外向型经济门户，京津冀一体化对接的枢纽，加速京津冀人流、物流、信息流和金融流流通的商务平台	邯郸东部新区
2	东城EOD	集中商务办公、休闲商务、滨水休闲商业等功能的生态办公区，是邢东新区的生态商务中心	上海松江EOD
3	人才港	提供创新创业、高端人才乐业宜居的平台	上海浦东碧云社区
4	生态科技港	培育信息产业、服务外包，富有魅力的科技创新基地	合肥蜀山开发区
5	无水港	邢台参与京津冀国际化产业协作的内陆港口经济区，承担区域性物流集散、国际出口加工等国际化产业分工职能	宁夏石嘴山惠农无水港
6	高新科技产业区	科技创新、产业孵化，京津科技产业转移的承接区	杭州高新区
7	京津产业转移基地	培育新能源、新材料、高端装备制造等战略性新兴产业，建立制造基地，推行园区共建，承接、配套京津产业的分工协作发展和技术转移	廊坊永清开发区
8	总部经济区	商务办公、总部基地、研发基地	上海总部1号
9	大商贸区	专业化的市场集聚区	天津津滨大道现代商贸物流聚集区
10	七里河休闲产业带	通过商业、商务、餐饮娱乐、主题休闲度假、文教体育、居住等多元业态促进滨水休闲产业发展	沈阳五里河滨河产业带
11	中央活力区	邢东新区的综合服务核心，大力发展商业、商务、文化教育产业、公共服务业	苏州工业园区金鸡湖
12	龙岗新区	邢台西北部集行政、文化、商务、商贸、居住等功能于一体的新区	
13	上东片区	商业、度假休闲、宜居乐活的生态新区	唐山南湖城市中央生态公园
14	科教产业基地	形成以职业教育为中心的科教产业园区	

(续表)

序号	产业平台	内涵	案例借鉴
15	文化创意基地	结合历史文化遗址和邢钢现代工业文化,培育文化创意产业	上海宝山玻璃厂改造、上海杨浦区老厂房改造
16	火车站商圈	邢台老城区商业、商务中心	郑州火车站二七商圈
17	呼叫中心	电子商务、信息外包	合肥蜀山开发区
18	现代物流基地	重点提供城市生活消费品物流集散服务、专业化产品市场的集散服务、物流外包服务	上海青浦商贸物流区(包含吉盛伟邦国际家具村、奥特莱斯)

6.3 战略落位：以高铁枢纽和中央生态公园为支点,打造国际化邢东新区

邢东新区的规划面积达 380 平方千米,如此大的城市新区,必须要有空间动力支撑点,要有核心的产业,要有能带动整个新区的核心产业功能平台。在邢东新区的规划过程中,规划者将高铁枢纽和中央生态公园作为最重要的两个动力支点,进行国际化功能布局、战略产业选择和功能平台构建,并取得了较好的成效。

6.3.1 构建面向全球价值链的有核心竞争力的国际化新区

京津冀城市群正在国家战略推动下,向世界级城市群快速演进,邢台作为京津冀城市群南端的重要城市,曾经创造了辉煌的历史,如何快速融入这一全球城市网络之中,是其最大的战略命题。如果抓住了机遇,邢台市则可以成为京津冀世界级城市群网络上的价值节点,向功能性国际城市进阶;反之,则会被边缘化,成为无足轻重的普通城市。

城市竞争力框架理论显示,一个城市的战略性资源、战略性产业、战略性通道是城市硬实力中最重要的三方面。其中,战略性资源是决定城市发展水平、质量和速度的关键性因素,战略性通道是城市融入全球产业价值链的前提性基础条件,战略性产业则是城市实力的体现与产业保障。

1. 邢台的战略性资源

什么是当前邢台的战略性资源？显然,不再是 20 世纪邢台工业经济突飞猛进时期其所依靠的铁矿石、煤炭等资源禀赋,也不是重工业阶段所沉淀的工业资本。实际上,代表传统工业和落后产能的矿山、钢铁厂等,已经成为邢台城市向现代化、功能性国际城市进阶的沉重负担。原来的经济发展模式和资源依赖型发展路径,已经难以为继。在现代经济中,知识、人才、信息将取代矿产和重工业资本,成为决定邢台城市未来发展的战略性资源。

2. 邢台的战略性产业

战略性产业包括战略性支柱产业和战略性新兴产业。战略性支柱产业具有很

强的竞争优势,对经济发展具有重大贡献,对带动经济社会进步、提升综合国力具有重要的促进作用。战略性新兴产业更多地表现为具有市场需求前景,具备资源能耗低、带动系数大、就业机会多、综合效益好的特征。世界上的先进城市和国内的先进国际化城市的实践已经证明,包括生产性服务业和高价值端消费性服务业的现代服务业,是战略性产业的重要组成部分。但邢台的现代服务业发展羸弱,基本没有具有世界级竞争力的生产性服务业,能体现出国际化生活方式的高价值端消费性服务业也很欠缺。现代服务业的羸弱,导致了产业创新驱动力不足,战略性支柱产业和战略性新兴产业发展不起来;城市温度的匮乏,导致了创新要素难以集聚。无法从投入驱动转变为创新驱动,城市的发展已经遇到了瓶颈,迫切需要进行城市战略重构。邢台的传统产能,如钢铁、化工、建材等产能,已经足够大,但每一家单位的产能所蕴含的价值含量太低。在供给侧改革和市场需求的双重制约下,邢台现有的产业要扩张,几乎没有可能,也无必要,而应该进行价值的提升。而现代服务业,特别是生产性服务业,显然是驱动价值增长的关键产业,所以邢台要大力发展生产性服务业,推动工业生产附加值的提升。

全球经济时代,城市间的竞争实质是全球产业链(供应链)的竞争。在知识经济时代,核心竞争优势的获取,从产业门类上看,主要通过发展现代服务业(包括生产性服务业和高端的国际化消费性服务业)。发展现代服务业,一是可以实现产业结构的升级,服务业成为经济结构中的主体,先进城市的实践经验证明,服务经济已经替代传统的工业制造业,成为经济最重要的组成部分;二是以金融服务、信息服务、科技研发服务以及法律、咨询等为代表的第三方生产性服务业,对于提升现有传统产业的科技水平和竞争力,具有明显的推动作用。只有重点发展生产性服务业和高端消费性服务业,实现产业创新驱动,才能获得持续的国际竞争力。

当前,邢台的城市竞争力是不够的。从产业角度看,邢台当前的产业主要集中在资源要素上,基本上还是以传统的资源型产业为主导。2018 年,邢台市实现地区生产总值 2 150 亿元,其中第一产业增加值 265.42 亿元,第二产业增加值 876.76 亿元,第三产业增加值 1 008.58 亿元,全市人均生产总值 29 210 元。无论是从 GDP 总量指标还是人均指标看,在河北省内排名均处在后列。从产业结构看,第二产业中的钢铁冶金、化工、建材、纺织、日用陶瓷是传统主导产业;服务业 GDP 虽然超过了第二产业,但其主要构成是房地产开发,是阶段性的,得益于难以持续的城市化红利。这样的产业结构,在供给侧改革的大政策背景下,使邢台经济发展后劲不足。在全国范围内看,邢台不仅在代表未来发展方向的战略性新兴产业上毫无建树,即便是在传统的钢铁、化工、纺织等行业内,也因为产品技术含量低、竞争力不强、附加值低等原因,面临极大的发展挑战。即便是这些产业,也主要分布在邢台下辖的市县中,邢台的主城区其实并不具备产业优势。

在这样的背景下,邢台迫切需要一个战略性的机遇,一个能引领邢台由资源驱动走向创新驱动、价值驱动和投资驱动的战略性平台。这个战略性平台必须要有快速连接战略性通道的基础性条件,必须要有国际化的产业和功能承载空间,必须能快速获取城市群乃至全球产业链上的高质量产业资源,在产业上能更聚焦现代生产性服务业和消费性服务业的高价值端,聚焦现代服务业这一高级形态的产业内容,必须能为市域内传统产业的转型升级、提升产业素质提供强大的科研、创新和第三方服务。毫无疑问,这样的战略使命由邢东新区来承担,是最符合经济逻辑的。与邢台老城区相比,邢东新区有高铁通道,有足够的空间承载国际化的城市功能,并且是价值洼地,无传统产能的历史负担。

3. 邢台的战略性通道

何谓战略性通道?战略性通道就是以战略性区位优势为依托,以港口、航空、公路、铁路等现代化、立体化的综合交通体系为基础,构建的资源要素流通和产业梯度转移通道。战略通道不仅仅是"通道",更是一种枢纽能力,更是一种服务能力,有着强大丰富的产业内涵。

高铁时代是邢台的重大战略机遇。高铁是一种战略性通道,能将城市快速连接到全球城市网络体系中去,从而为城市获取全球范围内的高端人才、商务流提供便利条件。基于新的战略性通道机遇,设立新区,将其打造成为集聚国际创新要素的平台,而不仅仅是一个通道,才是将可能性变为现实的关键一步。国内已有多个类似的城市实践,如上海围绕虹桥国际交通枢纽,打造了大虹桥国际商务区,通过国家会展中心、虹桥天地国际消费中心、虹桥国际商务区等平台的建设,使得虹桥这个始于20世纪80年代的上海对外开放高地,实现国际化高端要素的集聚,摆脱了曾经的颓废,走向了新的高度,成为上海落实习近平总书记"更高水平对外开放"的重要抓手。依托交通枢纽建设国际功能新区的还有郑州高铁枢纽新城、杭州东站高铁枢纽新城等,它们都通过集聚国际创新要素,成为城市发展的新增长极平台,成为城市发展的新亮点、新名片、新引擎。

邢台借力京沪高铁邢台东站设立邢东新区,这是将邢台纳入京津冀区域协同发展的抓手,同时也是使邢台融入全球城市网络体系、进一步推进城市国际化的重要举措。京沪高铁邢台东站,为邢台打通了一条快速连接以北京为核心的京津冀世界级城市群的战略通道。通过京沪高铁,邢台到北京的时间从原来的四五个小时,缩短至最快两个小时,到石家庄更是公交化通勤在半个小时内。快速交通为北京、天津、石家庄这些京津冀城市群区域内主要城市的商务、信息和人才等创新驱动要素向邢台的流动提供了便捷的战略性通道。

依托京沪高铁战略通道而建的邢东新区,不仅是一个要素流动的通道节点,更是一个产业梯度转移的平台。它有着更为丰富的产业内涵和城市功能内容,它是邢台未来发展的产业增长极和空间增长极。要承担起产业增长极的历史使命,就决定了邢东新区一定要以现代服务业(包括金融、商务、科学研发等现代生产性服务业和消费性服务业的高价值端)为主,这样才能为邢台产业结构的优化,以及邢台现有传统产业的升级提供动力。根据对世界先进城市和国内成功的城市新区的案例研究,我们发现,一座城市的现代功能平台包括金融商务战略新平台、奥体商务博览平台、枢纽平台、公共服务平台、科创平台、会展博览城、国际旅游度假区、国际会议中心等。这些平台都以集聚国际化的高端创新要素为目的,平台建设上坚持绿色化、高端化、集约化、国际化标准。邢东新区也将被打造成邢台现代服务业产业发展和城市功能进阶的平台。

6.3.2 邢东新区的动力支点一：高铁新城

1. 高铁新区功能和产业定位的规律性经验

通过对国内外成功的高铁新区详尽的案例分析，可总结出一些高铁新区功能和产业培植中的规律性经验，以供邢东新区的高铁新城片区借鉴。相关案例研究主要从产业配置规律、功能配置规律、空间布局特征、布局发展模式四个方面进行。

1）产业配置规律

通过对河北省七个高铁新区产业配置规律的研究发现，它们普遍以现代金融服务业、商业服务、会展博览服务业、交通运输和物流服务业、房地产业、娱乐和消费服务业、科研服务等现代服务业为主（表6-2）。部分高铁新区，如保定、邯郸、沧州和正定的高铁新区，还规划了相当比例的工业制造基地作为其发展现代智能制造的功能平台。

表6-2　　河北省高铁新区的产业配置

区位	交通运输和物流服务业	商业服务	现代金融服务业	房地产业	教育服务	文化创意产业	体育服务	科研服务	旅游产业	会展博览服务业	娱乐和消费服务业	工业制造
石家庄	√	√	√	√		√				√	√	
正定	√	√	√	√				√			√	√
保定	√	√	√			√		√	√		√	√
邯郸	√	√	√	√	√			√		√	√	√
沧州	√	√	√	√				√	√	√	√	√
唐山	√	√	√	√				√		√	√	
承德	√	√	√	√					√	√	√	

2）功能配置规律

由表6-3可见，高铁新区功能配置通常具有三个主要特征：一是功能配置以提升城市首位度为目的，主动与区域经济接轨，借助枢纽发展区域商贸，成为带动经济的引擎；二是高端人流、知识和文化交往集聚，都市文化、创新、旅游与商业核心功能相结合；三是这些高铁新区通常是区域总部经济功能转移的空间，吸纳以区域为服务市场的企业总部。

表6-3　　河北省高铁新区的功能配置

区位	行政办公	商务办公	商业贸易	金融	会议展示	文化休闲	高等教育	科研	居住生活	产业园区
石家庄		√	√	√		√			√	
正定		√	√			√		√	√	√
保定		√	√	√	√	√		√	√	√
邯郸	√	√	√	√	√	√		√	√	√
沧州	√	√	√	√	√	√	√	√	√	√

(续表)

区位	行政办公	商务办公	商业贸易	金融	会议展示	文化休闲	高等教育	科研	居住生活	产业园区
唐山		√	√	√	√	√			√	
承德		√	√	√		√	√	√	√	

成功的高铁新区带来的大客流能促进城市现代服务业,实现创新科研功能的集聚,主要表现在区域层面的综合商贸服务、消费型和生活型服务、生产型商业服务、科研教育服务及房地产居住功能(图6-5)。

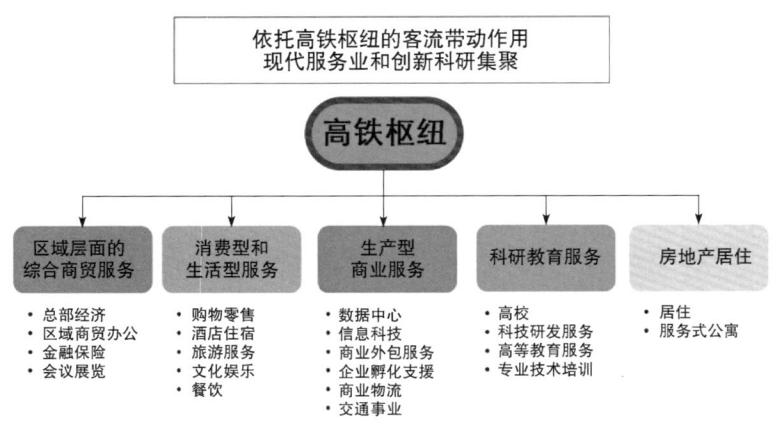

图6-5 河北省高铁新区功能构成示意

3) 空间布局特征

高铁新区空间布局特征主要表现在三个方面:一是用地与交通枢纽的融合采用多种模式,实现立体化多层次的交通汇集与疏导;二是强调15分钟枢纽连接的空间范围,利用快速连接扩大枢纽经济的带动作用;三是紧凑的多功能设计促使人流集聚,步行优先的综合环境有效集聚经济活动。

4) 布局发展模式

高铁枢纽圈层带动发展模式,即高铁新区空间布局发展模式主要为圈层带动发展,以高铁为核心,向外依次为核心层、核心配套层、关联产业层(图6-6和表6-4)。

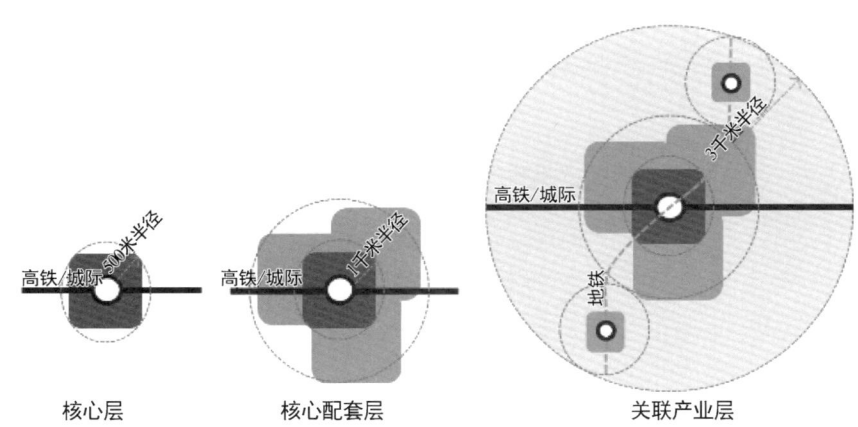

图6-6 高铁枢纽圈层带动发展模式示意

表 6-4　　　　　　　　　　　高铁枢纽圈层带动发展模式

内容	核心层	核心配套层	关联产业层
交通模式	步行	步行＋自动步道＋自行车	轨道交通＋区内公交＋自行车
核心距离	500米半径范围内	1千米半径范围内	3千米半径范围内
占地规模	约1平方千米	约5平方千米	25～30平方千米
主要功能	高铁枢纽,购物、餐饮,金融,商贸办公,星级酒店,会议及商务服务	总部商务办公、商务服务办公、连锁经济旅馆、服务式公寓、文化娱乐表演场馆、住宅房地产	商业后勤及外包服务、住宅房地产、大型专业会展交易、科技研发教育、旅游及创意文化

高铁枢纽圈层直接与间接地影响城市的功能分布。高铁枢纽圈层的功能分布以核心层为圆心,向外呈抛物线递减,将以高铁枢纽活动为市场方向的功能紧贴高铁核心层布置,受惠于高铁枢纽的关联产业与区域辐射产业安置于外圈层。

2. 高铁新城的产业选择和功能平台

1) 高铁新城的主导产业选择

作为邢东新区启动区和动力支点,高铁新城产业选择的重点是与国际化生产方式、产业分工规律以及代表国际化生活方式相吻合的现代服务业,包括现代生产性服务业和消费性服务业的高价值端。

发展现代生产性服务业的重点是支持现代物流、信息服务、服务外包、金融、科技服务、商务会展等重点行业集聚发展,关键抓手在于创建现代生产性服务业集聚区。

发展消费性服务业高价值端产业,重点有六个方面：一是高水平的医疗、养老、体育服务。邢台这些行业发展相对滞后,总量供给不足。以体育产业为例,虽然体育基础设施等硬件建设近年来有明显改善,但体育赛事服务尤其是能承接国际化赛事的服务体系不健全、职业体育发展滞后,难以满足居民对体育服务和体育文化消费的需求。迄今为止,邢台尚没有一个国家级的体育赛事联赛俱乐部。二是酒店服务业,这是一个理应最具国际化标准的窗口行业,邢台的高星级酒店数量很少,几乎没有一家国际化的酒店品牌。邢台要走向国际化,迫切需要引进数家国际化酒店品牌,提升酒店服务业的国际化水平。三是国际化的消费购物设施。高铁新城可以利用国家的自贸试验区政策和跨境电子商务政策红利,引进高端国外商品贸易保税店,引入世界的高端商品和新兴消费性服务。四是文化旅游业。邢台具有悠久的历史和丰富的旅游文化资源,要切实将旅游资源变成旅游产业的生产力。高铁新城有条件在国际旅游的接待能力、旅游服务标准国际化等方面作为全市的标杆。五是文化创意产业,高铁新城可以成为历史文化和现代创意文化融合的标杆。六是发展高水平的房地产服务业,建设宜居宜业的国际化社区及其配套,包括国际社区、国际医院、国际娱乐和体育设施这样的城市平台,为邢台吸引国际和国内高端创新创业人才安居乐业,创造出宜居宜业的环境和设施。

2) 高铁新城的主要产业功能平台

高铁新城的主要产业功能平台如表6-5所列。

表 6-5　　　　　　　　邢东新区高铁新城的主要产业功能平台

	产业平台	主要项目构成
生产性服务业平台	国际会展平台 (以面向国际的大型综合性展览为主)	国际会展中心及会展湖区
	国际会议会务平台 (以主题性国际会议与论坛,以及面向国际交往与公共事务的大型会议为主,同时也有商务型会议)	1. 国际会展博览中心; 2. 滨湖酒店群; 3. 会议会务配套的文化设施
	国际化商务平台 (高铁新城的中央商务区和总部经济区)	1. 城市地标大厦; 2. 生产性服务办公区; 3. 酒店及公寓; 4. 企业总部集聚区; 5. 高端商务综合体
	公共服务平台 (融入全球生活方式的公共服务和满足城市日常生活的公共服务,都要求具有国际化服务水准)	1. 邢东新区的政务服务中心; 2. 公共文化设施; 3. 国际学校; 4. 国际医院; 5. 医院、学校等公共服务设施
	科创平台 (科学知识城、科技园)	1. 科技研发中心; 2. 企业孵化中心; 3. 开放性实验室; 4. 创智基地; 5. 人才港; 6. 生产力促进中心; 7. 科研成果转化基地; 8. 知识产权交易中心
	物流与贸易平台	1. 国际商贸城; 2. 电子商务园区
	信息服务平台 (公共信息平台、信息技术产业服务平台、基础电信服务平台)	1. 公共服务信息港; 2. 信息科技园; 3. 电子产品市场; 4. 信息产业中心
生活性服务业平台	国际化购物中心	1. 购物中心; 2. 商业街
	国际化旅游服务平台	1. 国际化旅游酒店; 2. 国际化度假功能平台; 3. 国际化文化旅游平台
	国际化体育运动和赛事活动平台 (以国际赛事平台和国际化的公共体育服务为主)	奥体中心(自行车馆、体育场)
	国际化文化消费活动中心	文化体验消费水街

3. 主要项目的效果图和城市设计

1) 高铁枢纽

高铁是一种战略性通道,能将城市快速连接到全球城市网络体系中,从而为城市获取全球范围内的高端人才、商务流提供便利条件。基于新的战略性通道机遇,建设集聚国际创新要素的平台,其中最为关键的一步,或者说是基础性的设施,就是高铁枢纽。

邢台市高铁枢纽位于上东高铁核心区(图 6-7 和图 6-8),通过邢州大道、泉北大街、邢任公路、107 国道、东环路等十余条城市干道与老城、开发区和周边区县紧密相连。除了城市路网外,城际轨道将和高速铁路在此汇集成大规模的交通枢纽中心,承载枢纽设施、旅游集散、物流集散以及站前广场等多种功能。

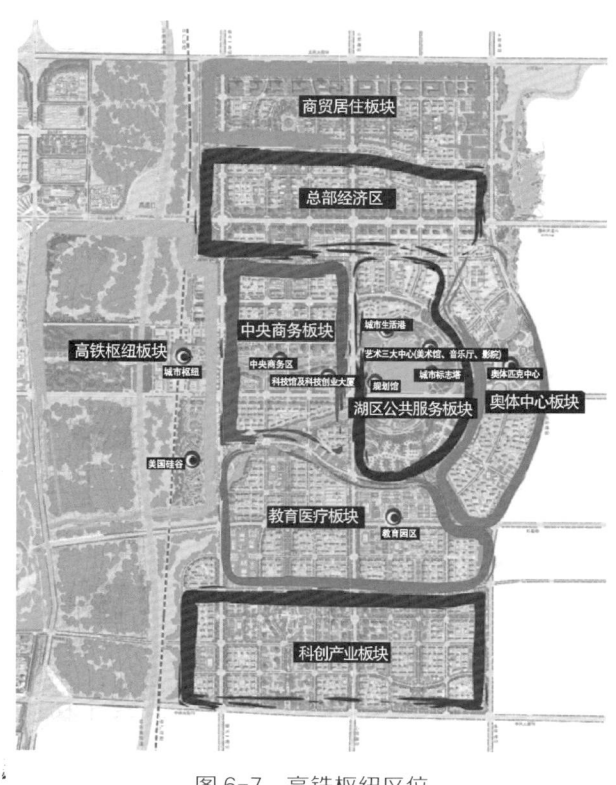

图 6-7 高铁枢纽区位

图 6-8 高铁枢纽效果图

邢东新区高铁枢纽在空间结构上,突出整体设计,实现东西连续(图6-9)。在原有东广场的基础上,将其扩大以提升城市形象;同时新建西广场,提高车站接待能力,以有效、快速地疏散旅客。地下通道把东、西广场紧密连接,促进东、西广场空间的联动,并延续至东华路入口广场,与中央生态公园紧密相连。

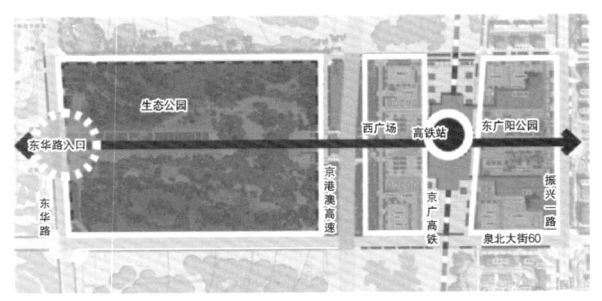

图 6-9　高铁枢纽空间结构分析

交通枢纽的关键在于实现快速无缝连接。国内很多高铁站点虽然对外可以将城市快速连接到国家交通大网络中,但由于高铁枢纽地处城市边缘地区甚至远郊区域,与城市内部和市域内部的交通衔接并不好,造成总体交通效率不高,乘客从市内来高铁站的时间过长,交通不畅。

为解决这一比较有普遍性的问题,邢东新区高铁枢纽选址距离邢台中心城区很近,并且通过枢纽联系专用道、邢东新区内部的大环路、快速公交走廊三个途径,来实现高铁枢纽与中心城区、开发区和市域县市的快速联系。

2) 高铁中央商务区

中央商务区是一座城市现代化的象征与标志,是城市的功能核心,是城市经济、科技、文化的密集区,集中了大量的金融、商贸、文化、服务功能,以及大量的商务办公、酒店、公寓等设施。

邢东新区的中央商务区(图 6-10)总占地面积为 2.53 平方千米,东西长 1.3 千米,南北长 1.96 千米。中央商务区是邢东新区的启动区,规划有国际商务办公、金融商务、综合办公区,商业消费中心、中央活力港湾、滨水商业街等现代生产性服务业和高端消费性服务业的功能设施,另外,滨水生态绿地为中央商务区提供了生态环境优良的共享空间和交往活动场所。

(1) 空间结构

在大的空间结构规划上,邢东新区中央商务区最大的特点是以中央水湾这种张

(a) 沿河景观效果图

(b) 鸟瞰效果图

图 6-10 中央商务区效果图

弛有度的空间为核心,构建水面空间以及滨水生态绿化空间,并在沿线布局金融办公、商务办公等生产性服务业,以及高端商业、滨水高端消费设施和高星级酒店等高端消费性服务业设施(图 6-11)。这样的大空间结构,便于空间辐射延伸,形成邢台特色化的商务共享空间。

图 6-11 中央商务区总平面图

在空间关系上,中央商务区以构建东西连续空间、核心共享空间、东西轴线延展空间为要旨,向西联通高铁枢纽和中央生态公园,向东联系邢东新区的核心会展湖区和奥体中心(图6-12)。

图6-12 中央商务区与周边的空间关系

一个有活力的中央商务区需要一个有生态支撑并且具有经济活力的共享空间。对于邢东新区的中央商务区而言,依托滨水生态公园而塑造的中央活力港湾,就是最重要的共享空间。河流北侧以整齐的塔楼形成高层界面,沿河形成休闲亲水平台;南侧局部扩大,形成中央活力港湾(图6-13)。

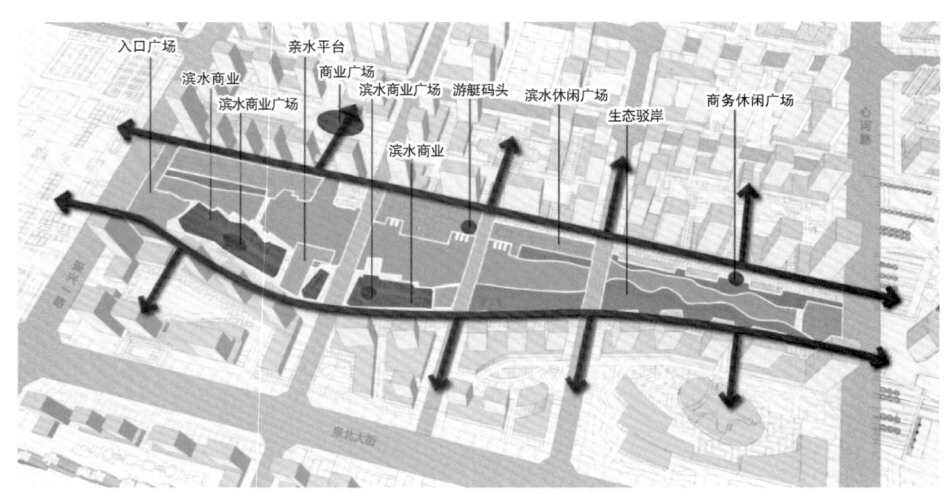

图6-13 中央商务区空间结构分析

在形成东西向的中央活力港湾共享空间后,为带动整个板块的发展,规划了南北向道路,以拉伸南北向空间。南北两侧依托中央共享空间,纵向延伸,将中央共享空间的带动效应扩散到整个中央商务区。

(2) 功能配置

中央商务区在功能配置上,规划了商业商务中心区、国际商务接待中心区、综合商务办公区、金融商务中心区、会馆商务综合区、中央活力港湾服务区六大核心功能区。采取功能街区空间模式,根据六大功能主题,形成商业广场、商务广场、金融花园、会馆花园、酒店花园、中央水街等街区共享空间。

在具体的业态和建筑功能方面,设置了高端商务公寓、高端休闲商业、精品休闲、大型商业中心、商务办公、退台水街、中央水景、商贸展销中心、滨水特色商业街、星级酒店、金融办公、信息保险、5A级办公等公共综合办公(图6-14)。

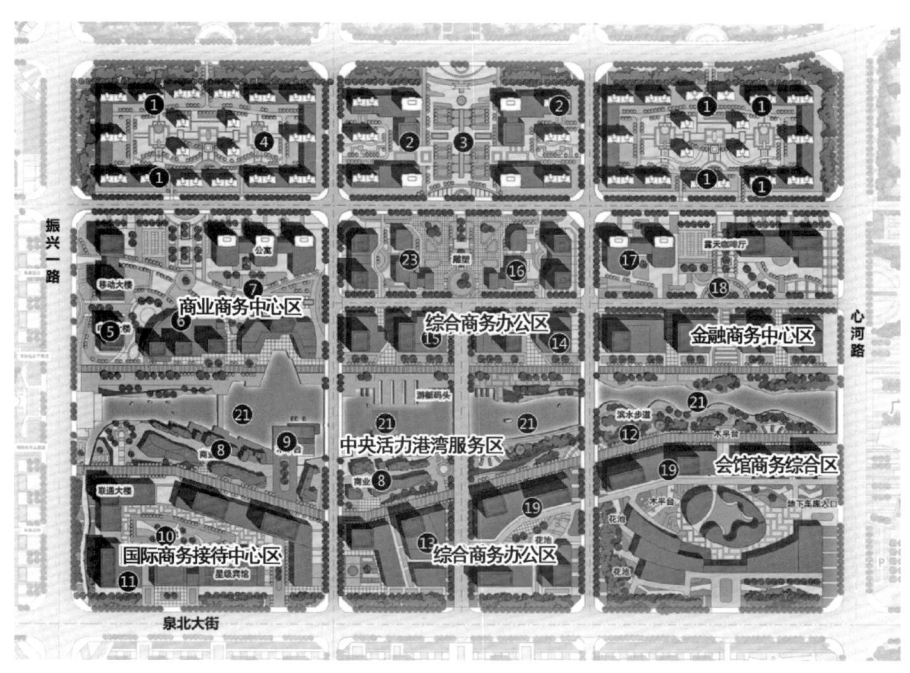

① 高端商务居住;② 休闲娱乐;③ 中央绿廊;④ 庭院绿化;⑤ 5A 写字楼;⑥ 城市综合体;
⑦ 商业休闲广场;⑧ 滨水休闲商业;⑨ 亲水平台;⑩ 酒店花园;⑪ 星级酒店;⑫ 生态驳岸;
⑬ 商务办公;⑭ 保险商务中心;⑮ 商贸展销中心;⑯ 金融商务中心;⑰ 信托证券;⑱ 商务公园;⑲ 写字楼;⑳ 科技馆;㉑ 中央水景。

图 6-14 中央商务区建筑功能

(3) 中央商务公园

中央商务区是一个信息、人才和经济活动高度集聚的区域。根据新空间地理学理论,在知识经济时代,中央商务区这种创新性要素高度集聚的区域,信息和知识的扩散、人际交往尤其需要开放式的共享空间。因此,在中央商务区中规划了中央商务公园,总用地25公顷,水面9公顷,滨水建设了生态公园、滨水步道、亲水平台等设施(图6-15)。

以中央活力港湾为中心的水街,规划为商业街区,为城市的高端人口提供购物、休闲、体验消费等服务。水街作为区域的消费中心,增添了周边商务办公建筑群的活力。

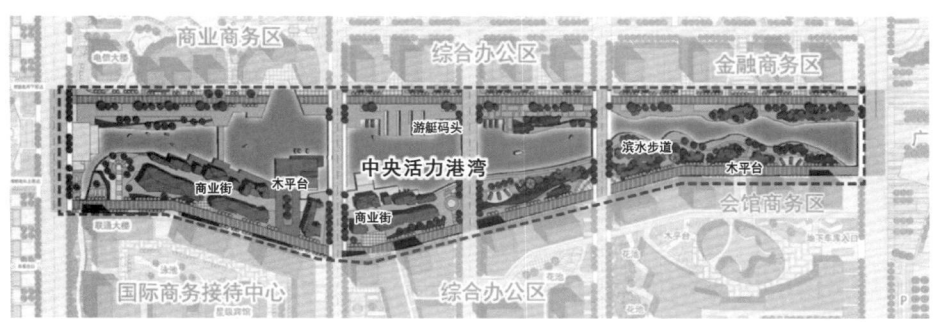

图 6-15 中央商务公园总平面图

(4) 城市综合服务区

中央商务区是邢东新区的启动板块，新区的建设和管理主体是邢东新区管委会，它对于新区的建设和管理有着非常重要的意义。因此，在中央商务区内规划了城市综合服务区，主体职能是行政服务，并规划有总部办公。城市综合服务区总占地 0.19 平方千米，东西长 430 米，南北长 450 米。它将成为战略平台核心功能区南北发展轴的空间支点（图 6-16）。

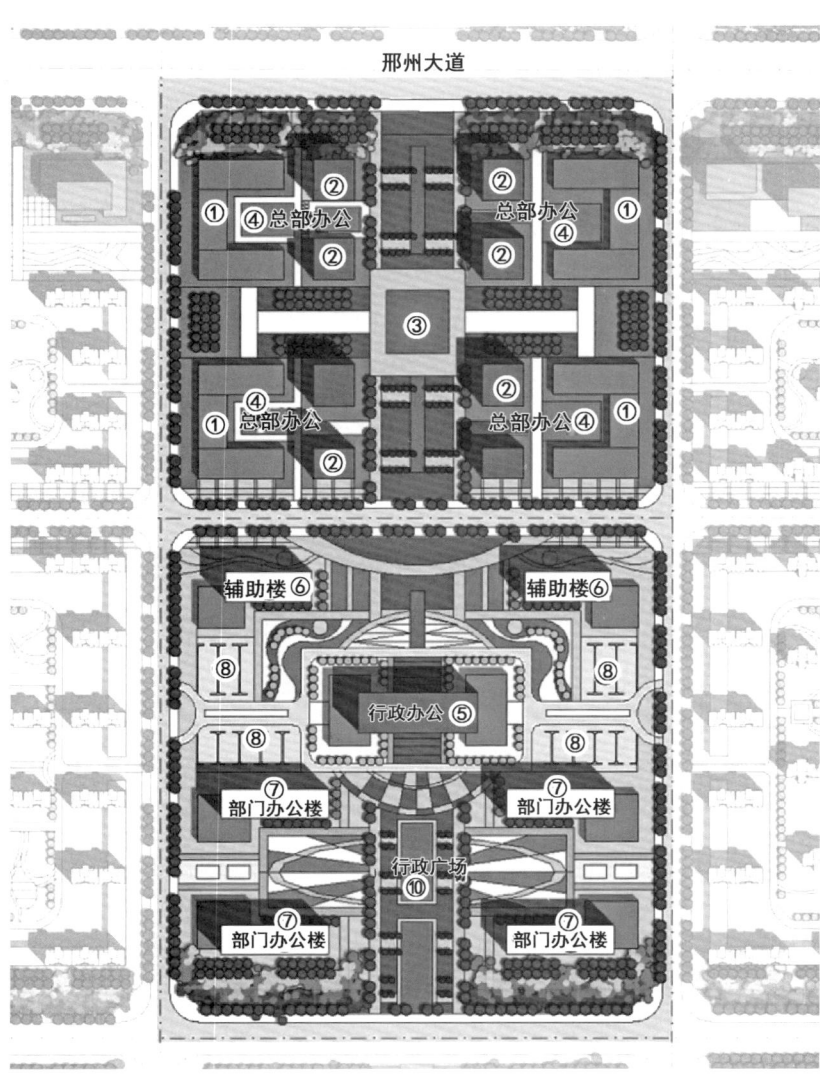

① 商务花园办公；② 独栋花园办公；③ 总部花园办公；④ 庭院绿化；⑤ 公共服务中心；
⑥ 辅助楼；⑦ 部门办公楼；⑧ 停车场；⑨ 市民广场。

图 6-16 城市综合服务区总平面图

3) 会展湖区

会展在现代经济中起着越来越重要的作用。国际会展本身就是国际专业人才、创新性产品和服务、行业技术发展前沿信息和商务流信息的汇聚，对于城市的创新性发展转型具有极其重要的作用。同时，会展能极大地促进商贸活动，会展经济活动会衍生出大量的商贸机会，从而促进贸易、投资、金融和技术发展。

会展湖区是邢台这个京津冀世界级城市群内的国际功能性城市走向国际的一

个重要功能载体。随着城市群内各个城市的发展,城市群内部走向了扁平化的分工格局。一些原来只有核心城市才能承担的功能,比如国际会议、国际交往、国际商贸会展等功能,现在也可以由城市群内的次级城市来承担,次级城市与核心城市通过分工协作,共同承担城市群的功能。

在整体布局理念上,会展湖区围绕中央湖区形成会展博览中心、城市标志塔、滨湖广场、会务接待中心四大国际化功能区,构建邢东新区核心引擎平台,总用地面积为128.6公顷。通过延续横向轴线,强化国际商务、国际赛事的东西推力;通过做强纵向轴线,国际会展与国际会议形成南北空间张力;中央商务区与湖区通过广场形成轴线视廊,东部布局标志塔,塑造新区的城市地标与湖区景观核心(图6-17和图6-18)。

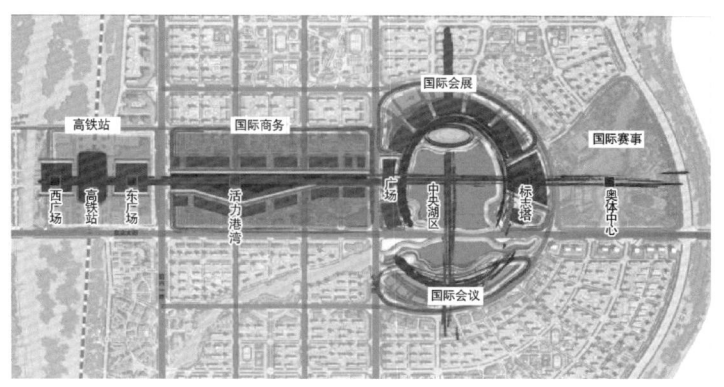

图6-17 会展湖区功能分区

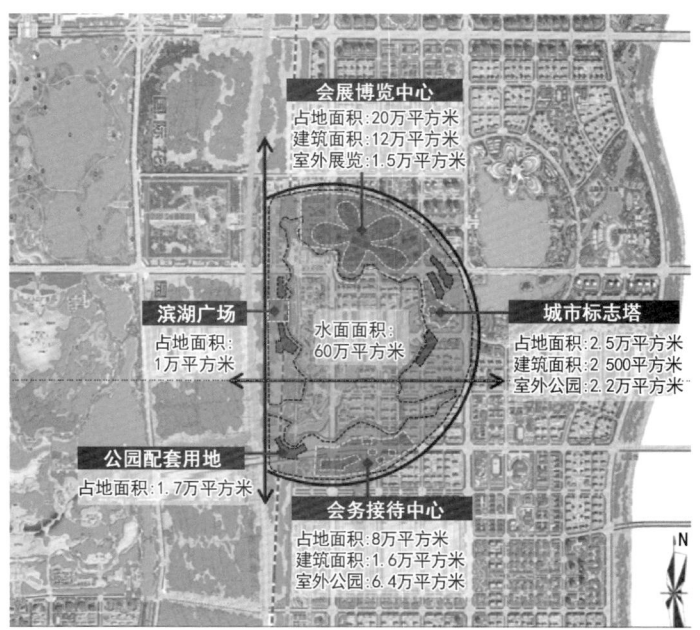

图6-18 会展湖区功能配置规模

(1) 会展博览中心

会展博览中心是邢东新区启动区内一个非常重要的项目,建筑占地面积为20公顷。会展博览中心要具有国际化的功能和形象,因此对于共享空间非常重视。

会展博览中心要与湖区景观环境一体化,因此将建筑与邢东新区的人工湖相结合。

在总体布局上,主入口广场设置在北侧环湖路,三个主题展馆和会展主题会议酒店临湖呈花瓣状展开(图6-19),建筑取得了亲水的空间景观效果。会展博览中心的功能面积配比如下:展厅占48%,会议占33%,室外展馆占10%,其他占9%。

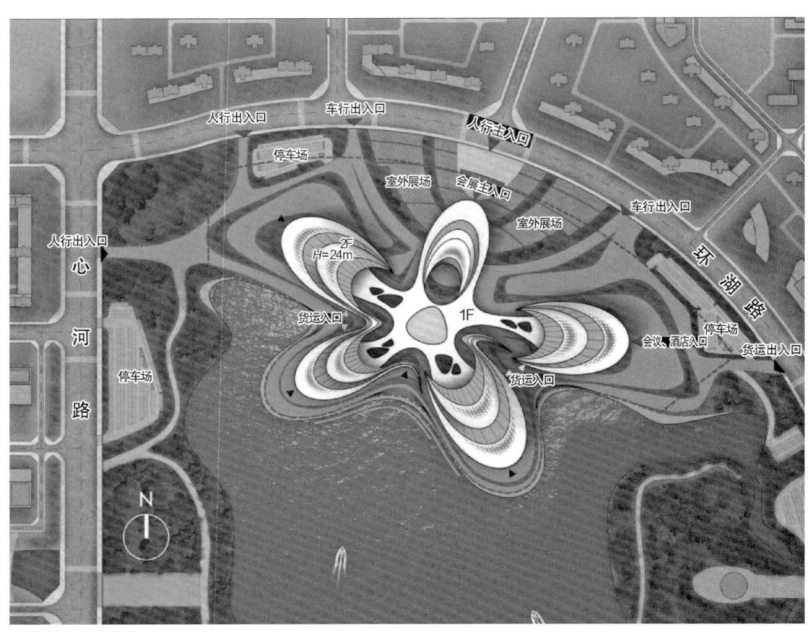

图6-19　会展博览中心总平面图

在建筑设计方面,会展博览中心采取了未来主义风格的造型理念,并结合邢台地处太行山的地域文化特征,将太行花开这一形象作为最主要的建筑构思方向。如同太行花盛开的建筑临湖形成柔美形态,具有全方位观赏性,沿城市环湖路的观湖视线也不受影响。该方案灵动、柔美,建筑第五立面犹如太行花的千叶厚瓣一层一层地绽放。方案突破传统会展建筑的排列式结构,以花瓣般的自然有机形态融入湖区环境,不仅不会对湖区景观空间造成挤压,还可以形成视觉焦点和对景,犹如一朵盛开在湖畔的太行之花,以立体而唯美的姿态展现出邢襄地大物博的底蕴(图6-20和图6-21)。

图6-20　会展博览中心湖区鸟瞰效果图

图 6-21　会展博览中心主入口广场鸟瞰效果图

(2) 城市标志塔

城市标志塔位于邢东新区会展湖区东侧，会展博览中心东南侧。会展博览中心自然起伏的山脉形态与城市标志塔挺拔优雅的身姿共同形成了连绵起伏的太行山脉意向式的城市天际线(图 6-22)。

图 6-22　太行山脉的设计理念

古塔是中国古代的高层建筑，样式精美，结构精巧，是建筑技术和艺术的集大成者(图 6-23)。在东方文化中，塔的意义不仅仅局限于建筑学层面，它是集文化、景观和功能于一体的标志性建筑，记录了时代和历史的信息，承载了宗教、美学、哲学等诸多文化元素，是文化的载体和精神的象征。古塔既是高层建筑，又是文化建筑，更是城市景观标志性建筑。

图 6-23　古塔

提取邢台普彤塔的形体特征,将其作为超高层设计的建筑语言(图 6-24)。城市标志塔既体现出邢襄传统塔文化的精髓,又蕴含大礼大义文化、天人合一的传统哲学思想。它具有笔直挺拔的形体、下大上小的轮廓、层层出挑的密檐、八角形状的平面和高耸入云的塔尖(图 6-25)。会展博览中心与城市标志塔共同形成太行山水般的城市天际线,邢襄礼塔的概念又赋予超高层建筑深厚的文化内涵,以八边形古塔为原型的轮廓也使超高层易与环境产生对话和交流,具有浓郁的东方美学神韵。高耸而俊朗的塔楼造型,以玻璃和金属幕墙塑造鲜明的文化特色和时代特征。层层收分的密檐造型,充满韵律渐变的建筑学美。

图 6-24　邢襄礼塔的设计理念

图 6-25　城市标志塔效果图

6.3.3　邢东新区的动力支点二:巨型中央生态公园

1. 通过巨型中央生态公园构建城市可持续竞争力

每个立足于世界城市之林的都市,都有其独特的城市气质和城市风貌。城市气质和风貌是以城市的战略性特质空间为载体来体现的,如城市级的中央公园、广场等共享空间以及围绕这些共享空间构建的城市战略平台设施。但很遗憾的是，目前很多城市还停留在零敲碎打式的投入和建设阶段。由于缺乏真正的城市核心战略空间，城市还是将巨量的财政资源投在道路建设上，试图以道路旁的绿化空间，以及沿路布局的单独的、不成体系的商业设施来构建城市的客厅和消费中心，城市的风貌主要体现在道路上。城市风貌结构性的战略缺陷，致使城市未来的风貌建设事倍功半，难以取得突破，巨量资金的投入也未必能取得很好的效果。无论怎样在道路建设上投入、在城市外围投入，都无法展现一个充满现代城市空间的城市风貌，也无法有效构建城市的可持续竞争力。

中国的城市化迅猛发展，针对如何构建每个城市的特质，改变千城一面的现状，习近平总书记提出"看得见山、望得见水、记得住乡愁"，可将其作为中国城市走向世界的战略路线。在习近平总书记这一思想的指引下，厦门和杭州两座城市已经成为我国城市建设发展的样板城市。杭州的城市气质在于江南山水的灵动，运河、西湖、钱塘江是城市的血脉和灵魂。习近平总书记在浙江期间推动的西湖西进战略，将杭州从西湖时代推进到钱塘江时代，实现了城市特质空间规模和内涵的提升。厦门的筼筜湖滨海湾开发、拥湾发展，构建了厦门本岛的特质战略空间，从而改变了厦门这座城市的气质。

大山大水、巨型生态公园带来的不仅仅是美观，也不仅仅是宜居，它是城市软实力的重要组成部分，对城市的核心竞争力产生重要影响。在知识经济时代，资本、知识、人才和信息等高端创新要素是城市的战略性资源。战略性产业的发展乃至传统产业的升级，需要知识、人才和信息的支撑。而好的城市风貌，对于吸引、集聚高端人才具有非常重要的作用。一座城市的生态优势，已经成为其吸引国际高端人才的重要指标之一，生态即生产力。城市发展现代服务业，也需要具有良好城市风貌的空间和场所，因为现代服务业（包括高端消费性服务业和生产性服务业）强调人才要素的集聚和流动，这需要良好的交往空间。

邢东新区的城市功能平台需要有战略性的共享空间，需要有好的生态基底。这是先进城市的发展经验，也是有空间经济学学科依据的。现代服务业本质上是以创新性要素聚集为特征的产业，知识、信息的产生、溢出和传播以及利用，需要有足够的共享空间作为支撑。尤其是那些无法以数字化方式传播的隐性知识，如商务信息、技术创新，需要面对面沟通和频繁交流，有时甚至需要不同企业或不同行业之间进行交流，这就对共享空间提出了要求。

对于邢东新区而言，围绕大水面（包括人工湖面和自然水体）、城市中央公园、山体公园、自然河流水体等，规划建设国际会议中心、国际博览中心、中央商务区、文化创意空间和国际消费中心等，形成绿色化、高端化、国际化的共享空间，是未来构建能体现出城市核心竞争力的城市战略平台的方向和重点。

2. 中央生态公园片区的产业定位和功能平台

邢东新区中央生态公园片区的产业定位为生产性服务业和高端消费性服务业，主要产业功能平台如表7-6所列。

表 7-6　　邢东新区中央生态公园片区的主要产业功能平台

	产业平台	主要项目构成
生产性服务业平台	金融平台 (金融湾引领的金融综合功能区)	1. 国际金融中心(金融核心区); 2. 区域金融办公总部(银行、保险、担保等垂直机构); 3. 普惠金融大厦(企业投融资平台); 4. 金融商务中心(金融酒店、金融会议、商业服务); 5. 金融湾中央财富水岸
	国际会展平台 (以与旅游功能结合的文化型展览区,以及具有国际时尚和历史人文底蕴的文化创意展览为主)	1. 旅游文化村; 2. 名企展示及发布中心
	国际会议会务平台 (以主题性国际会议、论坛和商务型会议为主)	1. 邢襄文化论坛(常驻型世界级论坛); 2. 高端商务别墅(木屋); 3. 国宾馆; 4. 会议会务配套的文化设施
	国际化商务平台 (包括中央商务和总部经济)	1. 城市地标大厦; 2. 生产性服务办公区; 3. 酒店及公寓; 4. 企业总部集聚区; 5. 城市政务中心商务港(高端商务综合体)
	公共服务平台 (面向国际人群、融入全球生活方式的公共服务和满足城市日常生活的公共服务,二者都需要达到国际服务水准要求)	1. 大剧院、科技馆、美术馆、规划馆等文化艺术场馆; 2. 大型公共文化设施; 3. 国际学校; 4. 国际医院; 5. 市民中心、医院、学校等公共服务设施; 6. 群众艺术馆(青少年活动中心、妇女儿童活动中心等多馆合一)
	科创平台	1. 科技研发中心; 2. 创意产业和创智基地
生活性服务业平台	国际化购物中心	1. 购物中心; 2. 商业街
	国际化旅游服务平台	1. 国际化旅游主题园区(如自行车国际运动公园、儿童类主题园区); 2. 国际化度假功能平台; 3. 国际化文化旅游平台
	国际化体育运动和赛事活动平台 (包括国际赛事平台、国际化公共体育服务和全民体育中心等)	1. 体育公园(游泳馆、球类馆); 2. 国际化体育运动(国际高尔夫球练习场、环中央公园半马赛道、滨水步道、运动公园)
	国际化文化消费活动中心	1. 中央文化区; 2. 历史街区; 3. 工业遗产

3. 中央生态公园片区的功能分析

1) 功能定位

邢东新区中央生态公园片区定位为集辐射邢台大城区的生态办公区(Ecological Office District,EOD)、面向京津冀城市群的城市游憩商业区(Tourism Business District,TBD)、引领邢台城市生活的中央文化区(Central Culture District,CCD)、服务邢台产业转型升级的开放多元街区(Commercial Residential District,CRD)四大功能区于一体的综合区(图 6-26)。

图 6-26 中央生态公园片区的功能定位

(1) 生态办公区

生态办公区往往在郊区的山水环抱之中,低密度,个性化,拥有自然、健康、绿色的空间环境。生态办公区的主要特征是以现代农业、主题公园、田园水系为生态基底,以高端商务服务、公共旅游服务、公共文化艺术、休闲养老度假、健康产业经济、休闲商业、游览经济等为相关配套功能。一般而言,生态办公区具有现代农业、高端商务服务、公共旅游服务、游览产业经济、休闲商业、主题公园、休闲养老度假、公共文化艺术、健康产业经济等九大功能。

(2) 城市游憩商业区

城市游憩商业区是从休闲商务区(Recreational Business District,RBD)的概念中延伸出来的,专属于城市旅游的。1993年由盖茨最早提出。城市游憩商业区是以旅游者或者游憩者(包括城市居民中的游憩者)为导向的、旅游吸引物和服务十分集中的区域,以购物、观光、游憩、餐饮四大功能为主导功能。

近年来的城市规划和建设实践中,位于郊区的城市游憩商业区日渐成为空间布局的新趋势。城市中心区由于受到环境、人口密度、地价等条件的约束,市区的游憩商业区往往依托有着特殊历史积淀的区域(如上海城隍庙)、现代标志性场所(如上海人民广场)以及大型综合娱乐设施而建。相对而言,城市郊区地带空间较为开阔,环境较好,地价相对较低,例如上海就在郊区建设了位于青浦的奥特莱斯、位于浦东机场附近的奕欧来上海购物村。

(3) 开放多元街区

开放多元街区即城市型商业与城市公寓相结合的城市街区形式(图6-27)。开放多元街区的主要特征有三个:一是商业和城市公共空间具有开放性,商业不仅为社区居民提供配套服务,还作为区域配套,将商业公共空间还给城市;二是住宅造型公建化,城市公寓性住宅以小房型为主,服务对象为年轻的白领,立面形象接近城市公建,大气、整体;三是街区具有复合功能,不仅具有商业、住宅功能,同时引入高级会所、健身、酒吧等娱乐功能,形成集购物、居住、娱乐于一体的城市型居住模式。

(a) 公建化的造型设计(台北 Sky City Tower)　　(b) 开放的城市公共空间(北京当代 MOMA)

(c) 具有复合功能的充满活力的生活街区(成都中海格林威治城)　　(d) 开放的配套商业服务于城市(沈阳万科城)

图 6-27　开放多元街区的典型案例

(4) 中央文化区

中央文化区是指当经济发展到一定阶段,位于城市中心地带,并具有一流城市生活配套、高尚人文内涵和优美生态环境的居住区域(图 6-28)。中央文化区的主要特征有三个:一是具有高度的功能复合性,中央文化区由若干功能区组成,可满足城市主流人群集中居住、消费、娱乐、教育的需求;二是以体现城市文化底蕴、展示历史风貌特色为主要特征,布局城市文化休闲功能,集中展示城市历史人文特点;三是以文化旅游为价值核心,旅游观光与城市功能相结合。

(a) 武汉中央文化区

(b) 纽约的曼哈顿中央花园

(c) 巴黎的香榭丽舍大道

图 6-28 中央文化区的典型案例

2) 功能布局

中央生态公园片区两大核心起步区、三条界面、四大轴线引领四大组团联动（图 6-29）。

(1) 两起步区：东侧城市门户迎宾起步区、西侧四河汇聚文化起步区。

(2) 三条界面：邢州大道现代商务界面、襄都路城市服务界面、中兴大街综合商务界面。

(3) 四大轴线：泉北大街空间拓展主轴、邢州大道迎宾商务轴、牛尾河蓝色空间联系轴、中兴东大街商住活力功能轴。

图 6-29 中央生态公园片区的功能布局

(4) 四大组团：中央战略特质空间——EOD，北部迎宾商务游憩——TBD，西部主城文脉延伸——CCD，南部产城活力提升——CRD。

4. 中央生态公园的战略空间构建

中央生态公园处在上东塌陷区（图 6-30 和图 6-31）。历史上采煤形成的塌陷区无法进行高强度的建设活动，适合建设中央生态公园。同时，上东塌陷区位于南水北调、七里河、白马河、大产业园等城市战略资源的空间中心,巨型公园可以为周边开发提供很好的生态基底和共享空间。

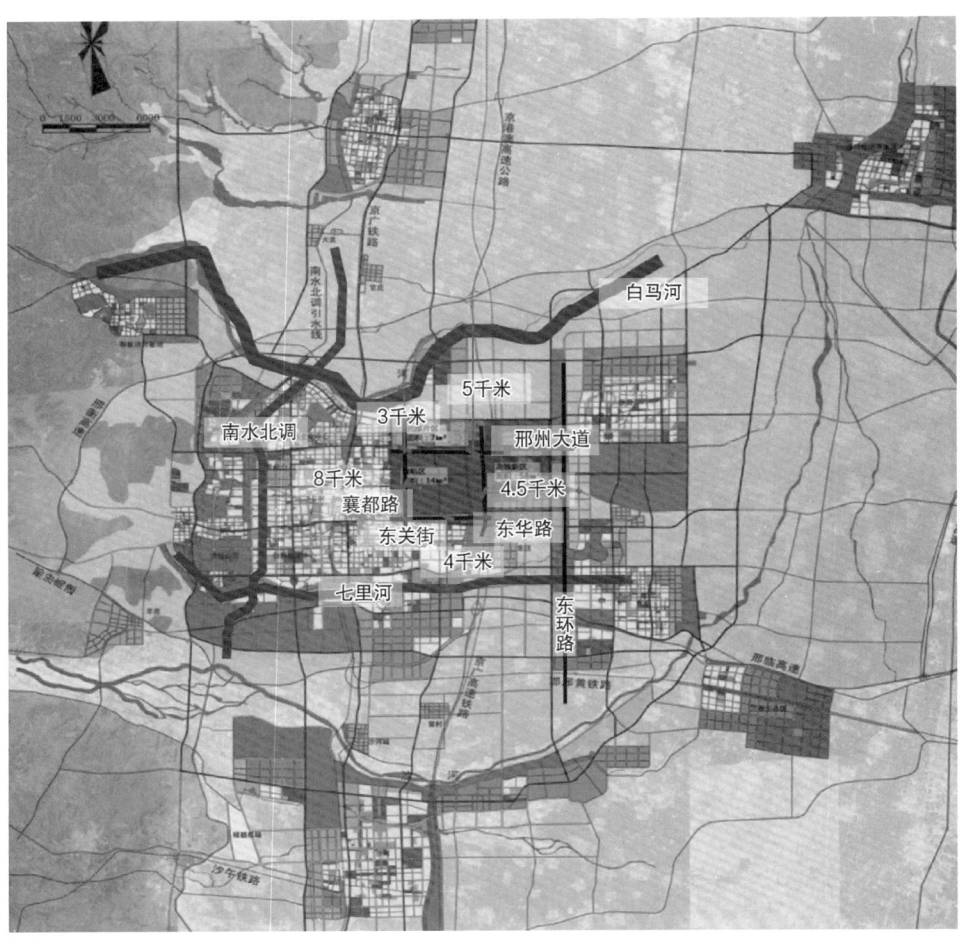

图6-30 上东塌陷区位置

图6-31 上东塌陷区范围

塌陷区总用地约23 170亩(1亩≈667平方米),其中基本农田3 674亩,一般农田10 940亩,建设用地4 213亩(934亩村庄＋1 815亩工厂企业＋246亩新建安置区＋1 218亩剩余建设用地)。塌陷区现状共有12个村庄,拟分别通过搬迁、保留改造为民俗文化村,增加生活配套和绿化景观,以及改造为都市农庄三种方式改造。

在中央公园的空间构建上,采用中国式风景园林＋现代城市公共空间的设计方法。以现代城市空间设计为基础,融入东方风景园林的构建方法,形成"山、水、湿地、河湾、园、林、湖、岛"的空间形态。

在宏观尺度上,打造大山水格局,形成大空间结构。具体而言,以河道景观为第一层次空间;利用土方构筑微地形,形成第二层次空间;以丘陵、山地、高地地形为第三层次空间,拉开竖向空间层次。按照习近平总书记"望得见水、看得见山、记得住乡愁"的要求,保护山水格局,创造人与自然和谐共处的区域环境景观风貌。

在中观尺度上,以两湖八湾(图6-32)为自然分界线,形成十个组团空间。两湖即邢襄湖和紫金湖。两大湖泊现状有较大的水面,而且联系着区域内的主要水系河道。围绕邢襄湖、紫金湖两大湖泊,建设大型城市公园和绿地,将片区的生态环境系统、景观环境系统大大提升,使之成为城市内耀眼有价值的开发片区。以若思塘、子陪湾、祖乙湖、广平塘、扁鹊湾、仲谦塘、魏公塘、果老湾为代表的八大水湾作为水系统的有机组成部分,其作用一是作为水系的节点,为水系循环提供一个储藏的节点;二是成为公园系统的节点,沿着八大水湾而建的园林,为周边市民提供了活动场所和休憩空间,成为区域大园林系统的重要组成部分。

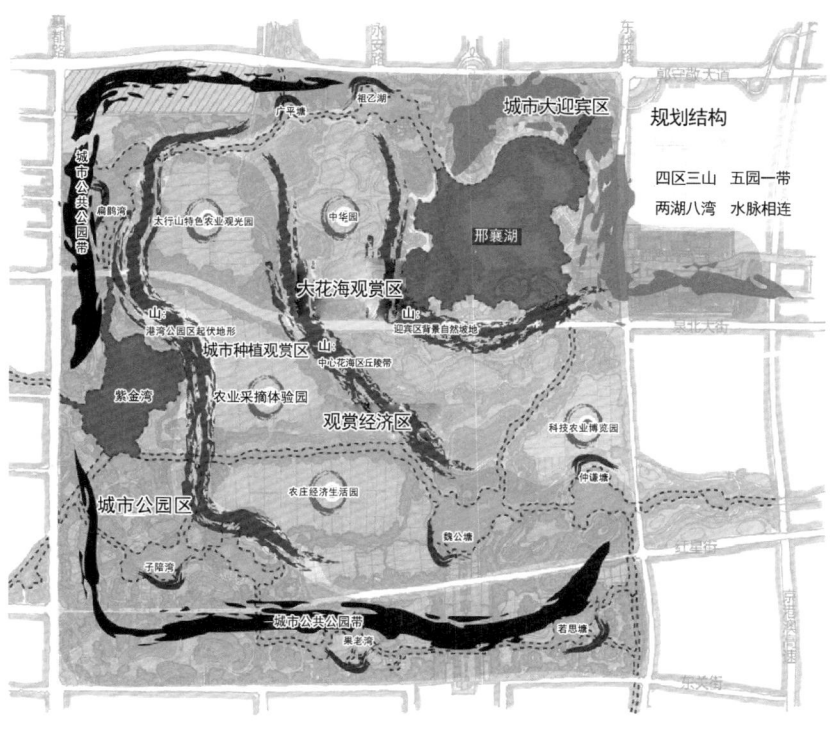

图6-32 两湖八湾

在微观尺度上,构建现代场所、文化园林,形成场所空间。围绕港汊湖湾形成各类主题公园,比如以人文、运动、养生、休闲、娱乐、观赏等为主题的广场、公园。

构建中央生态公园,并利用轴线与广场打开城市空间,将公园向城市渗透(图6-33)。城市应该是面向公园,而不是包围公园。为了让公园的景观更多、更好、更深入地渗透到城市内部空间中去,规划采取的主要手段如下:一是在公园周边以轴线、广场和节点的形式,建立起公园景观与城市空间的联系通道,将公园的景观价值、生态价值引入城市空间;二是规划好公园周边地块的开发强度,尤其是开发高度,避免一个城市建筑圈层就把公园包围起来的尴尬。

图6-33 公园向城市渗透

中央生态公园与周边空间建立起良性的互动关系。中央生态公园通过三大界面,多条主次轴线向外辐射,带动整个中央活力区。三大界面即邢州大道现代商务界面、襄都路城市服务界面、中兴大街综合商务界面。北部主轴包括打通北部组团岗地资源与中央生态公园的主轴通道,对接迎宾湖入口的主轴线,以及与东华路文化艺术主轴线衔接。南部主轴包括对接管委会市民广场的主轴线、与东关河生态联系的主轴线、信都路城市生活休闲的主轴线。西部主轴包括泉北大街东西向城市空间主轴、牛尾河都市时尚水街主轴、围寨河历史水街主轴。东部主轴包括联系高铁的主轴线通道、红星街辐射科创产业空间的主轴线。

5. 主要项目的效果图和城市设计

1) 市民中心

市民中心位于邢东新区西北方向,中央生态公园北侧,即邢州大道以北、兴东街以东、信德路以西、金泉大街以南的地块（图6-34）。其主要功能包括市民公园、市民服务大厅、市民广场、大剧院、科技馆及文化广场用地等，整体用地54.07公顷。

图6-34　市民中心区位

项目整体规划布局呈南北向空间序列展开，主次关系清晰，结构紧凑，以此构建城市轴线空间格局。其中，北部的市民公园以绿色生态为主题，中部的市民广场以鼎力盛世为主题，南部的大剧院、科技馆和文化广场以日月璞辉为主题，南端的百泉竞流广场以城市之窗为主题，形成层层向外打开的广场空间序列（图6-35和图6-36）。

图6-35　市民中心空间格局

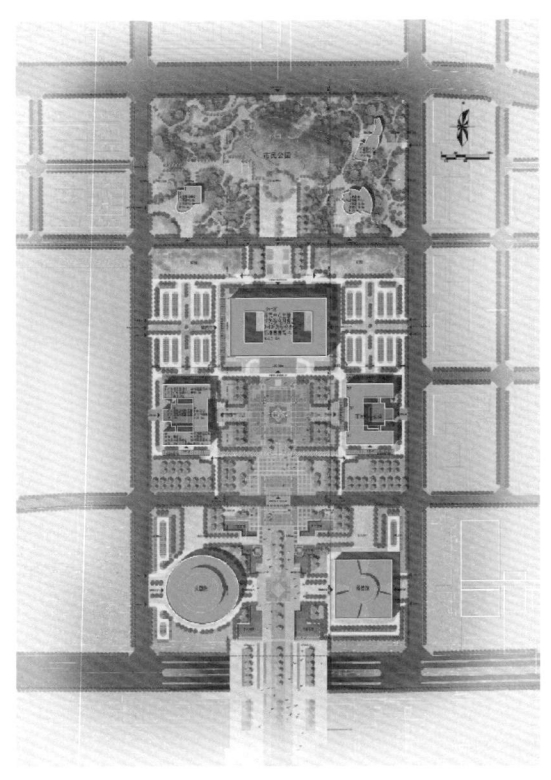

图 6-36 市民中心总平面图

平面及景观设计方面,市民中心强调功能与整体规划的融合。北侧市民公园以自然休闲为主,大尺度的自然景观与小尺度景观空间紧密结合,成为市民生活的后花园。南侧市民广场以硬质文化铺地结合树阵景观,强调广场的仪式感和文化气息,成为邢台对外展示的窗口(图 6-37 和图 6-38)。

图 6-37 市民中心南侧广场空间效果图

图 6-38　市民中心整体夜景效果图

在建筑设计方面，市民中心主楼与部门办公楼的建筑造型以"鼎"为设计原型，通过抽象、提炼、转化等手法，在现代简洁的整体造型中融入传统中式建筑元素，将中式建筑的基座、主体、屋顶三部分尺度和比例进行转译，通过现代建筑语言把邢台地域文化特色演绎出来（图6-39）。

图 6-39　市民中心主楼与部门办公楼的建筑意象

经过设计研究发现，两个相似的造型组合会由于形态趋同而减弱城市空间的活力和建筑本身的标志性。因此，设计从方圆组合的经典模式出发，以"和而不同"的造型组合理念塑造出科技馆和大剧院的建筑形态（图6-40和图6-41），营造出刚柔相济、相得益彰的城市空间效果。

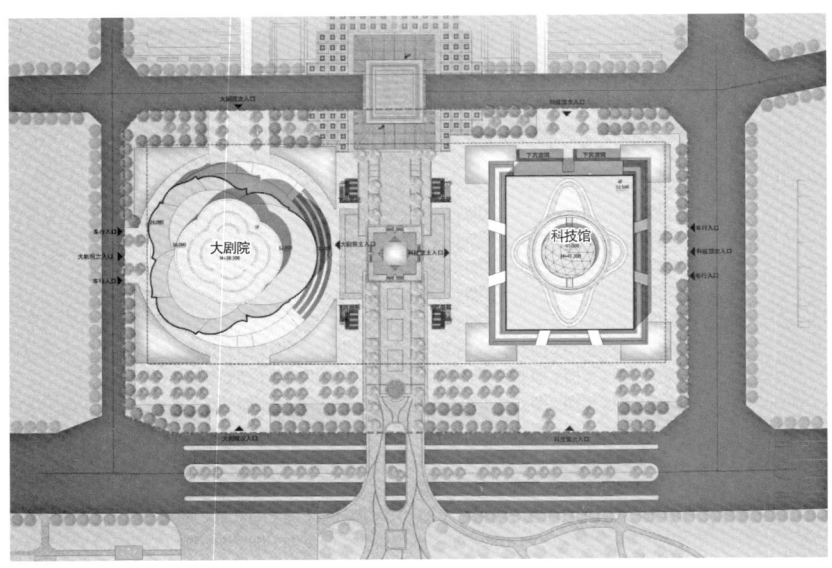

图 6-40 大剧院和科技馆总平面图

图 6-41 大剧院和科技馆效果图

科技馆将"方圆广宇"作为创作理念,从郭守敬探索宇宙的视角来定位科技馆的空间,以天圆地方的宇宙观和哲学观来进行科技馆建筑形体的塑造。科技馆的造型传达出雄浑的力量感,136米边长的方形展厅体量象征广袤大地,雄浑的上部造型与底部轻盈的玻璃形成虚实对比(图6-42),产生极具力量感的外观视觉冲击力。前卫的科技感是科技馆外形的重要特征,主立面上层层线条犹如太行山的巨石纹理,发出银色的广宇科技之光,寓意着几千年的科技知识层层积淀,待后人探索。建筑立面采用水平向金属条和玻璃幕墙,点缀带状幕墙灯光,渲染出浓郁的未来气息(图6-43)。作为城市客厅,科技馆恢宏的主入口空间(图6-44)大气而震撼,可通过灯光投影各种天体景象,产生强大的视觉吸引力,激发文化广场的空间活力,同时与大剧院主入口遥相呼应,产生积极的空间对话。中央的圆球形大厅象征广宇苍穹(图6-45),向郭守敬等先贤们探索宇宙的成就致敬,激励着当代人仰望星空、不断进取。

图 6-42 "方圆广宇"的科技馆

图 6-43 科技馆立面造型

图 6-44 科技馆主入口

图 6-45 科技馆中央圆球形大厅

大剧院将"锦绣太行"作为创作理念,从太行山珍稀物种太行花和邢台市花月季的形态中抽象和提炼出"盛开和绽放"的建筑意象,塑造出栩栩如生的大剧院形象(图6-46),展现出非凡的艺术气质,寓意着邢台城市的文化发展繁花似锦。大剧院的造型设计达到了国际化水准,外立面采用微曲面的金属和玻璃幕墙(图6-47),塑造动感活泼且具有艺术魅力的演艺建筑标志性形象,而内部结构主体则相对规则,技术上容易实现。具有浓郁艺术气息的大剧院反映出东方美学的思想,传统美学与现代材料结合,经典审美与流行趋势结合,把民族的演绎为世界的。不同时段和节庆假日,通过灯光和色彩的变化,大剧院呈现出多姿多彩的外观效果,动态地盛开,绚丽地绽放,十分唯美和炫酷(图6-48)。大剧院平时端庄素雅,节庆时雍容华丽,成为城市最为绚丽华贵的艺术殿堂。

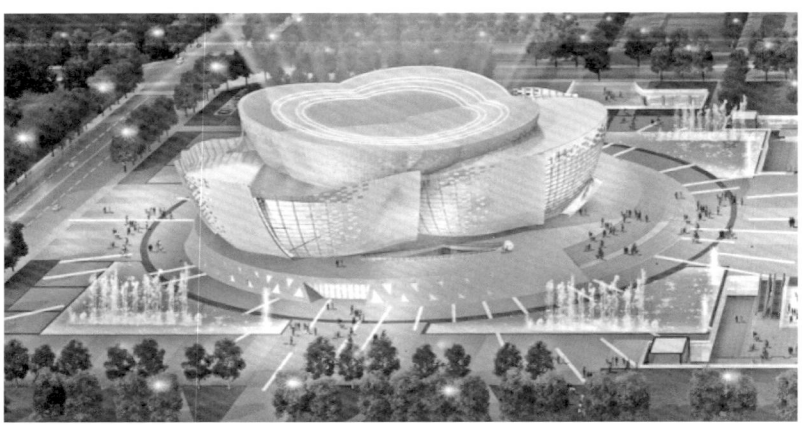

图6-46 "锦绣太行"的大剧院

图6-47 大剧院的外立面造型

图6-48 大剧院的节庆假日效果

2) 金融中心

金融中心项目位于邢东新区西北方向、中央生态公园北侧、金融湾南侧（图6-49）。项目具体位于邢州大道以北、松柏路以东、财富湾以南的地块，用地面积约24.8公顷。

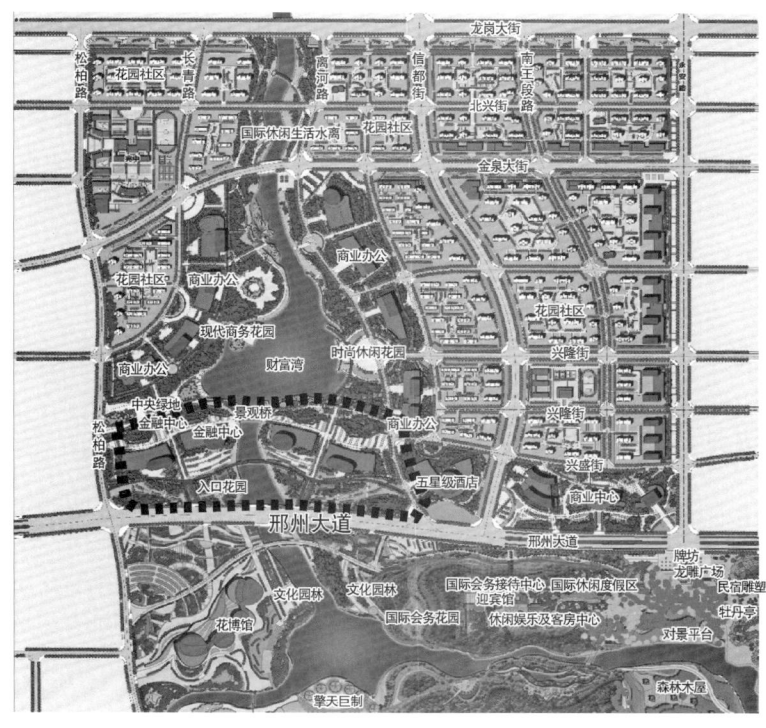

图6-49　金融中心区位

在设计理念方面，金融中心面朝中央生态公园，横跨环城水系，形成城市双塔地标（图6-50）。以"太行山水画卷，城市金融双塔"为设计概念，将两座超高层建筑确

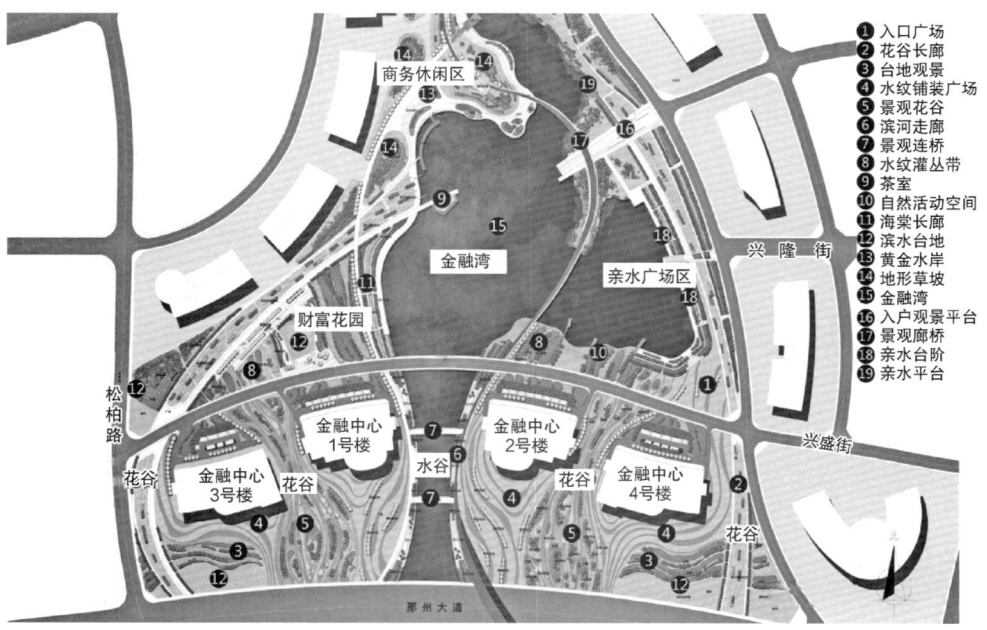

图6-50　金融中心总平面图

立为地标性双子塔,四座建筑组成太行山体画卷。东环城水系寓意太行之水,与南侧大生态组成一体,寓意完整的太行山水城市文化理念。具有东方山水美学的建筑与中央生态公园的大湖面融为一体,营造现代、生态的金融办公建筑群,成为邢台城市中一幅诗意盎然的城市山水画卷。

在建筑布局方面,打造城市特色地标,强调城市空间界面构图的稳定,建筑群体与金融湾走势相呼应,同时全方位考虑城市大空间视角,往北可远眺白马河、往西可远眺太行山(图6-51)。此外,现代生态流线型的建筑形态既有着建筑美学,又有利于结构抗风。塔楼圆润的形态减小了风阻,提高了高层塔楼的抗风能力,减小了建筑摆幅,有利于提高结构的安全性和经济性。

图6-51 沿邢州大道的金融中心效果图

3)郭守敬纪念馆与游客服务中心项目

郭守敬纪念馆与游客服务中心项目位于邢州大道与东华路的交叉口(图6-52)。

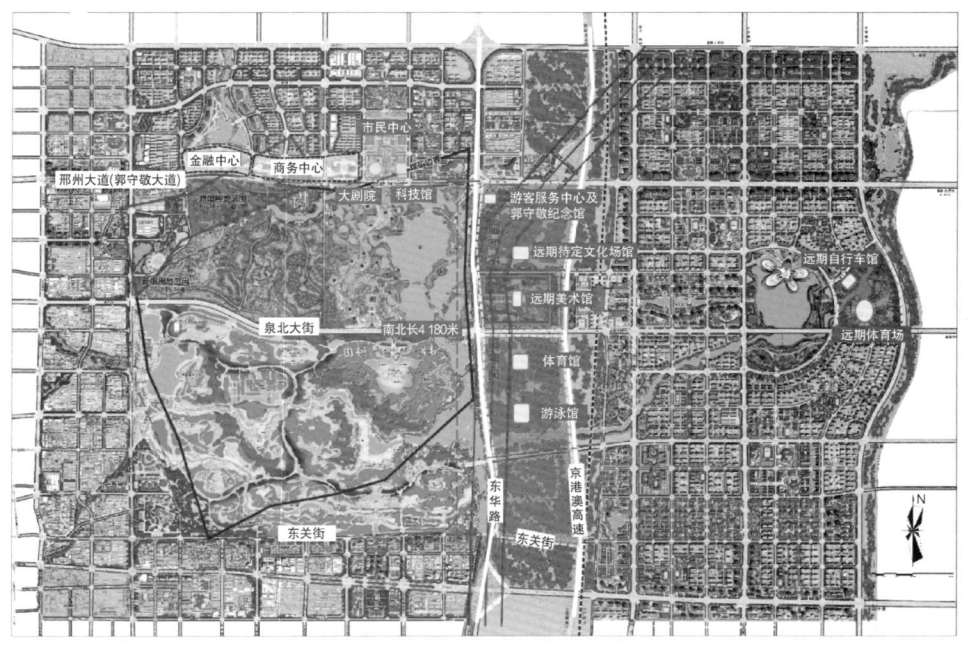

图6-52 郭守敬纪念馆与游客服务中心区位

作为一个游客服务中心,在规划上重点考虑如何融入东华路公共服务带,成为整个公共服务平台功能序列的有机组成部分,发挥城市产业平台效应。为了节约成本并提高建筑的利用效率,采取功能复合理念,将游客服务中心与郭守敬纪念馆合建(图6-53和图6-54),有利于功能互补,优势叠加,提高人气和场馆的利用率。

图6-53　郭守敬纪念馆与游客服务中心总平面图

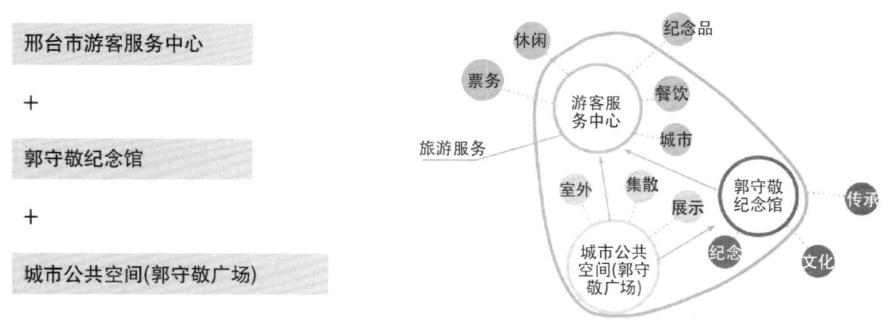

图6-54　郭守敬纪念馆与游客服务中心功能组成

在城市风貌理念方面,规划将游客服务中心的外向性和郭守敬纪念馆的文化性结合,从国际化和本土化两个方面打造城市入口的风貌展示标志点(图6-55和图6-56)。在设计理念方面,以观象台、紫金山脉和紫金书院为原型,提炼升华,强调建筑的可识别性与文化延续性。同时,建筑硬朗的形体寓意着"国之基石"的概念,彰显郭守敬在历史上的卓越成就。

图 6-55　郭守敬纪念馆与游客服务中心总体鸟瞰图

图 6-56　郭守敬纪念馆与游客服务中心入口透视图

秦皇岛西港区
——一流国际旅游功能性城市的中央功能区

7.1 关于秦皇岛发展的重大战略思考

7.2 以城定港——西港区的发展方向

7.3 西港区的战略定位——世界级国际旅游城市中央功能区

7.4 秦皇岛的产业分析与引擎平台

7.5 西港区的城市功能定位

7.6 西港区功能规划

7.7 西港区城市设计九大要点

秦皇岛是我国重要的对外贸易口岸,也是世界最大的煤炭输出港,是我国北煤南运的主要战略通道,以新开河为界分为东、西两个港区。西港区是老港区,与主城区仅一条铁路之隔,主要进行煤炭运输作业。随着经济的发展,西港区成了提升城市功能和形象、提高人民生活质量等的桎梏。为此,从2000年开始,秦皇岛政府就开始筹划西港东迁战略,要将原来的煤炭港口作业区打造成为新的城市功能区,使西港区让位于城市整体发展。

旅游业一直是秦皇岛的主导产业。在新的历史时期,为推动秦皇岛的进一步高质量发展,河北省委、省政府以及秦皇岛市委、市政府提出,秦皇岛要对标国际水准,全力打造京津冀世界级城市群特色节点城市,加快建设国际一流旅游城市。秦皇岛的旅游业被推升到更高的战略地位和国际水准。一流的国际旅游城市,迫切需要一个强有力的、具有国际水准的国际旅游功能区,西港区具有优越的区位、良好的基础设施、高质量的自然岸线和深厚的历史文化底蕴,正是承担这一国际性功能的不二之选。按照建设"一流国际旅游城市"的发展定位和"以城定港"的发展要求,2018年4月,河北省政府组织开展了"河港杯"首届河北国际城市规划设计大师邀请赛,邀请包括何镜堂院士团队,福斯特建筑事务所创始人诺曼·福斯特团队,孟建民院士团队,包赞巴克事务所创始人克里斯蒂安·德·包赞巴克团队,周恺、黄文亮团队,扎哈·哈迪德建筑师事务所的帕特里克·舒马赫团队等六个国内外大师团队,对西港区的发展战略、功能定位、用地布局、空间形态进行规划设计。

在大师邀请赛的基础上,西港区需要通过控制性详细规划和城市设计来有序引导开发与建设。立足于强化提升秦皇岛的城市功能定位,围绕将西港区打造成为"国际旅游港、国际邮轮港"的新目标、新方向,坚持"世界眼光、国际标准、中国特色、高点定位"的理念,以期实现区域与产业可持续发展,提升秦皇岛城市的整体形象,打造以现代服务业为主导的滨海新城区,使西港区成为中国港口转型、港产城融合的新典范。

7.1 关于秦皇岛发展的重大战略思考

秦皇岛要实现高质量发展,首先需要厘清自身所面临的五大战略问题。

1. 秦皇岛当前产业发展面临的首要问题是什么

秦皇岛当前产业发展面临的主要问题是原有小而全的产业门类基于地区空间产业分工所形成的产业体系结构,以及资源依赖型的粗犷生产模式已经难以为继,无法适应国际化分工的时代要求,迫切需要大刀阔斧的创新和改革。

因此,在区域一体化和经济全球化的今天,秦皇岛要回答如何跳出原有路径依赖,大做减法,构建现代产业新体系,走上专业化崛起、创新驱动、价值驱动的战略新路,实现高质量的转型发展这一时代命题。

2. 秦皇岛在京津冀协同发展中面对的核心战略问题是什么

京津冀正在向巨型全球城市区域演进,松散的城市群落会演变成有机的、基于产业链分工和职能协同的城市网络体系,并逐步形成多中心、网络化、扁平化的空间形态。这个演进伴随着内部城市战略地位的重塑和城市职能、产业链的重新分配。根据全球城市理论和劳动分工理论,随着全球城市区域的形成,区域内除首位城市以外,周边其他全球化的城市也开始承担部分全球城市的功能,并与全球城市一起成为全球市场竞争的地域功能平台。区域的内部城市之间,逐步从传统的垂直产业分工体系,更多地向网络化、扁平化的职能分工体系转变。

秦皇岛要回答面对区域空间的结构性演进,自身在京津冀城市群中扮演的角色是什么?如何战略聚焦,抢抓全球价值链优势资源,取得最佳的城市职能定位,获得最佳的综合效益?

3. 秦皇岛三重空间区位中的"结构性机遇"是什么

探讨秦皇岛的发展,必须以宏大的视野去发现区域空间演进中的"结构性机遇"。总体来看,区域空间演进将赋予秦皇岛三重空间区位:世界级城市群或全球城市区域、港口群加航线通路、大湾区加海岸线。其中,世界级城市群或全球城市区域确立了秦皇岛"功能性国际城市"这一定位;港口群加航线通路赋予秦皇岛国际化贸易通道和国际邮轮通道能力;大湾区加海岸线使秦皇岛具有区域顶级的战略平台属性和空间功能属性。

秦皇岛的"结构性机遇",就是可以利用三重区位空间优势,主动创新,勇于进取,打造以国际交往为战略支点、以国际邮轮为价值高点、以国际旅游为战略方向的卓越的功能性国际城市,成为与世界城市相匹配的城市网络中的价值强点和滨海战略平台。

4. 秦皇岛最大的城市战略短板是什么

城市平台是"最具深度的基础设施",是全球化经济时代区域连通世界和价值链核心要素获取最强有力的平台。秦皇岛最大的城市短板就是城市平台结构的错位和不足。秦皇岛现在拥有的是面向资源通道的港口经济模式,海岸空间资源一次性开发的地产经济模式,和土地、能源消耗型粗犷工业模式的落后的城市旧平台,而不是对全球价值链上的知识、信息、人才、资本等核心要素和高价值环节具有强大获取能力的城市新平台,这种平台结构的错位和缺失,不利于产业经济的转型升级。

要解决这一城市战略短板,就要站在全球城市区域的高度,聚焦创新,围绕国际化智慧、国际化需求、国际化要素和国际化模式,打造一流的国际化城市基础设施和系列化的城市引擎平台。

5. 秦皇岛在国家战略中面对的重大战略契机是什么

当前,全球经济重心正向东北亚转移,东北亚走向区域经济一体化发展已经成为不可逆转的潮流。党的十八大以来,党中央倾向于把更多的主场外交放在二线城市进行,"办好一场国际盛会,搞活一座城市",这是重大的区域创新。在京津冀城市群中,北京不可能依靠自有城市空间和平台,独自构建起世界城市交往中心战略功能,需要在区域内找到其国际交往功能的"协同共建者",依托区域性城市网络平台,构建起应对全球竞争的国际交往功能方面的战略竞争能力。秦皇岛坐拥三重区位空间优势和良好空间资源,是京津冀城市群连接东北亚较为有利的交往平台。

秦皇岛不能限于常规思路，要抢先瞄准东北亚，展现高远的战略意图，高起点地从国际交往介入，预先规划、创造机会、焦点创新，提前设定可以融入国家战略框架的最重量级、最具政策红利和最具产业想象空间的战略平台，实现从无到有，力争成为京津冀城市群中第一个国家主场外交次级城市。

7.2 以城定港——西港区的发展方向

以城定港，其实质就是西港区的规划定位要以构建城市竞争力尤其是城市产业竞争力为战略导向。这是在经济全球化和国内经济转型升级背景下，秦皇岛"城"与"港"关系的一次结构性调整。这种"城市"与"通道"主次关系的角色互换，意味着秦皇岛对"资源通道引领城市功能模式"的战略性放弃，即将进入创新驱动、价值驱动和城市引领港口定位、产城融合发展的新阶段。

(1) 聚焦一流国际旅游城市是秦皇岛当前最重要的战略行动。秦皇岛作为全球城市区域的次级城市，必须走专业化、国际化崛起的道路，才能在全球供应链一体化日益深化的时代，成为世界级城市群中的一个价值网络强点，才能具有面向经济全球化的竞争力。秦皇岛应该抓住全球城市区域空间尚在演进、城市体系尚在构建、职能分工尚未定型的契机，抢抓优势资源，聚力打造卓越的一流国际旅游城市。

(2) 以城定港是秦皇岛构建一流国际旅游城市的重要战略路径。以城定港，告别资源通道驱动模式，通过城市平台驱动，构建高端旅游产业引擎项目，推持续推动旅游产业国际化竞争能力的突破，把国际旅游业打造为具有"增长极"效应的首位产业。通过旅游业价值链与产业价值链中的同类要素具有高度重合性的特点，推动旅游业与生产性服务业的发展，以及与其他消费性服务业的空间融合，为下一步大健康、高科技、文化创意等产业发展奠定基础，驱动秦皇岛全产业体系竞争力的提升。

(3) 融入国家战略，借力实现主导产业的国际化突破。主动将秦皇岛的发展与国家战略对接，抓住东北亚经济空间整合机会的秦皇岛可以以东北亚主场外交为契机，打造面向东北亚的综合性国际交往平台，使自身成为京津冀城市群中第一个国家主场外交次级城市。国际交往功能平台的构建，将赋予秦皇岛对外开放的战略突进能力、对内提升新的战略要素的汇聚能力，这是面向全球经济的"锐度和强点"，是国际化硬平台，也是国际化软实力的体现。

(4) 在海港区打造城市核心和空间价值制高点，推动城市平台能力的提升。港口转型为秦皇岛提供了全域最为有利的增长极空间，在这一规模约10平方千米的空间汇聚全球产业链的核心价值要素，势必将面对能否摆脱房地产土地红利所带来的巨大压力。借助全球化的价值链红利，西港区可以摆脱对房地产的依赖，以相当规模的空间体量，打造可以融入全球化发展的战略功能平台。在功能上，形成集国际外交、国际会务、国际会展、国际贸易、文化交流、金融服务、总部经济、国际邮轮产业、科技创意集聚的城市现代服务集聚区，增强对全球价值链高端要素的集聚力和吸引力。在空间上，西港区将成为秦皇岛市集标志空间区、国际购物中心区、金融商务区、国际会展区、国际休闲区于一体的复合型国际一流城市新区平台。这一增长极空间的实现,必然促进黄金海岸线和海港区,乃至全域空间的功能升级。

7.3　西港区的战略定位——世界级国际旅游城市中央功能区

1. 战略定位

秦皇岛西港区的战略定位是世界级国际旅游城市中央功能区,具体包含以下六大功能定位：东北亚交往中心区(Northeast Asia Exchange District, NAED)、国际邮轮城(International Cruise Terminal, ICT)、国际游艇中心(International Yacht Center, IYC)、奥林匹克帆船中心(Olympic Sailing Center, OSC)、中央文化区(Central Culture District, CCD)和中央商务区(Central Business District, CBD)。

2. 整体思路

以城定港的实质就是围绕秦皇岛城市竞争力战略性提升来进行西港区的定位和规划。秦皇岛的城市竞争力框架是什么？产业定位是什么？产业引擎平台是什么？如何聚焦和突破？这些都是秦皇岛面对的重要问题,也是西港区规划的难点和核心。

第一,基于产业价值链分析可知,旅游业是未来秦皇岛现代产业体系中的增长极,是先导产业。因为旅游业是秦皇岛最具潜在优势,最有可能率先实现突破,并可以带动秦皇岛从现有产业体系向现代产业体系整体转型的首位产业。

第二,通过进一步对旅游产业价值链的分析,确定会务会展经济是价值链中的增长极环节,即会务会展经济的国际化突破最能带来国际化要素流量,带动整个旅游产业链的转型升级。

第三,基于秦皇岛的三重区位空间背景和东北亚区域整合的国际化态势,以及巨型全球城市区域内功能空间的演进规律,秦皇岛可以协同北京实现一定的国际交往功能,可以将会务会展经济的突破融入国家战略框架。根据当前国家主场外交经常在二级城市主办,从而推动国家二级城市国际化的创新思路,把西港区定位为东北亚外交的国际交往平台。毋庸赘言,借助国家力量,这一平台必然享有巨大的国际化交往红利和基础设施红利。所以,主动创新谋划东北亚国际交往平台将是秦皇岛构建一流国际旅游城市的破题之作,也将把西港区带上新的国际化高度。

第四,根据消费性服务业价值链高端与城市核心区高度融合的布局规律,结合海港区的区位特点和空间匹配要求,把国际旅游(或与其高度关联的消费性服务业)价值链中的高价值环节,例如国际邮轮城、国际游艇中心、国际帆船运动中心、国际购物中心等落位于西港区,构建秦皇岛国际旅游的引擎平台。

第五,结合西港区的空间特点,把驱动整个产业体系的生产性服务业中的核心要素落位于海港区的空间核心,打造整个城市的中央商务区。

第六,再次回归到城市竞争力框架之中,将中央文化区等软实力平台和关键的城市基础设施等功能布局其中,形成完整的国际旅游城市中央功能区,构建起推动秦皇岛城市竞争力提升的战略引擎平台。

城市竞争力理论认为,全球节点城市的竞争力包括硬实力和软实力两个方面。硬实力是控制力,表现为对全球性战略资源、战略通道和战略产业的占有、使用、收益和再分配。其中,战略性资源指与城市运转和发展息息相关的重要条件和关键要素;战略性产业包括战略性支柱产业和战略性新兴产业;战略性通道指以战略性区位优势为依托,以现代化、立体化综合交通体系为基础,构建面向全球的要素流通和产业梯度转移通道。软实力是影响力,包括制度、文化、交往等因素在内的社会资本。城市的战略性产业竞争力是城市竞争力的基础。构建国际化的、有全球竞争力的产业体系,是提升城市竞争力的有效途径。根据增长极理论,产业体系的构建需要有增长极产业,这正是秦皇岛当前正在做的事情。将旅游产业作为首位产业,通过国际化标准、国际化能力的提升来实现这一目标;同时,通过旅游业撬动高端服务业,提高战略性产业的竞争力。

以持续创新为特点的产业竞争力的真正形成,需要获取知识、信息、人才、资本等全球高端要素。能否集聚高端要素,关键在于城市平台能力的强弱。有了能将城市连接到全球价值链上去的城市平台,空间区位、战略性通道才有现实意义,才能源源不断获取战略性资源。对于秦皇岛而言,西港区改造为城市提供了一个构建具有连接全球价值链能力的城市平台的机会。通过这个平台,城市获取、集聚知识、信息、人才等全球高端要素,为城市战略性产业竞争力的提升提供持续性的动力。这个城市平台将成为一个提供国际外交、国际会务、国际会展、国际贸易、文化交流、金融服务、总部经济、科技创意等有利于集聚全球高端要素的功能平台。

7.4 秦皇岛的产业分析与引擎平台

《秦皇岛市国民经济和社会发展"十三五"规划纲要》指出,推动休闲度假旅游、装备制造、电子信息、粮油食品优势产业品牌化发展,推进金属冶炼及压延、玻璃建材、现代物流、现代农业传统产业高端化发展,推进生命健康、节能环保、创意会展、新兴业态新兴产业集群化发展。

现基于产业做减法的战略视角,针对关联延伸、共享渗透的产业融合度,知识、人才、信息等产业创新要素集聚能力,以及生产性服务业配套需求等方面进行综合分析得出,旅游业是价值链共享性和关联性最强的产业;生命健康、电子信息是创新要素集聚能力最强的产业;物流是高度共享性的产业,鉴于其引发的流量经济效应,可以和商贸产业融合,推动商贸物流的发展;装备制造业产学研带动效应强,属于国家的基础性产业,可以抓住国家支持装备制造发展的重大战略机遇,推动产业品牌化。秦皇岛确定了五大战略产业:旅游、电子信息、生命健康、商贸物流、装备制造。

7.4.1 产业体系内在价值关系

运用产业价值链分析方法,构建秦皇岛产业体系中五个战略产业的价值链模型,分析这些产业的内在价值规律。除去不具紧密相关性的产业,剥离与城市战略定位相背离的产业,对产业的规模性、成长性、创新要素集聚性、溢出效应进行分析得出,旅游业是秦皇岛的基础性、主导性产业,要把国际旅游业打造成城市产业体系中具有增长极战略效应的首位产业。

1. 战略产业价值链分析

1)旅游产业

旅游价值链为城市服务业价值链提供了共建平台,其关键要素是具有国际化标准的旅游基础性设施和质量对标国际的旅游服务,关键价值环节是高端体验消费旅游和会展旅游环节(图7-1)。

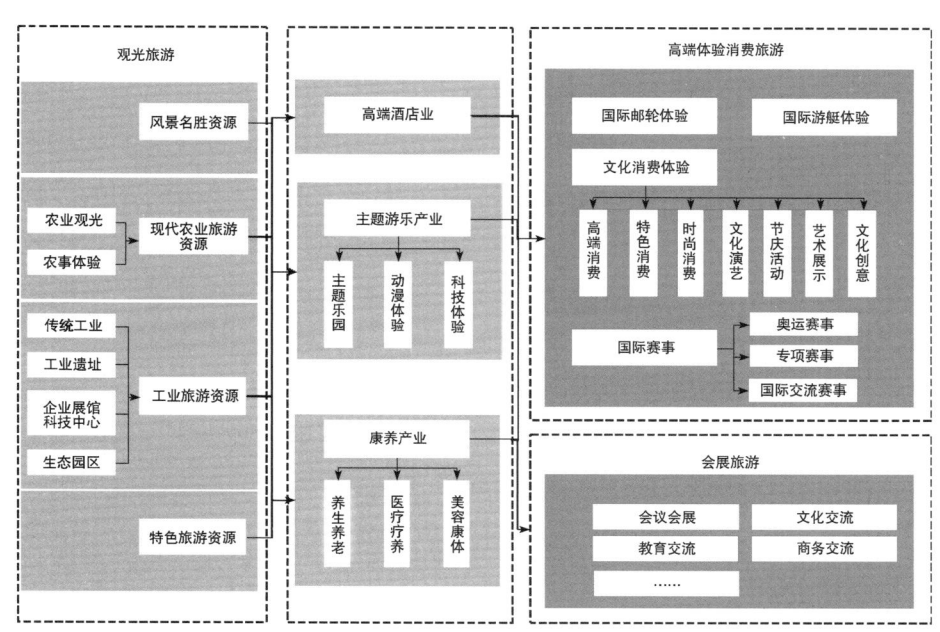

图7-1 旅游产业价值链

从旅游产业链的价值关系看,以资源为依托的观光旅游,深度关联了康养医疗、养老、酒店服务、旅游地产、高端消费、文化、会展、体育等全部生活性服务业,同时关联信息服务、人力资源管理与培训服务等生产性服务业,相当于构建了一条现代服务业的价值链条。

从价值链高端要素的集聚环节来看,高端体验消费旅游环节能够集聚国际高端旅游体验、国际赛事、国际消费、文化创意消费等要素,会展旅游环节能够集聚国际会议会展、国际文化、商务、艺术等要素。这些旅游要素都将推动旅游产业的国际化进阶,引发价值链的引领效应。

2)生命健康产业

技术、人才是生命健康产业链的关键要素,研究开发及技术服务、健康服务、医疗金融是价值链高端环节(图7-2)。秦皇岛拥有北戴河生命健康产业创新示范区,这一国家级平台赋予其做大做强生命健康产业的先天优势。

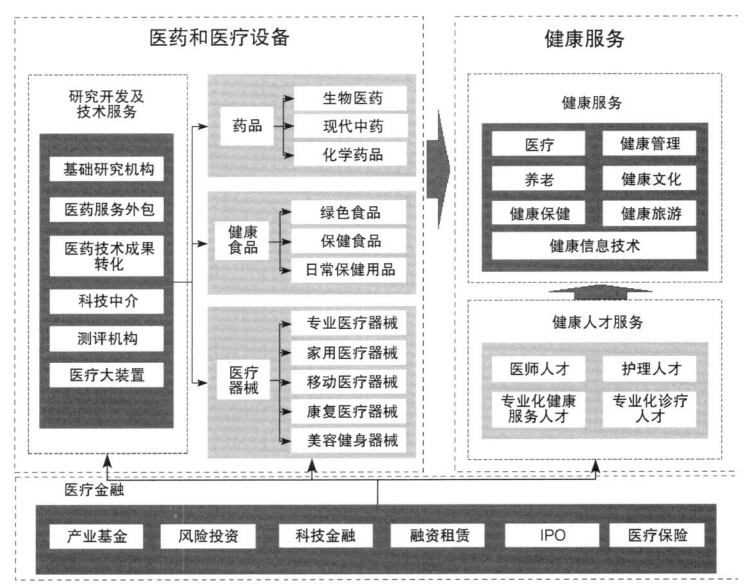

图 7-2 生命健康产业价值链

健康服务、医药和医疗设备是当前业界重点布局的两大价值领域。健康服务环节不仅仅带来经济产出,同时也是新技术、新设备、新知识的应用场景,在健康服务过程中实现医疗数据采集,加上世界级的医疗机构和高端人才,其产出成果就是超越 GDP 概念的专利技术和知识产权。生产制造领域聚焦于医药和医疗设备中的试样制造环节。服务—科研—中试性制造三个环节能集聚到产业链的关键性创新要素,突破了城市空间的限制,又避免了大规模生产带来的污染。

3) 电子信息产业

电子信息产业强调人才、技术资源的集聚,人才是产业链的关键要素,软件及信息技术服务和第三方技术服务是产业链的关键价值环节(图 7-3)。

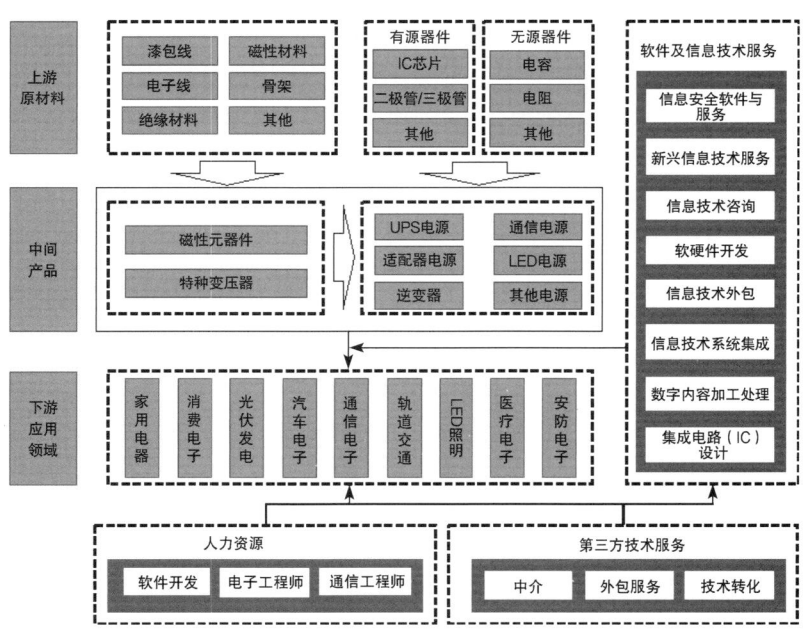

图 7-3 电子信息产业价值链

从资源集聚角度看，电子信息产业是知识密集型、投资密集型的产业，对人才、信息、技术的集聚能力强。从价值链角度看，电子信息产业对配套的外包服务、技术检测、技术研发等生产性支持服务业的需求大。这些配套环节在推动自身产业进阶的同时，可以带动、培育一系列提升科技创新能力的生产性服务业，如信息技术、检验检测认证、知识产权、科技金融、技术转移、创业孵化等。

4）商贸物流

高端商贸服务和智能物流是商贸物流产业发展的双引擎，也是其高附加值环节（图7-4）。

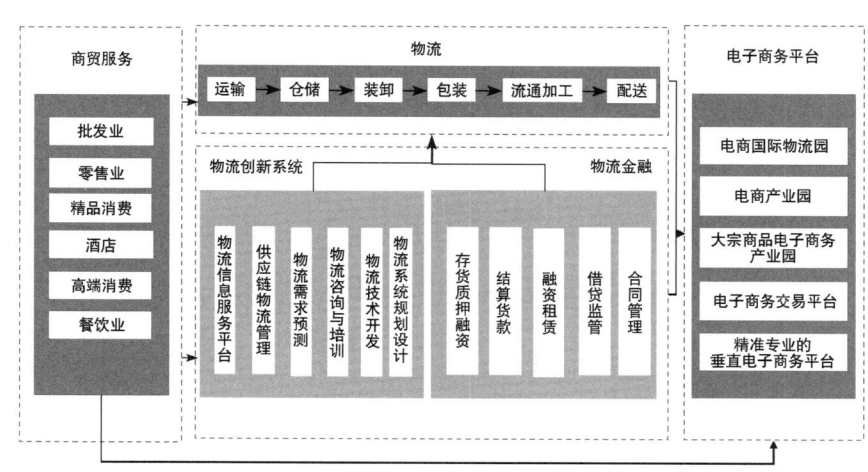

图7-4　商贸物流产业价值链

商贸服务属于生活性服务业范畴，物流业属于生产性服务业范畴，二者虽然属性不同，但是从资源集聚的角度看，它们都聚焦产品或货物的流量，也同时具备了贸易的属性。商贸服务业可以推动高端消费的集聚，尤其是借助电子商务可以推动对外贸易量的增加，从而扩大贸易范围，进而加速资金、技术、信息、商品、人才等生产性要素集聚。

5）装备制造产业

技术、人力是装备制造产业发展的两大关键要素，研发设计与人力资源是产业链的高附加值环节（图7-5）。

装备制造产业是国家的战略性产业，是少有的对资本、技术与人力的需求都很旺盛的行业。秦皇岛发展装备制造业有先天的高校科研优势，燕山大学、东北大学秦皇岛分校都具备雄厚的机械、材料专业的科研基础。推动产学研合作是秦皇岛装备制造产业升级的关键环节。此外，专业技术人员的供给能力也是决定产业发展的关键环节。

2. 战略产业内在价值关系分析

旅游产业借助会展旅游和高端消费体验旅游，可以带动整个生活性服务业价值链和四大生产性服务业，是产业体系中融合性、关联性、共享性最好的产业，连带效应强，具备增长极产业的首位效应。生命健康产业包含健康服务和健康产品及设备制造两大细分行业，产业融合性仅次于旅游产业，关联了50%以上的服务业领域，对

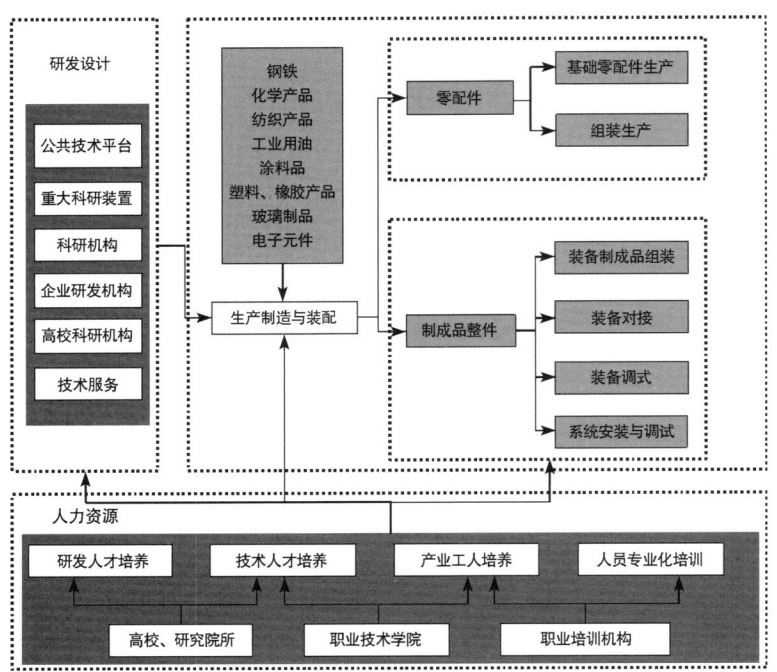

图 7-5 装备制造产业价值链

生产性服务业的需求高,创新资源的集聚能力强。电子信息、装备制造产业都是以技术创新为核心价值环节的战略产业,对人才、信息、技术等创新资源有较强的吸引力,有利于生产性服务业的集聚。商贸物流产业依托商贸服务(含电子商务)、智能物流两大引擎环节,撬动产业链的流量经济,为下一步推动国际贸易、商务往来,以及集聚国际贸易的生产性服务业奠定了基础。

通过对五大产业内在价值关系的分析(表7-1)可知,旅游产业是秦皇岛的基础性、主导性产业,应把国际旅游产业打造成城市产业体系中具有增长极战略效应的首位产业。

表7-1　　　　　　　　　　　战略产业体系内在价值关系

战略产业	核心价值环节	引发的服务业类型	
		生活性服务业	生产性服务业
旅游产业	会展、高端体验消费旅游	商贸服务、文化产业、旅游、健康服务、法律服务、家庭服务、体育产业、养老服务、房地产	信息服务、商务服务、人力资源管理与培训服务、批发经纪代理服务
生命健康产业	研究开发及技术服务、健康服务、医疗金融	旅游、健康服务、体育产业、养老服务	研发设计与其他技术服务、金融服务、生产性租赁服务、商务服务、人力资源管理与培训服务、批发经纪代理服务
电子信息产业	软件及信息技术服务、第三方技术服务		研发设计与其他技术服务、信息服务、商务服务、人力资源管理与培训服务、生产性支持服务
装备制造产业	研发设计、人力资源		研发设计与其他技术服务、商务服务、人力资源管理与培训服务、生产性支持服务

(续表)

战略产业	核心价值环节	引发的服务业类型	
		生活性服务业	生产性服务业
商贸物流产业	商贸服务（含电子商务）、智能物流	商贸服务业	货物运输、仓储和邮政快递服务，信息服务，商务服务，人力资源管理与培训服务，批发经纪代理服务

7.4.2 国际交往平台的突破

1. 会议旅游是旅游产业价值链中的增长极环节

会议展览驱动会展旅游的发展，引发国际交往效应，进而推动旅游业国际化竞争力的突破。全球化时代产业竞争的实质是价值链的竞争，价值链的竞争正从生产要素投入驱动（即资源、商品、资本的流量获得）向创新要素驱动（即知识、信息、人才的获得）转变。

当前，秦皇岛旅游产业的发展困境是创新不足，已有的观光旅游、休闲度假旅游本质上是基于资源和资本密集型的，对价值链核心要素获取的能力严重不足，无法在提升能级、对标国际化上取得突破。秦皇岛如果发展高端体验消费旅游，设施投入大，受资本、商品的集聚的局限，创新力不足。比较而言，会展旅游通过会议、展览推动文化、科技、信息、资本、贸易等各类交往活动，可促进知识、信息、人才等创新要素集聚，促进城市基础设施建设，有助于驱动旅游产业创新突破。因此，会展旅游环节应该是旅游价值链上具有增长极效应的首位环节，需要率先突破。

2. 国际交往引擎平台的构建

会展旅游的率先突破，可以激发城市的国际交往功能。秦皇岛要抓住大国外交的政策红利，利用京津冀世界城市群面向东北亚的区位优势，借助会议会展经济，推动面向东北亚的国际交往平台建设。通过国际交往平台，推进城市国际会晤、文化交流、国际贸易、国际会展、国际交通枢纽等方面的平台建设。同时，借助会议会展经济，为高端消费体验旅游注入国际化要素，弥补国际旅游设施、国际商品消费、文化体验消费、国际接待服务设施等国际要素不足的短板。进而形成国际邮轮、国际游艇、文化体验消费、国际赛事四大核心引擎，驱动高端体验消费旅游发展。会展旅游与高端体验消费旅游相互助力，共同推动旅游产业、旅游服务功能形成国际化的竞争能力，进而提升自身现代服务业的国际化水平。

根据旅游产业价值链体系关键性价值环节和相关产业环节之间的内在联系，分析秦皇岛旅游产业发展的价值驱动关系，发现能够引发其旅游产业发展的五大核心引擎为会议会展、国际邮轮、国际游艇、文化体验消费、国际赛事。

根据空间匹配度，旅游产业链中的国际会议会展环节和国际邮轮港、游艇中心、国际购物中心、高端度假、高端酒店、文化创意、文化展示、国际帆船中心等高端消费环节可以布局在西港区（表7-2）。占用空间较大的主题游乐项目，应结合秦皇岛总体布局，另行安置。

表 7-2　　　　　　　　　　　　秦皇岛西港区适合发展的产业

产业类型	服务业类型	业态
生活性服务业	商贸服务	高端消费、高端酒店
	文化产业	文化创意、艺术展示、文艺表演、博物展览
	旅游	高端度假、国际邮轮、国际游艇
	健康服务	跨境高端医疗
	体育产业	奥林匹克帆船基地
生产性服务业	商务服务	会议会展

7.4.3　综合引擎平台的构建

根据对战略产业体系内在的价值关系和产业平台与西港区空间匹配性的分析得出，西港区应聚焦服务业的核心要素和高附加值的价值链环节（表 7-3 和表 7-4）。在形成国际交往和高端体验消费旅游功能的同时，还要形成高端医疗、银行、保险、金融服务、企业总部、咨询机构、会议会展、商务代理等服务业环节集聚的中央商务功能。会议展览和高端消费促进交往，通过面对面的交流，实现信息流和商务流等隐性知识的导入和集聚，进而引发该区域对科技、金融、商务等生产性服务业的功能需求，使中央商务功能成为可能，驱动城市创新发展。

生命健康产业高价值链环节中的技术研发，应该结合已有的北戴河生命健康产业示范区布局；具有国际化标准的高端健康医疗服务环节、国际性科技会议交流、金融服务环节可以布局在西港区。

电子信息产业部分附加值高的、有竞争力优势的信息技术研发和服务环节可以考虑布局在西港区；第三方服务环节中的知识产权、科技金融、标准认证等环节可以布局在西港区。

商贸物流产业的高端消费平台，如国际购物中心、环球购物中心、六国贸易交流中心等，适宜布局在西港区；现代物流以及其密切关联的大部分国际商贸环节，宜结合东港区布局，打造自由贸易区空间内布局。

装备制造产业的研发设计这一高附加值环节，从空间匹配性这一维度看，更应该与秦皇岛大学城结合，通过产学研一体化，更好地为产业链价值提升服务。

表 7-3　　　　　　　　　秦皇岛西港区适合发展的高端生活性服务业

产业类型	服务业类型	业态
生命健康产业	健康服务	跨境高端医疗、国际医院
商贸物流产业		高端消费、酒店

表 7-4　　秦皇岛西港区适合发展的高端生产性服务业

产业类型	服务业类型	业态
生命健康产业	金融服务	商业银行、资本市场服务、保险服务
	商务服务	会议会展、咨询与调查服务、商务咨询、企业总部
电子信息业	商务服务	会议会展、咨询与调查服务、商务咨询、企业总部
装备制造业	商务服务	会议会展、咨询与调查服务、商务咨询、企业总部
商贸物流产业	商务服务	会议会展，会计、税务咨询，商务咨询
	贸易代理	贸易经纪、贸易代理

7.5　西港区的城市功能定位

1. 打造东北亚国际交往平台

秦皇岛打造国际交往平台，是时代契机，也是与北京共建国际交往功能的要求。秦皇岛地处中蒙俄经济走廊，直面渤海，坐拥优势空间资源，是北京世界城市区域连接东北亚最有利的交往平台城市。从全球区域职能分工的视角来看，雄安、天津、秦皇岛等城市都有潜力与北京共建国际交往功能。秦皇岛是北京世界城市区域唯一的滨海花园城市，资源禀赋和历史传统决定了秦皇岛是区域内最具竞争力的国际交往功能的"协同共建者"。

西港区应该抓住这一契机，打造面向东北亚的综合性国际交往平台，推动秦皇岛成为京津冀第一个国家主场外交次级城市。西港区打造国际交往平台，能借助东北亚主场外交带来的千亿元级国家政策红利，摆脱房地产土地红利即将结束所带来的巨大压力，摆脱对房地产的依赖，以相当规模的空间体量，打造复合主场外交功能、面向东北亚区域的国际交往功能、文化交流功能的国际交往平台。

国际交往平台对于实现旅游产业的国际化突破有多方面的促进作用，是秦皇岛旅游产业国际化的引爆点。国际会议、会展博览、国际交通枢纽、文化交流等交往平台的硬件设施建设，弥补了秦皇岛国际化旅游设施不足的缺憾；国际会议、会展和国际文化交流活动激发了国际需求；服务标准、服务质量、服务模式的国际化，提升了秦皇岛旅游行业整体的国际化水准。国际交往平台使秦皇岛旅游产业的国际化突破有了助推器。

2. 构建战略性旅游平台，并形成中央功能区

国际会议、会展博览等设施的国际交往功能，只是为旅游产业的国际化提供了一个引爆点，并不能一次性解决秦皇岛旅游产业国际化竞争力不足的问题。国际旅游设施、国际消费、国际接待服务设施等国际要素不足，旅游服务质量无法达到国际

标准,是秦皇岛旅游产业国际化竞争力的短板。

在西港区构建战略性旅游平台,需要有针对性地补短板。从价值链高端环节的要求,以及空间匹配度、空间融合度两个维度考虑,国际邮轮城、国际游艇中心、文化体验消费、奥林匹克帆船中心是四大合适的战略性旅游平台内容。国际邮轮城具有旅游服务、接待、购物消费、免税店、交通枢纽功能。作为一个服务质量对标国际的旅游服务窗口,将提升秦皇岛旅游服务质量标准,国际消费购物场所也将带来巨大的国际性消费需求。国际游艇中心具有游艇运动、高端消费、休闲、交往的功能。以游艇运动吸引京津冀区域和环渤海区域的高净值人群和商务客流,交往功能可能引发资本、信息、商务等高端要素的集聚,为旅游产业提供了突破季节性限制的全季旅游需求。文化体验消费主要以中央文化区为空间载体,具有文化、创意、体验消费、旅游、高端购物功能。奥林匹克帆船中心具有运动、体育国际交往功能。提高秦皇岛的国际知名度和影响力,体育特色旅游、赛事旅游也是旅游的新兴方向。通过设施硬件补短板、服务软件对标国际提质量,从设施国际化、功能国际化、服务质量国际化多维角度构建起可持续的旅游产业国际化竞争力。

包括金融服务、总部经济、国际贸易和科技创意在内的生产性服务业因此有了新的发展动力,知识、人才、资本和信息等高端要素集聚于此,结合城市客厅,海港区将成为城市的中央商务区。西港各功能区共同构建起秦皇岛具有国际交往、旅游服务、中央商务区、文化交流、国际社区等多种功能复合的中央功能区。

中央功能区具有服务全产业体系的高度强大的生产性服务业功能,这是秦皇岛全产业体系发展的推动力,使秦皇岛成为京津冀世界城市群价值网络上以东北亚国际交往为特色职能的节点,成为全球价值网络上的功能性国际城市。

7.6 西港区功能规划

西港区的功能体系如表7-5所列,功能布局如图7-6和图7-7所示。

表7-5　　　　　　　　　　西港区功能体系

功能板块	功能主题	功能业态
东北亚交往中心区	六国艺术中心	大剧院、专业小剧场、音乐谷、文化艺术交流中心
	东北亚国际会议中心	主场外交会议中心、分会场、专业论坛、国际会务接待中心
	东北亚国际博览中心	六国常设机构、商品展销会、行业展会、六国体验馆
	城市观海阳台(城市客厅内容)	观海平台、城市雕塑、演艺广场
	山海大观(城市客厅内容)	渤海迎宾客厅、木兰花城广场、山海主题花园
	海洋文化秀(城市客厅内容)	水秀广场、海水音乐喷泉、海洋烟花表演

(续表)

功能板块	功能主题	功能业态
中央商务区	金融商务中心	金融中心、五星级酒店、现代服务业办公楼宇
	国际购物中心	国际购物中心、财富广场
	总部经济办公	功能性总部中心(海运、物流、电子商务等)
	城市之门(城市客厅内容)	城市超高地标、瀑布花园
	城市生活港(城市客厅内容)	城市生活MALL、秀水坊、步行街、餐饮街
	东北亚和谐花厅(城市客厅内容)	半岛花园、中俄欧亚走廊、中蒙草原之路
国际邮轮港	国际客运中心	国际客运中心综合楼、联检大厅
	邮轮服务中心	邮轮配套运输、维修
	游客服务中心	综合交通换乘枢纽(停车场、公交、轨交、旅游大巴等)、旅游服务中心
	免税店	免税商店、退税办理、货币兑换、时尚品牌商店
	海员俱乐部	中西餐厅、娱乐休闲、康体运动
	渤海明珠(城市客厅内容)	旋转餐厅、塔基展览厅、环幕电影院、餐厅和纪念品商店
国际游艇中心	游艇俱乐部	游艇码头、游艇展、企业会所、海岛度假
	游艇培训中心	游艇专业驾驶培训、考试
	高端主题餐厅	游艇海上餐厅、主题酒吧
	国际时尚酒店	总部庄园酒店、海岛度假酒店
中央文化区	百年港埠历史公园	码头文化公园、游船中心、铁路花海、海誓花园
	老码头文创园	数港科技、创客工作室、老码头创智咖啡屋、老码头文化餐饮
	博物馆文化艺术区	邮轮博物馆、电力博物馆、海事博物馆、儿童博物馆、露天小剧场
	中央文化区	民族文化村、文化码头、海鲜夜市、国际酒吧街、蜡像馆、婚庆中心、4D影院、花艇巡游
奥林匹克帆船中心	北方帆船赛事中心	专业帆船赛事、大众帆船赛事
	水上运动管理中心	赛场管理、码头管理、安保办公、比赛管理中心、贵宾接待
	奥帆村	运动员居住区、奥帆生活服务中心、奥帆博物馆
	渔人码头	奥帆休闲餐饮、奥帆特色零售、互动娱乐、旅游体验
中央生活区	生活居住	国际社区、滨水生态社区、涉外公寓、青年公寓、无障碍式老年公寓
	公共服务	体育运动中心、文化艺术中心、国际学校、医疗保健中心、区级医院
	休闲度假	滨河文化公园、滨水运动公园、生态湿地公园、主题娱乐公园
	商业功能	专业商业MALL、滨水商业街区、美食餐饮街、风情酒吧区、精品酒店

图 7-6 西港区功能布局

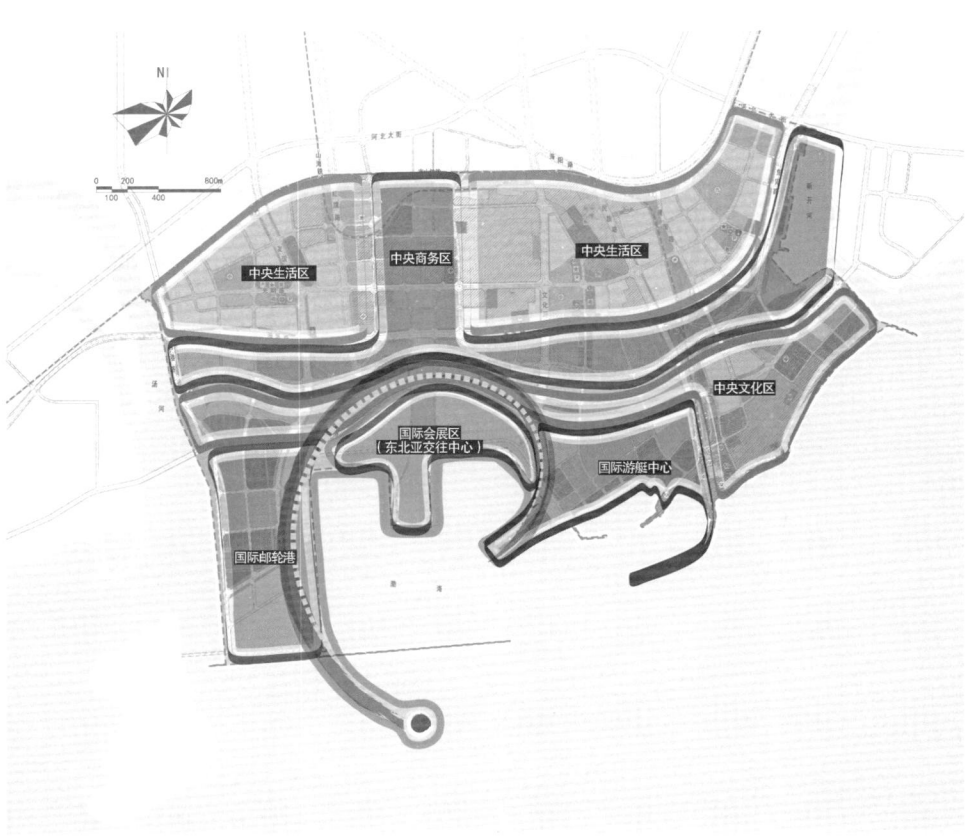

图 7-7 西港区功能板块

7.7 西港区城市设计九大要点

1. 抓住核心公共空间,使全区开发具有空间驱动力

利用高铁枢纽至滨海空间的城市中央通廊,打造南北轴线,对标广州中轴,形成引领全区发展的空间驱动力(图7-8)。滨海大通道横贯新区中部,借鉴新加坡河,打造中央文化水街,激发出内部活力,同时让渡滨海空间。城市腹地构建直接面对中央功能及海岸功能的通道界面,通过核心功能辐射,带动全区组团式发展。

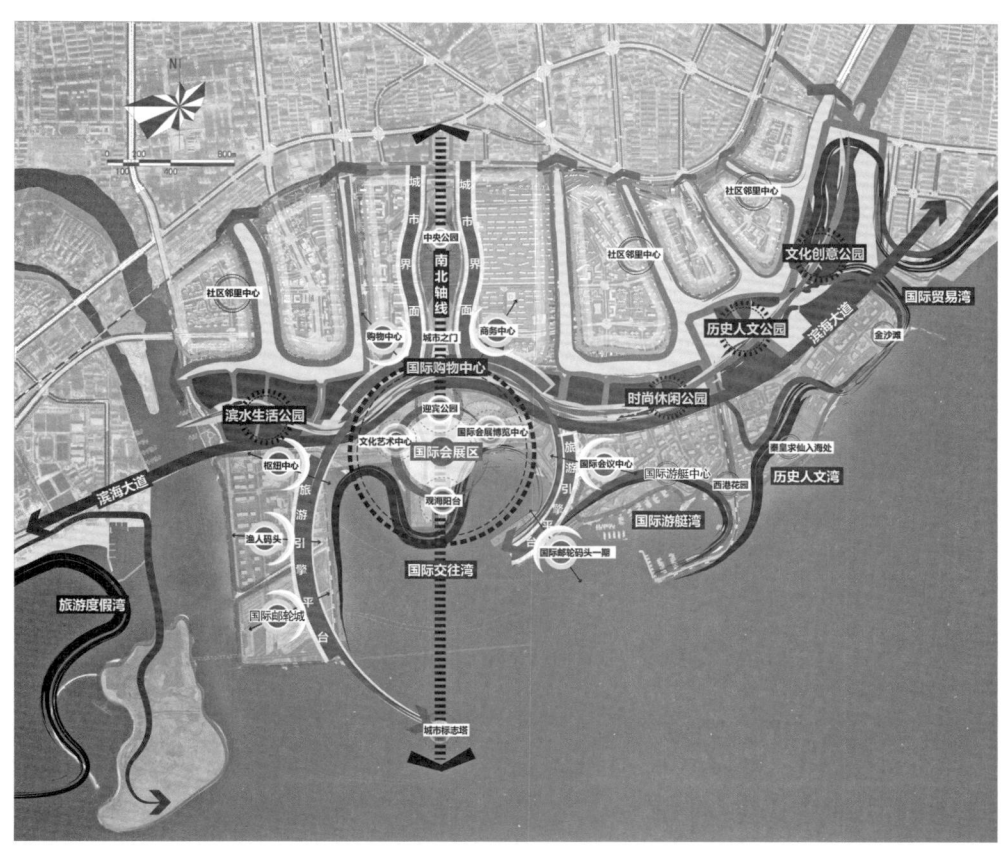

图7-8 西港区的空间结构

2. 用中央文化水岸提升滨海大道的活力和价值

整合水路空间,形成"城市界面—文化街区—活力公园—滨海大道—海岸功能"五层空间(图7-9),构建"交通、景观、生态、文化、产业"五位一体的国际一流滨海大道空间体系。滨海大道途经西港区内河,沿河打造东北亚文化休闲街,使滨海大道到达滨海区域的空间动力不减,将滨海大道连接到滨海区域这一更加充满活力和旅游价值的区段。同时,按照国际先进的交通模式,借鉴厦门环岛路,打造集"步道、观光道、快速道、慢行道及景观绿道"于一体的复合交通走廊。

图 7-9　滨海大道的五层空间体系

3. 打造全区共享、南北贯通的中央轴线空间

以国际化、生态化、现代化标准构建世界级旅游城市的中央轴线空间(图 7-10)。

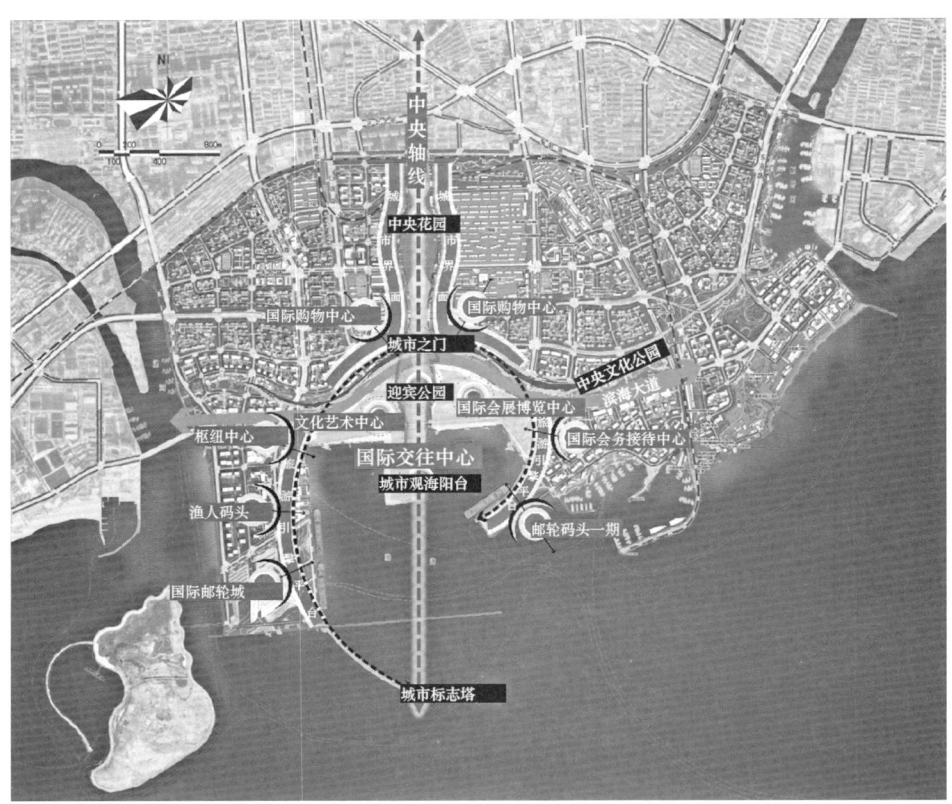

图 7-10　南北贯通的中央轴线空间

面朝渤海，以东北亚国际会议中心和六国艺术中心为核心，创新谋划东北亚主场外交的海上门户和东北亚国际交往平台中心区。面向滨海大道，打造城市地标双塔，形成腹地功能强点和时代坐标。面对轴线中部存量居住空间，打造城市生活港与国际购物中心，激发城市活力。轴线客厅北部，打造东北亚国际博览中心，以常态化的会展博览活动，促进六国交往，构建东北亚和谐区域。以山海为景观概念，运用生态微地形串联轴线四大主题，打造六国交往的文化之丘和市民活动客厅。

4. 打造国际一流的城市标志性空间

港城空间南北一体，以轴线空间集聚金融商务、创新经济、生活服务等高端要素，打造连接全球经济的城市中央功能区（图7-11）。以国际交往平台为核心，协同北京共建东北亚国际交往中心，提升秦皇岛国际交往能力，形成具有国际辨识度的新区特有元素。

图7-11 城市标志性空间

5. 五湾五平台构建国际功能海岸

重塑海港岸线，将原来单一的生产岸线打造成滨海空间核心，通过海湾空间创新驱动国际邮轮港、国际游艇中心、奥林匹克帆船中心、国际交往中心、西港花园等滨海核心功能，逐湾联动，打造国际一流的城市功能群，建设充满活力与城市观感的国际新海岸（图7-12）。

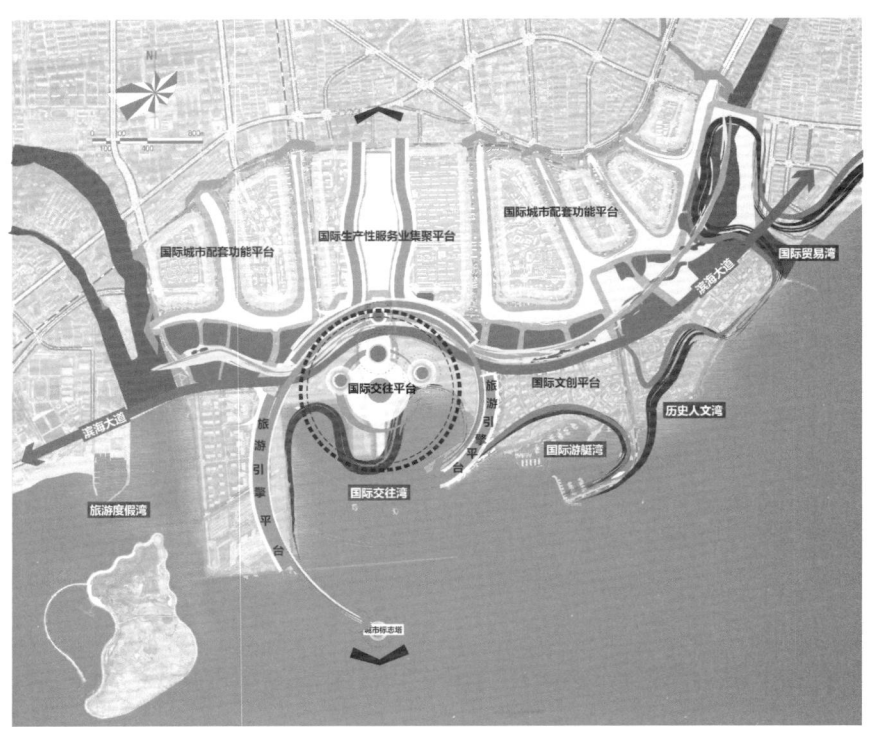

图 7-12　五湾五平台构建国际功能海岸

6. 通过中央文化区打造国际化的文化体验空间

整合西港花园历史文化区和城市腹地的文化水街,打造世界级中央文化区(图 7-13)。

图 7-13　国际化的文化体验空间

复兴百年港埠工业遗产,激发创意空间活力;以文化自信推动本土创新,引领国际潮流;将多民族特色融入中央文化区,展示开放、包容的城市精神,提升城市的国际连通度。

7. 站城一体,综合换乘,打造一流的城市综合交通枢纽

梳理外部区域交通环线,将西港区与高速公路、高铁、机场等战略通道连接;打造内部综合交通换乘枢纽,实现国际邮轮港与高铁站的高效衔接(图7-14)。内外整合,打造海上综合交通枢纽,构建面向全球的资源要素流通和产业梯度转移的战略通道,辐射全域。

图7-14 城市综合交通枢纽

8. 生态融城、蓝绿交织

用生态美化海岸线,用绿色空间创新城市客厅,使市民活动和城市功能与生态系统相融,构建一个安全、靓丽、开放、互通的蓝绿空间(图7-15),增强国际化美丽港城的韧性。

9. 国际一流的滨海空间风貌

用融汇多元文化、引领时代文明的标识度和显示度来塑造世界级旅游城市的滨海城市风貌(图7-16)。从礼仪性、功能性、景观性划分滨海标志性建筑,城市标志性公建要体现"现代骨、传统魂、自然衣"。合理控制建筑高度,由滨海到内陆建筑高度由低至高渐变,最大程度地保证建筑共享滨海公共空间,增加滨海空间的厚度。

图 7-15 蓝绿交织的港城空间

图 7-16 国际化的滨海城市风貌意向

临沂高新区
——临沂迈向功能性国际城市的战略引擎

8.1 临沂高新区：临沂城市进阶需要新的战略空间

8.2 "生态智城"定位下的八大产业平台和总体空间规划

8.3 重点片区设计：生态和创新双轮驱动下的城市战略性功能平台构建

临沂国家高新技术产业开发区(简称临沂高新区),位于临沂主城区的西南面,面积为166平方千米,2011年被国务院批准为国家高新技术产业开发区,目前已经初步形成电子信息技术、新材料、生物工程等八大类产业发展的格局。临沂高新区最初的定位就是产业园区,但产城融合得并不好,目前区内仅16.8万人。现行规划虽然提出了将临沂高新区作为"未来科技生态城"的发展定位,但临沂高新区仍然没有摆脱空间上产城脱离和工业园区模式的桎梏,也没有发挥出生态空间的动力作用,缺乏有力的平台支撑产业发展和产城融合。为实现临沂市在新时期建设"有全球影响力的国际商城"这样一个进阶功能性国际城市的雄心,作为主城区的组成部分,高新区必须进行新的科学规划,引领城市建设和产业发展。

8.1 临沂高新区：临沂城市进阶需要新的战略空间

8.1.1 新时代背景下,临沂提出了更有雄心的城市发展战略

临沂市是长江以北最大的商贸物流功能性城市,有"南有义乌,北有临沂"之说,常住人口数超1 100万。得益于城市化的动力和商贸物流业在国内、国际两个市场上的成功发展,近年来临沂的发展令人瞩目。

当前,临沂市进入一个新的发展阶段。面对新的历史使命,临沂市深入贯彻落实党的十九大精神和"五大发展理念",以"国际眼光、世界标准、中国特色、高点定位"这一新时代城市发展标准来要求和指导城市建设发展。临沂提出要利用强大的战略通道、战略产业、战略资源硬实力和殷实的文化软实力,以全球化的视角,谋划新的、更具价值的区域角色和更高的城市格局,全力提高应对全球竞争的城市综合竞争力。在产业上,继续强化将商贸、物流作为临沂发展的双引擎,并以商贸、物流的进一步国际化为新阶段的抓手,力图培育国际化贸易进阶的新动能。在这一过程中,临沂将更加重视生态和文化建设,把国际展示和交往功能做起来,打造文化软实力,以跨越式发展的方式推动城市战略功能平台的建设。

《临沂市城市空间发展战略研究》提出,要将临沂努力建设成为经济繁荣、社会和谐、文化多元、生态优良、环境优美、宜居宜业的国际旅游、商贸名城和人居典范。至2049年,临沂将建设成为具有全球影响力的国际商城,具有全球吸引力的旅游名城,践行美丽中国的全域人居典范之城。尤其值得一提的是,临沂在创新发展上也同样具备雄心,提出要打造区域创新集聚新高地,包括电子商务与智慧物流创新中心、区域战略新兴产业创新研发基地、区域消费型经济创新发展基地等区域性功能中心。

在产业规划上,临沂提出新旧动能转化,以"四兴四化"为主攻方向,即围绕"老区振兴、实体振兴、县城振兴、乡村振兴"四兴,抓住"产业智慧化、跨界融合化、品牌高端化、产业链集群化"四化,实施"8+8"产业培育计划(图8-1)。电子商务、数字经济、智能制造等新经济、新业态,已经被临沂作为未来重点产业来发展。

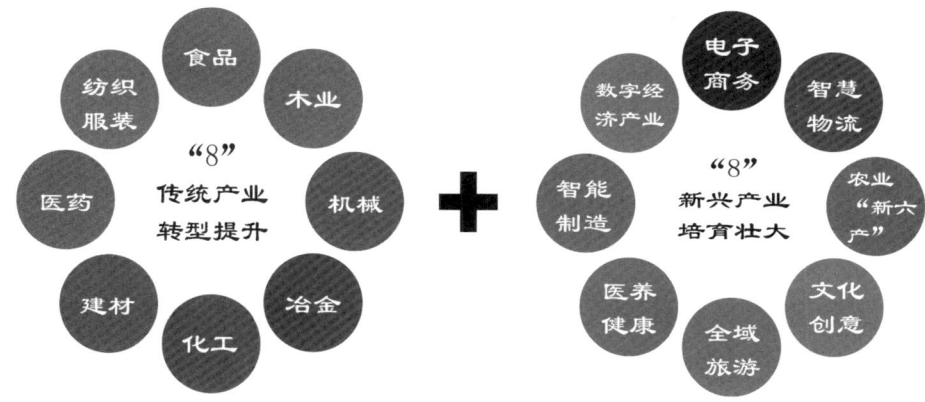

图 8-1 临沂市"8+8"产业培育计划

在城市发展空间格局上,临沂从"沂河时代"走向"沂沭两河时代",以都市区有序承载未来若干重大战略的空间落地,形成"一心两带引领,全域组团网络联动"。"一心"指的是以中心城区构建的临沂都市区为发展核心,"两带"指临(沂)日(照)一体化发展带和临(沂)连(云港)协调发展带。以"一心两带"为引领,在主城区周边建成北部生态新城组团、探沂义堂组团、高新区组团、新旧动能转换示范组团、南部田园宜居组团、经开区组团、沭河组团、汤头休闲度假组团,形成临沂中心城区,从而构建中心城区和费县组团、临沭组团、莒南组团、临港组团等卫星城一体化发展的大临沂都市区(图8-2),提升城市集聚辐射能力。

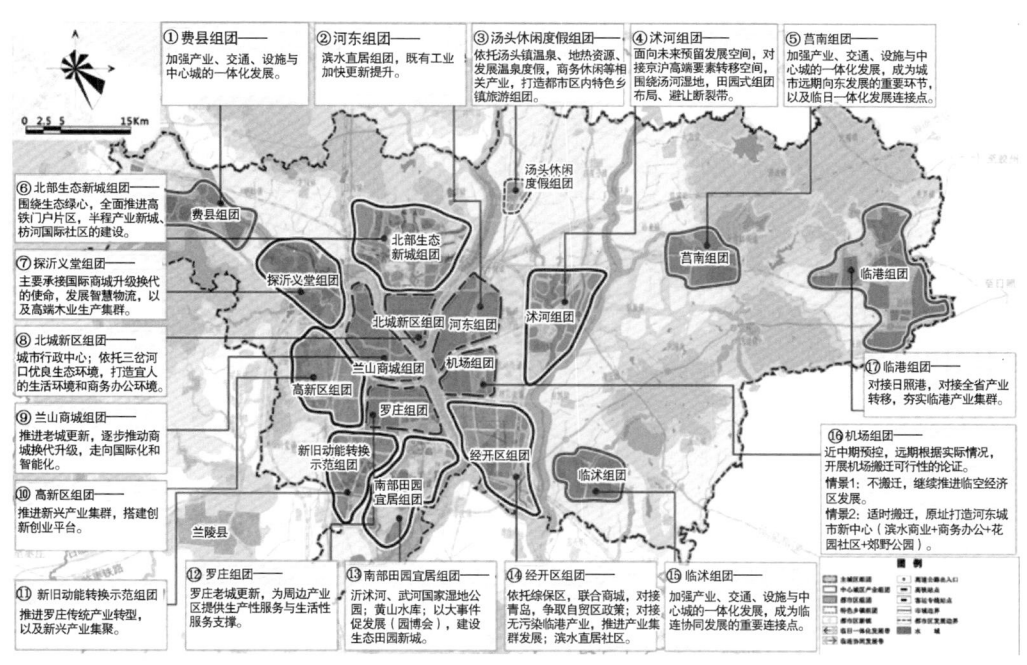

图 8-2 临沂都市区空间格局

在未来的发展格局中,临沂市明确提出要在城市南向联动罗庄、经开区、高新区,构筑产业高地以及生产性服务中心(图8-3)。本次规划的高新区是未来临沂的产业高地以及生产性服务中心。高新区要发展新兴产业,提升科技创新能力,这是临沂市对高新区的要求。

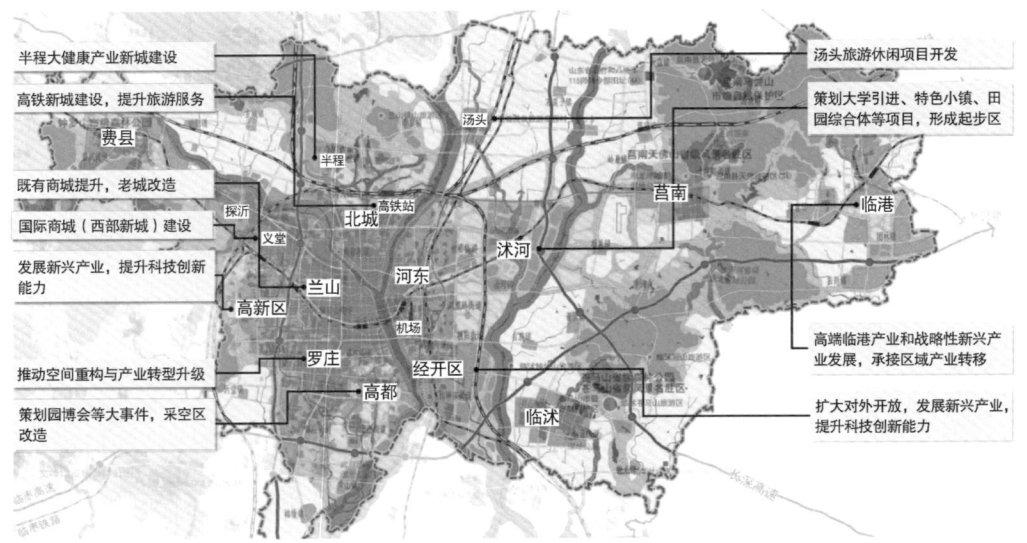

图 8-3　临沂市未来发展方向

8.1.2　临沂高新区未来的发展迫切需要科学规划的引领

临沂高新区始建于 1992 年,位于临沂市西南部,东邻罗庄区,西与费县、兰陵县接壤,南接兰陵县、罗庄区,北靠兰山区朱保镇、义堂镇和费县,于 2011 年 6 月被国务院批准为国家高新技术产业开发区。

高新区全域空间面积为 166 平方千米,行政区划辖马厂湖镇、罗西街道两个乡镇(街道),45 个行政村(社区),总人口 16.8 万人。区内的电子信息产业、新能源产业、生物医药产业、新材料产业、先进装备制造产业有一定的基础。从现状用地情况看,高新区科技城主要用地集中在高速公路以东区域,包含一个建成区和一个电子信息产业园;高速以西除三个产业园之外,其余为村庄建设用地。

《临沂市城市空间发展战略研究》中确定了临沂市"一心引领、七轴联动、十城相卫、多点相拥"的城乡空间格局(图 8-4),强调了由中心城区、费县、莒南、临港、临沭组成的都市空间区这一个中心的引领作用。从"沂河时代"走向"沂沭两河时代"的临沂市,其都市空间区未来要承载区域协同、交通集散、旅游服务、科技创新、商贸物流提升、新兴产业发展等重大战略性功能的落地。

高新区作为临沂都市区"一心"的重要组成,被确定的主要功能是推进新兴产业集群,搭建创新创业平台。现行的高新区"一城八区"规划中,高新区的规划目标是深化落实城市总体规划,立足中心城区西南,辐射临沂市,面向鲁南地区,以生产性服务为核心,生活性服务为依托,成为集商务办公、总部基地、会议展览、文化娱乐、商业服务、生活居住、新能源产业、纺织服装等多元功能于一体的综合性现代服务业集聚区,是临沂市的重要服务性引擎。"一城八区"中的"一城"是临沂未来生态科技城,"八区"分别是规划电子信息产业园区、新能源汽车产业园区、生物医药产业园区、新材料产业园区、先进制造产业园区、纺织服装产业园区、工业物流园区、生态农业示范园区(图 8-5)。高新区规划了一个以行政中心、商住区功能为主的综合服务

图 8-4 临沂城乡空间布局

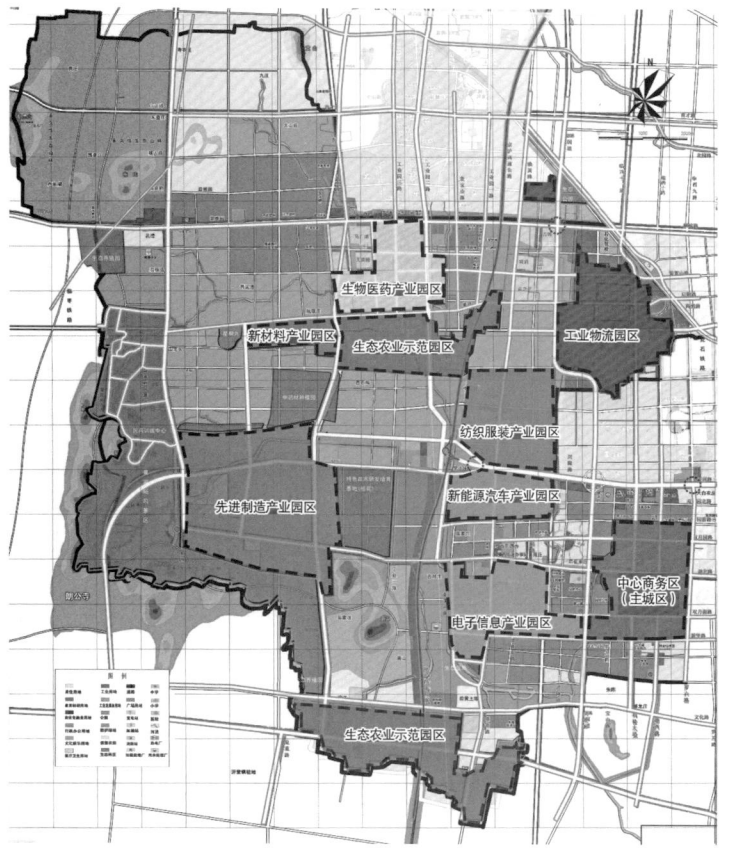

图 8-5 高新区"一城八区"规划

中心,该中心位于高速公路以西区域。另外,高新区还规划了高新技术孵化中心,仓储物流中心和高效农业、观光旅游服务中心三个功能中心。

高新区科技城的规划定位比较准确,主导产业选择也具有前瞻性,但最大的问题是科技城园区规划用地面积为 93 平方千米,基本上都是按照产业园区的模式发展,呈组团式空间布局,忽视了城市化的动力和内容。另外,已有的《高新科技商务片区控制性详细规划及城市设计》及《马厂湖镇总体规划》规划了"一核、五区、两轴、多心"的空间结构(图 8-6)。规划的最大问题也是产城脱离,没有脱离原有的工业园区模式,生态空间没有形成空间支撑动力,缺乏有力的平台支撑。

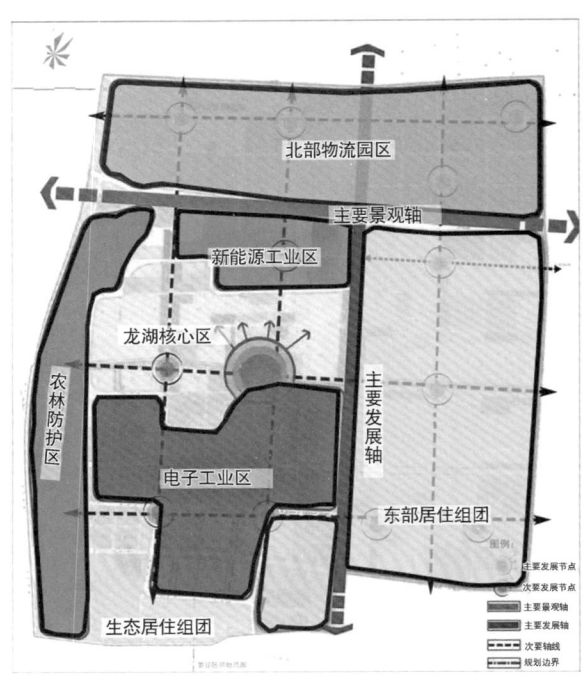

图 8-6　高新科技商务片区功能结构

从高新区的区位和发展现状来看,科技城位于临沂市中心城区的最西城市组团,通过解放路、金雀山路、沂河路、湖北路等主要道路可快速联系兰山区、罗庄区及河东区。高新区在新能源、电子信息产业和高新技术产业方面有一定的基础,未来将具有比较强的城市化动力。因此,本次高新区规划的重点如下:一是面对位于城市边缘、组团动力缺失的发展现状,要实现战略进阶,科技城必须进行战略转型;二是要改变高新区在整个城市中的区位价值,就要跨过西外环,拉开框架,进行全域空间规划;三是高新区要从园区化走向园城一体化、产城一体化,从传统的"园区空间经济"向产城融合的"创新、科技、城市、服务型经济"转型;四是高新区不能孤立发展,要组团推进、联动发展。高新区的总面积为 192 平方千米,而本次规划的京沪高速公路东部和西部的两个集中建设区面积约为 67 平方千米,这两个区域目前都没有形成组团动力,也不符合临沂市新一轮的整体城市空间发展思路。按照组团化发展的规律要求,构建组团空间结构、打造组团动力模式、形成组团功能是本次规划成功的关键。

8.2 "生态智城"定位下的八大产业平台和总体空间规划

本次规划坚持"创新、协调、绿色、开放、共享"的新发展理念,以"科技化、国际化、生态化、城市化、服务化"五化推动高新科技城的建设,将国际化的高新科技城作为战略平台,战略性聚焦人才、信息、知识等创新要素的汇聚,补足生产性服务业和高价值端生活性服务业两大战略短板,用五大动力推动新区进行动能转换、空间重构和产业升级。

本次规划范围共66.7平方千米,分为东、西两个规划片区(图8-7)。京沪高速公路东部片区更为邻近临沂市建成的中心城区,城市化动力更为强大,规划定位为高新科技城,具有很强的创新产业功能和城市服务功能;高速公路的西部片区,从现实出发,规划以三个特色小镇和五个特色产业园区为主。

图8-7 高新区东、西两个规划片区

8.2.1 规划目标

本次高新区规划的目标是将临沂市建设成为具有鲜明特色、才智汇集创新的智慧之城,承载齐鲁历史、汇集现代文明的典范城市,优势产业集群、功能多元复合的活力之城,有机聚合高效、城湖交融共生的魅力新区。在上述总体目标下,要将高新区打造为"生态智城"(图8-8)。规划整合高新科技城及临沂市的发展比较优势,融入创新要素。生态智城包括了以生态为基础、以科创为核心驱动力和以产业为持续发展动力三个方面的综合考量。

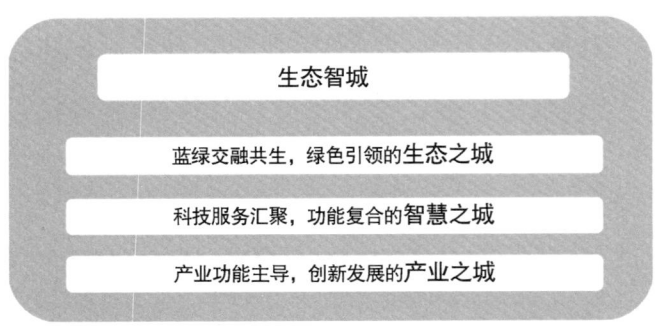

图8-8 高新区定位"生态智城"

8.2.2 主导产业和核心功能

通过对临沂市产业体系规划和全球产业发展规律的研究,规划将高新区的主导产业定位为生产性服务业和消费性服务业的高价值环节(图8-9)。

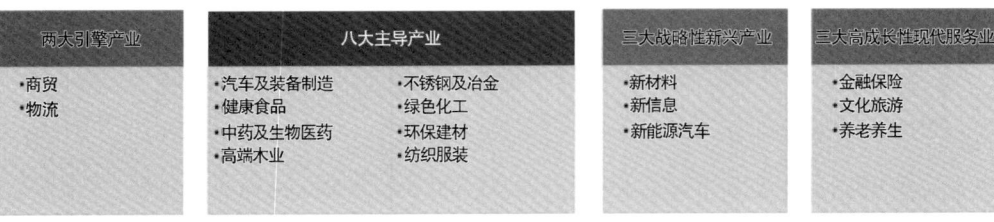

图8-9 高新区的主导产业

在核心功能选择上,高新区首要功能是科创服务功能,抓紧现代科创服务和商业商务服务中心两个主导功能,塑造地标性区域,完善区域配套。同时,将宜居城市和生态城市作为重要的功能规划方向。

8.2.3 八大产业平台

高新区构建面向全球化产业链的八大高新技术产业平台,包括中央金融科技商务平台、国际会展平台、国际会议会务平台、公共服务平台、国际化生态科创平台、信息产业基地、现代生活消费中心、国际化文化体育服务平台（表8-1）。

表8-1　　　　　　　　　　　　　　高新区八大产业平台

产业平台		主要项目构成
生产性服务业平台	中央金融科技商务平台	金融商务中心、酒店及公寓、企业总部集聚区、知识产权交易中心、企业总部基地、科创金融办公
	国际会展平台	科技博览中心（中小型场馆）、名企展示及发布中心
	国际会议会务平台	高新产业会议交流中心、商务酒店、高新产业创智论坛中心
	公共服务平台	科技展示馆（可与科技博览进行合并）、图书馆、区级文化艺术馆、区级市民公共服务中心、国际学校、国际医院
	国际化生态科创平台	科技研发中心、企业孵化中心、龙湖软件园区、开放性实验室、创智基地（低密度生态办公）、人才港、企业加速器
	信息产业基地	公共服务信息港、信息科技园、信息产业中心、电子商务园
生活性服务业平台	现代生活消费中心	购物中心、商业街、科技生活港
	国际化文化体育服务平台	文化公园、文化街区、文化创智园区、国际化体育运动休闲公园、国际运动场馆

8.2.4　总体空间规划

1. 空间结构

东部高新科技城片区在总体设计上，形成了"生态引领，河湖贯通；中央驱动，产城互融"的大空间结构。西部高新科技园片区在总体设计上，形成了"一带三湖，空间突破；三镇五园，以城促产"的大空间结构（图8-10）。为实现这样的空间结构，需要构建具有生态化、科技化、服务化特征的战略空间中心。通过打造强势的组团中心，形成内在空间发展动力。

东部片区的"中央创新功能带"和以南、北、中三个湖区形成的三大板块核心，以组团形式（图8-11）提供更大的平台和更强的空间驱动能力。西部片区则以"一带三湖"生态空间为基地，构建"三镇五园"的空间格局（图8-12）。结合三个坑塘群打造三个湖面空间，通过河湖贯通，形成连续的带状公共空间，构建以生态湖区为引领的西区特色小镇产城服务带。

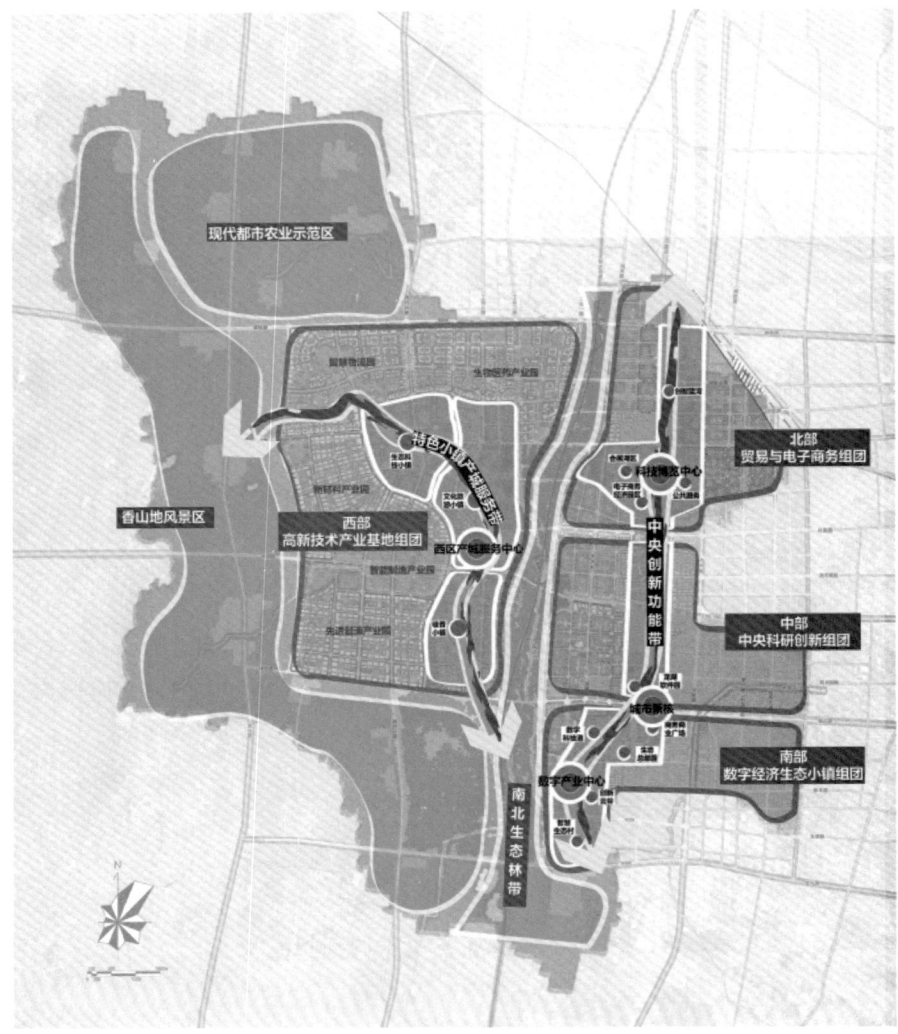

图 8-10 高新区空间结构

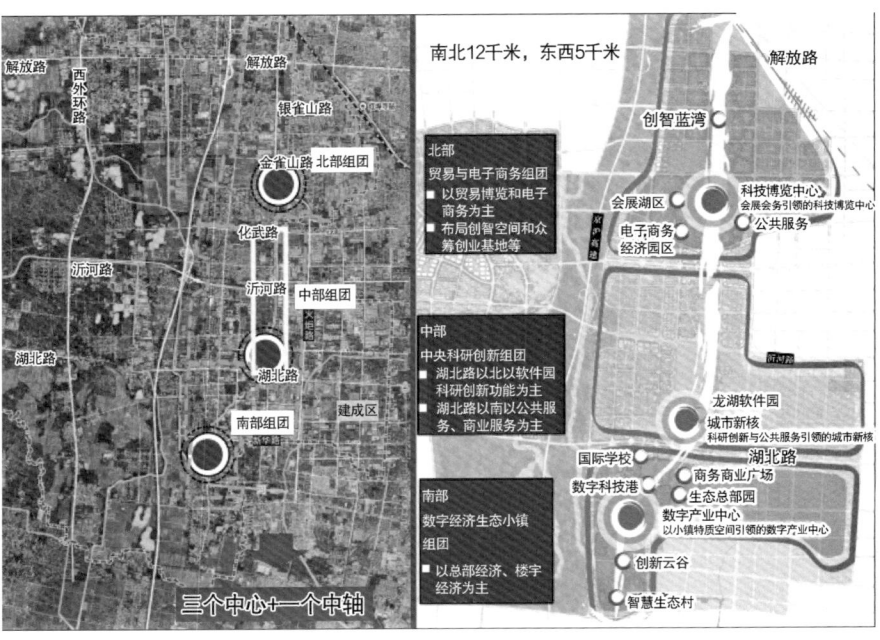

图 8-11 高新区东部片区的"中央创新功能带"和三个组团中心

图 8-12　高新区西部片区的"一带三湖"和"三镇五园"

2. 蓝绿生态空间构建

本次规划以绿色发展为空间驱动力,提供绿色供给、经济转型、产业发展的绿色空间战略大平台。借助水系绿化生态空间,推动高新科技城生产、生活、生态融合发展,推动高新区全域绿色化发展。高新区拥有良好的生态资源,但是利用不足,通过生态资源整合、河湖贯通,依托东部老龙沟和西部坑塘群形成两大生态空间中心(图 8-13)。

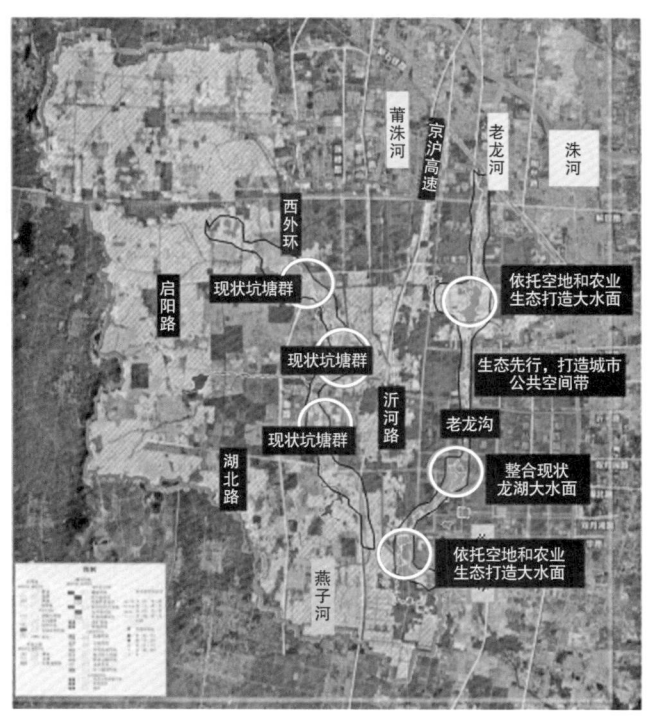

图 8-13　高新区蓝绿生态空间

东部核心空间生态建设内容如下：规划贯通河道南北长约 11 千米；开挖三个大水面，水面面积约 1 290 亩（约 86 公顷）；在水系两侧共规划 27 千米的生态岸线，沿岸生态景观建设面积约 321 公顷。西部核心空间生态建设内容如下：规划贯通河道南北长约 6 千米；开挖三个大水面，水面面积约 1 695 亩（约 113 公顷）；规划水系两侧岸线共 18 千米，沿岸态景观建设面积约 284 公顷。

通过利用现有的水面和新规划水面，整合生态资源，拓展河道、贯通河湖，依托东部老龙沟和西部坑塘群形成九大水面生态空间（图 8-14）。将九个湖区打造成组团的空间中心，形成逐湖联动的特质风貌空间，带动周边城市功能的发展。

图 8-14　高新区九大水面生态空间

8.3　重点片区设计：生态和创新双轮驱动下的城市战略性功能平台构建

8.3.1　东部片区的规划

1. 中央创新功能带

中央创新功能带是高新科技城的空间核心、功能引擎和产业创新高地。中央创新功能带要发挥其作为高新科技城的发展动力核心与关键空间的作用，必须做到空间共享、功能融合、交通一体、立体复合。

中央创新功能带是在生态空间的基础上叠合节点区域上的核心产业空间,并引入城市功能,构建产城融合的居住空间,实现生态、生产、生活空间的统一(图8-15)。在空间构建上,分四步走:

第一步是扩展河道,开挖湖面,塑造完整的生态空间。在现状河道水系的基础上,拓宽河道,并在节点区域开挖湖面,沿河构建公园系列,形成蓝绿生态空间。

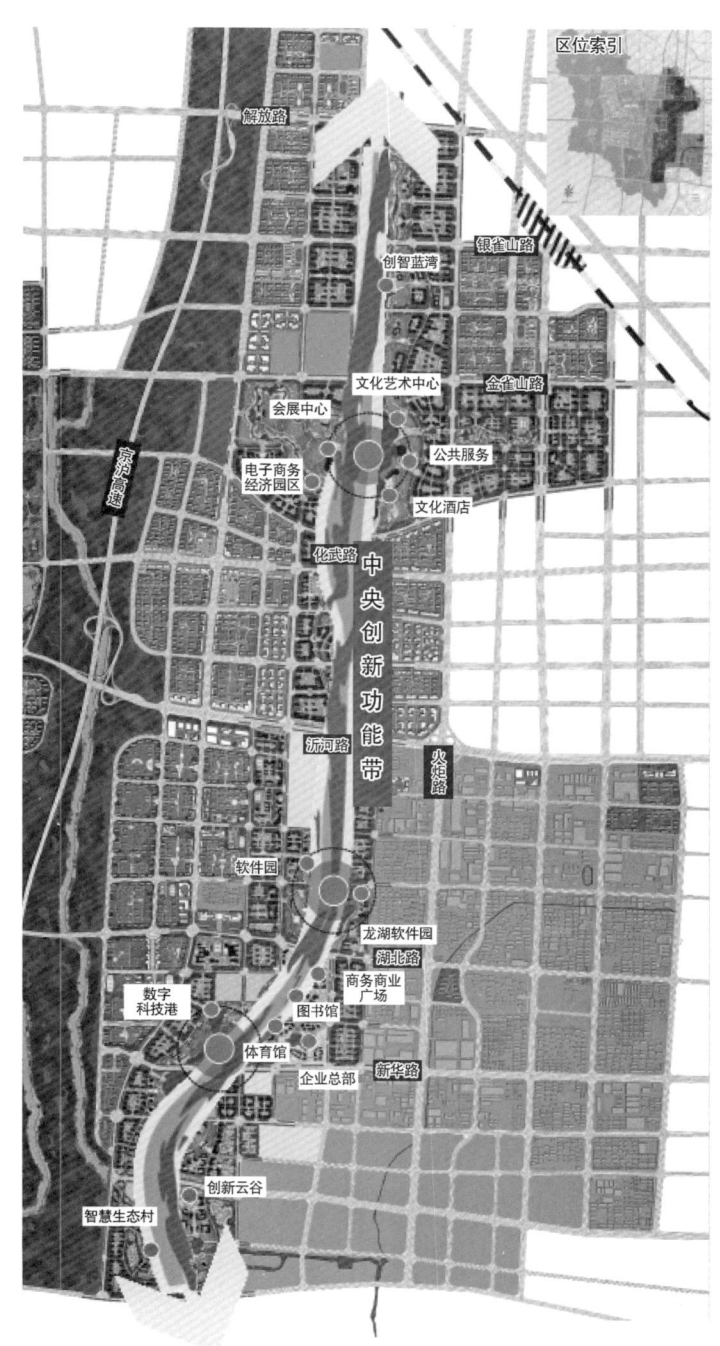

图8-15 中央创新功能带空间构成

第二步是打造全开放的中央功能区,从北向南形成会展湖区、城市新核心的战略引擎组团和数字经济生态小镇三个核心功能区。其中,会展湖区以贸易和电子商务产业为主,有国际会展和科技博览中心;战略引擎组团是城市的新核心和标志空间区,以高端城市消费、科创和公共服务功能为主;南部的数字经济生态小镇,以特色小镇的空间形式重点打造培育孵化数字经济的战略平台。

第三步是引入连贯的滨河路,实现空间交通一体化。通过沿着南北走向的水系两侧建设贯通的城市道路和滨水生态空间中的慢行步道,将南北向的各个功能组团连接起来。

第四步是沿中央创新功能带布局城市功能,通过学校、医院等公建设施的引入,带动区域房地产开发,导入人口,以城市化为动力,为片区发展提供人口和活力。

2. 中央创新功能带的三大组团构建

中央创新功能带构建了"一轴引领、三心驱动"的大空间格局(图 8-16 和图 8-17),但是要真正发挥空间驱动力,构建有活力的产业体系和城市,还必须要有实实在在的产业内容和相应的产业战略平台,组团需要有真正的中心。北部的贸易与电子商务组团以贸易博览和电子商务为主,以人工开挖的会展湖区大水面为生态核心空间,布局会展博览功能平台设施、电子商务经济园区、创智蓝湾等产业功能平台。中部的中央科研创新组团是城市的新核心空间,布局了龙湖软件园等科创功能平台、城市公共服务设施功能平台、酒店和高端消费等城市消费中心功能平台。南部的数字经济生态小镇组团以数字经济的孵化和培育为主,布局了数字科技港、生态总部园、创新云谷等数字经济创新创业平台,以及商务商业广场等城市消费中心功能设施和国际学校等国际化生活配套设施。

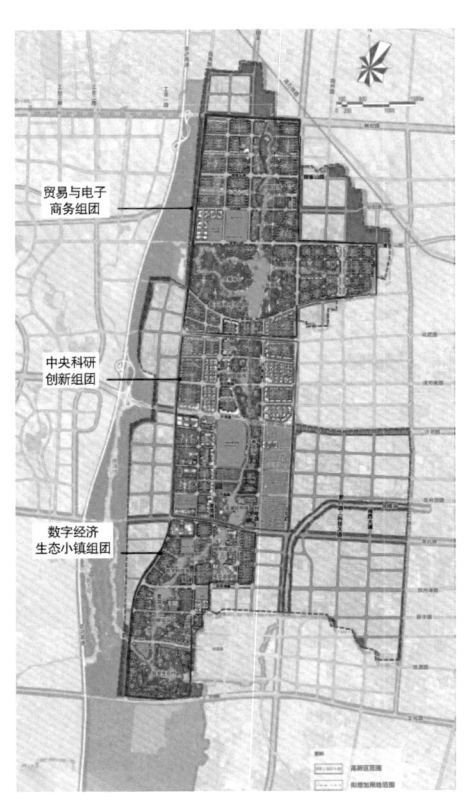
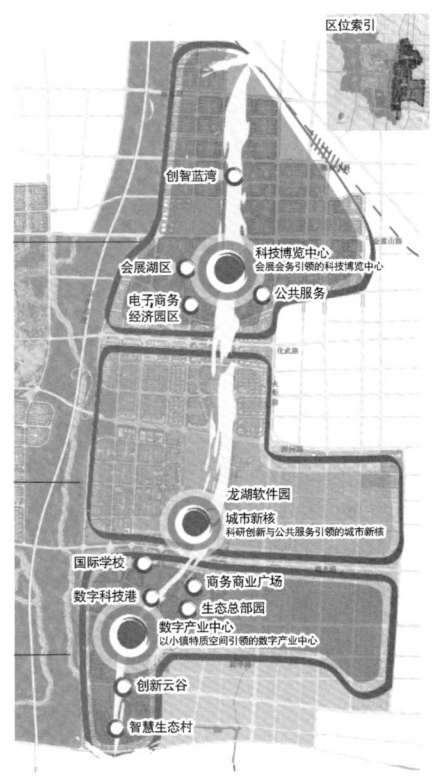

图 8-16 中央创新功能带三大组团总平面图　　图 8-17 中央创新功能带三大组团功能布局

1) 北部贸易与电子商务组团

北侧在充分利用南北轴线的同时,打通两条东西路(金雀山路和银雀山路),对接东部老城传统功能。在金雀山路南侧，利用现状空地，打造会展湖区（图8-18），以高端会展带动片区发展。北部组团的定位是以会展会议引领的国际科技博览中心。配合博览功能，规划了会展湖区公园、农业公园、湖区大水面等蓝绿生态空间，文化水街、文化商业街、城市标志建筑等文化交流设施，电子商务经济园区等产业功能平台（图8-19）。以大农业、大湖面、大生态为基底，以会展会务和电子商务为产业引擎，构建国际化高新科技交往特质区（图8-20）。

图8-18 贸易与电子商务组团的会展湖区

图8-19 贸易与电子商务组团总平面图

图 8-20　贸易与电子商务组团会展湖区空间效果

2）中部中央科研创新组团

中部组团的中心区域及两侧是城市的活力点及产业热点区域，是未来高新区的发展新核和城市客厅。中央科研创新组团总规模约 3.9 平方千米，河道长约 4 千米，水面面积约 29 公顷，其中湖面约 19 公顷。这里将打造成集城市高端消费、科研创新、公共服务于一体的高新区的空间标志区（图 8-21）。中部组团的定位是城市蓝色客厅、以科技创新和公共服务引领的城市新核。其产业定位为公共服务、商业中心、现代服务业、科创产业园、创智创新产业。在空间构建上，突出湖区聚焦、轴线驱动的空间策略。通过在湖北路南侧开挖小湖面，形成开敞公共空间，然后沿湖布置小体量场馆群，形成环龙湖公共服务中心和市民活动中心。在南北方向上，以中轴驱动，借鉴钱江世纪城，打造轴线公园客厅（图 8-22），聚焦城市高端消费、生产性服务业和市民公共活动。

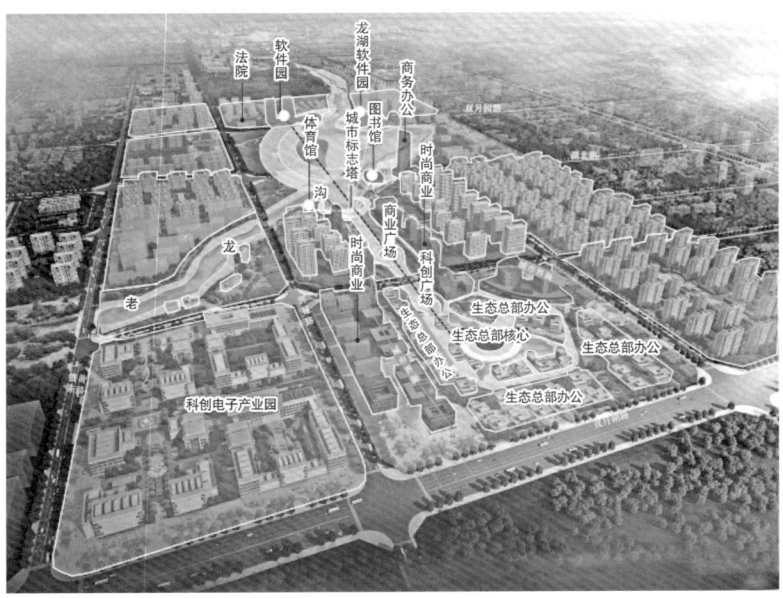

图 8-21　中央科研创新组团布局

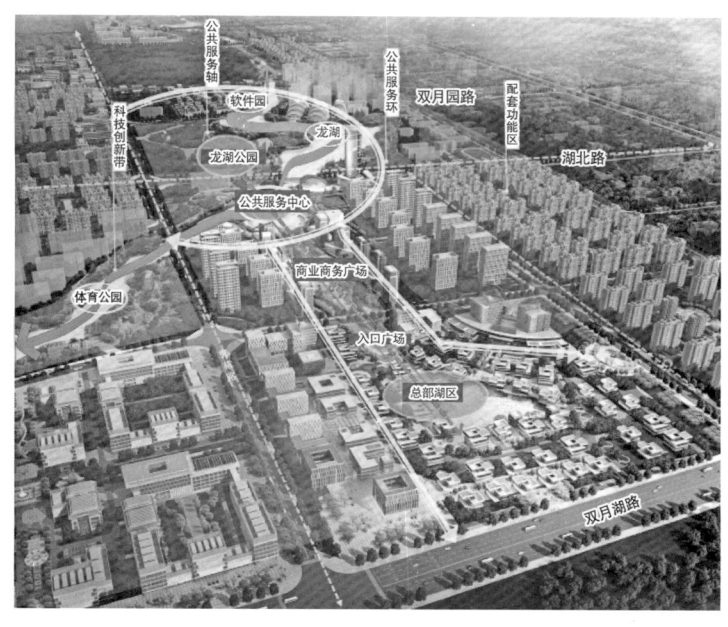

图 8-22 中央科研创新组团空间效果

3）南部数字经济特色小镇组团

南部组团的现状产业基础较好、生态资源基础较优，可以用生态小镇的形态引领低密度创新区。将南部组团建设成集生态、科创、低碳、交往于一体的开放式生态科创小镇，以小镇特质空间引领的数字经济生态小镇。在南部数字经济特色小镇组团中，规划了科技产业园、科创产业园、加速器、创新谷、总部基地等产业功能平台设施，以及商业广场、国际学校、图书馆等生活性设施（图8-23）。

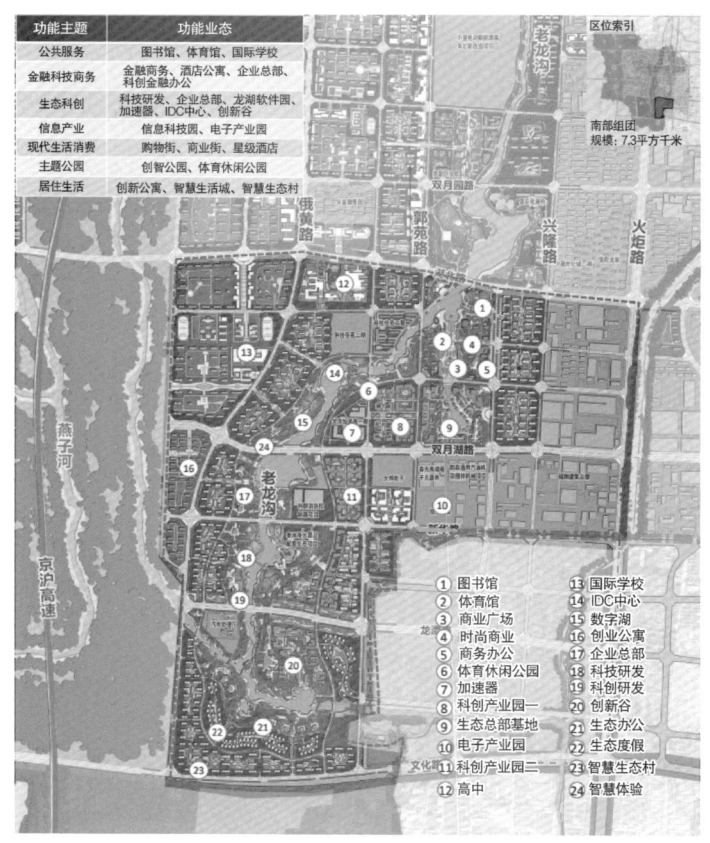

图 8-23 数字经济特色小镇组团总平面图

8.3.2 西部片区的规划

本次规划范围内,高速公路西侧部分定位为以三个特色小镇引领的高新科技园(图8-24)。总体方案设计特点为"一带三湖,空间突破;三镇五园,以城促产"(图8-25)。西郊片区的空间构建分为三步。

图8-24 高新区西部片区总平面图

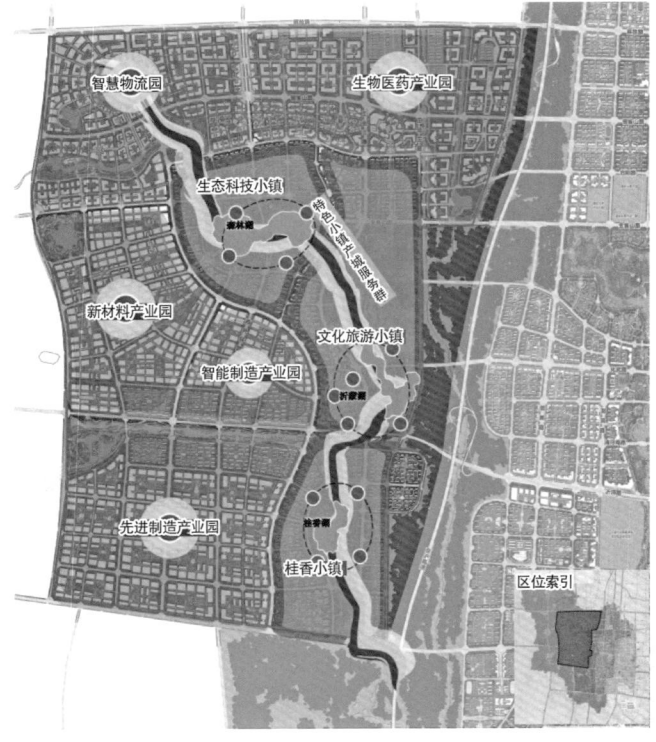

图8-25 "一带三湖、三镇五园"的空间结构

第一步是依托河湖引领的特色生态空间,打造西部整体性中心,形成"一带",即一条以水系为核心的蓝绿生态带。在节点空间上开挖三个人工湖面,再以三湖引领三个各具特色的小镇。围绕湖区,植入产业功能与服务业,以小镇模式构建产城融合发展支点。

第二步是三镇引领。将三个特色小镇作为主要服务节点,串联形成产城服务带。三个小镇中心和周边规划的五个主要产业园区包括生物医药产业园、智慧物流园、新材料产业园、智能制造产业园和先进制造产业园,小镇中心为产业园区提供服务业和城市生活配套功能。

第三步是以城促产。用生态化的特色小镇群驱动西部园区产城园融合、组团发展。面向公园公共空间展开的五个主题产业园区,从特色小镇中获得产业发展的动力支撑。

由此形成了由"生态绿芯—小镇中心—产业社区—集约化园区"四级构成的梯度组团布局,生态、产业、服务交融发展,互为叠加优势。

生态科技小镇规模约329公顷,定位是现代产业生产性服务组团和产城互融创新发展特质区(图8-26);文化旅游小镇规模约475公顷,定位为文化消费体验区、西部城市空间活力区,沂蒙西湖标识区(图8-27);桂香小镇规模约380公顷,定位为生态主题旅游休闲区,依托现有桂香小镇品牌,弘扬农耕文化、桂花文化,打造西区主题旅游服务中心(图8-28)。

图8-26 生态科技小镇空间布局

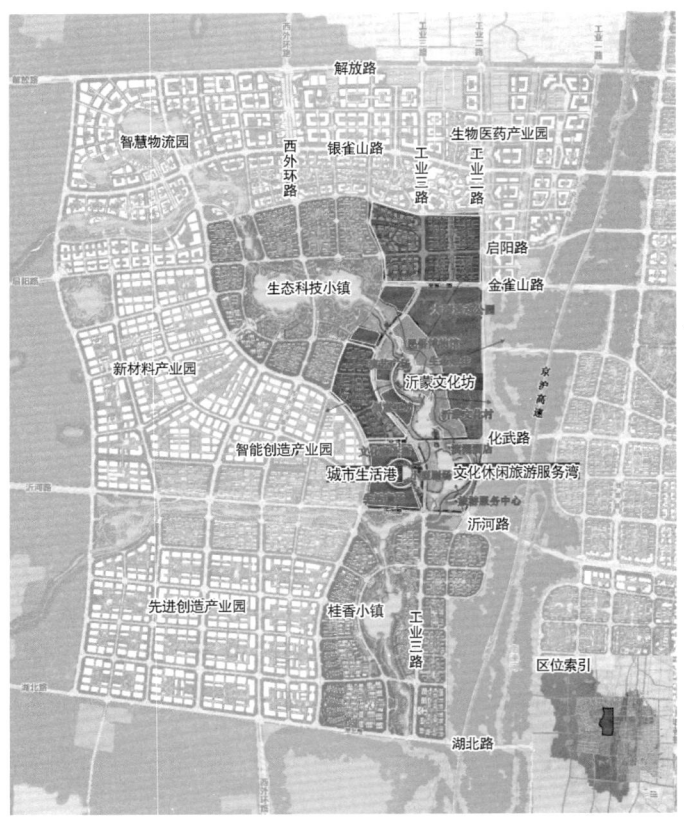

图 8-27　文化旅游小镇空间布局

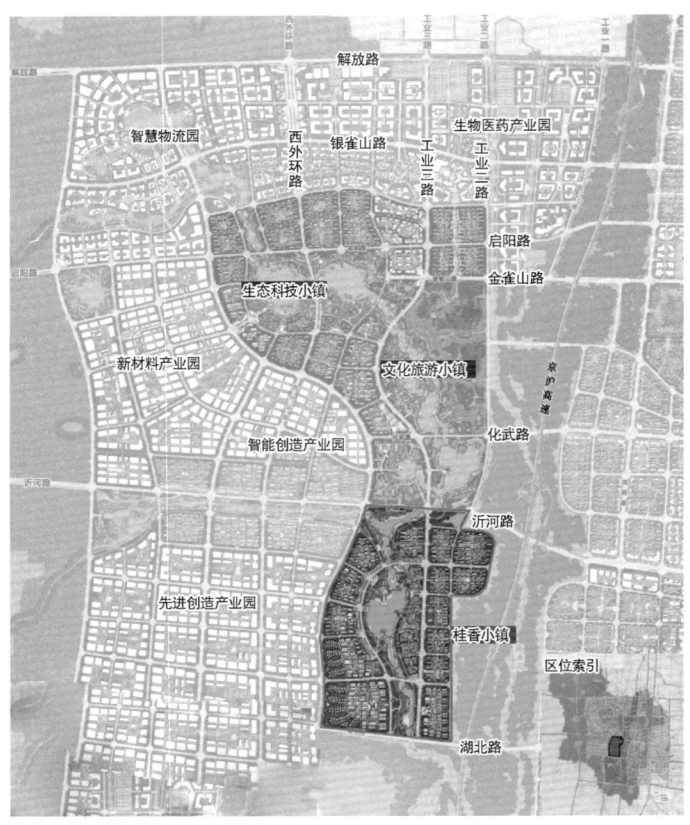

图 8-28　桂香小镇空间布局

济南新旧动能转换先行区崔寨科学城片区
——济南向更高国际化水平城市进阶的战略创新空间

9.1 济南新旧动能转换先行区——济南走向国际化大都市的历史新机遇

9.2 济南新旧动能转换先行区总体规划要点概述

9.3 崔寨科学城片区城市设计要点及战略平台构建

济南新旧动能转换先行区是山东新旧动能转换综合试验区中的核心一级。济南市在启动规划前,委托了国际战略咨询机构罗兰贝格国际管理咨询公司对济南新旧动能转换先行区的产业选择进行了定位分析,同时委托了中国城市规划设计研究院(简称中规院)对济南新旧动能转换先行区进行了总体规划。本章涉及的崔寨科学城片区的规划是在总体规划的指导下进行的城市分区规划和城市设计。

9.1 济南新旧动能转换先行区——济南走向国际化大都市的历史新机遇

1. 国家层面

山东新旧动能转换综合试验区(Shandong comprehensive test area for new and old kinetic energy conversion),又称泛济青烟新旧动能转换综合试验区。2018年1月,国务院发布1号文件,批复《山东新旧动能转换综合试验区建设总体方案》。建设新旧动能转换综合试验区的目的在于探索优化存量资源配置和扩大优质增量供给并举的动能转换路径,探索建立创新引领新旧动能转换的体制机制,探索以全面开放促进新动能快速成长的方法,探索产业发展与生态环境保护协调共进的途径,为扎实推进去产能、振兴实体经济、构建创新创业良好制度环境、发展更高层次开放型经济、形成绿色发展动能提供经验借鉴。这是一个在国家层面实现创新驱动高质量发展的先行先试战略决策。

2. 山东层面

设立以济南、青岛、烟台三市为核心,省内其他13个设区市的国家和省级经济技术开发区、高新技术产业开发区以及海关特殊监管区域等为补充的新旧动能转换区,对于山东这个经济大省是一个战略性的契机。在国家去产能的供给侧改革背景下,山东以国有企业为主体、重化工业的产业结构使自身发展遇到一些困境。与广东、江苏、浙江等省相比,山东经济增长乏力,发展质量不高,产业迫切需要打开新局面。高起点、高标准、高水平规划建设新旧动能转换先行区,着力在创新、智慧、绿色、改革开放等方面先行先试、领先领跑;积极发展"互联网+"、数字经济等新技术新模式,主动"弯道超车、变道换向",培育一批具有核心竞争力的产业集群和企业群体,率先构建现代化经济体系,推动高质量发展,这对于山东全省是有重大战略意义的。

3. 济南层面

济南作为山东的省会城市,提出要强化自身发展,"打造四个中心,建设现代泉城"。为此,济南确立了"北跨东延、携河发展"的空间战略设想。新旧动能转换先行区,就是济南实现跨越式发展的战略契机。济南在大数据与新一代信息技术、智能制造与高端装备、量子科技、生物医药、先进材料、产业金融、现代物流、医养健康、文化旅游、科技服务等产业方面有很好的基础,新旧动能转换有比较好的条件。如果能高水平规划和建设新旧动能转换先行区,集聚集约创新要素资源,发展起高端高效新兴产业,就可以很大程度上提高省会城市首位度,建设"大、强、美、富、通"的现代化省会城市,构建京沪之间创新创业新高地和总部经济新高地,打造全国重要的区域性经济中心、金融中心、物流中心和科技创新中心,从而实现"四个中心、现代泉城"的战略构想。

9.2 济南新旧动能转换先行区总体规划要点概述

由中规院编制的《济南新旧动能转换先行区总体规划(2018—2035年)》,是崔寨科学城片区规划的法定依据。现对总体规划做简要介绍。

1. 总体规划范围

济南新旧动能转换先行区总体规划以规划控制区(先行区的黄河以北区域)为重点,从研究区(1 794平方千米)—先行区(1 030平方千米)—规划控制区(733平方千米)三个层次进行规划与研究。其中,先行区(图9-1)南起小清河、北至徒骇河、西起玉符河、东至临港街道东边界,涉及天桥区、济阳区、槐荫区、历城区、章丘区五区21个街道。

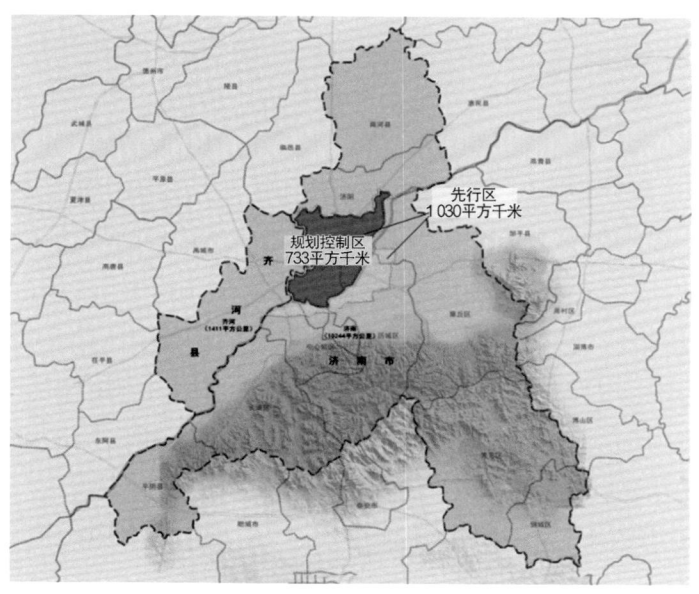

图9-1 先行区规划范围

2. 总体规划基本原则和定位

(1) 总体规划的基本原则:创新驱动,高质发展;生态优先,携河发展;产业为本,引领发展;开放合作,共赢发展。

(2) 总体定位:全国新旧动能转换的先行区,贯彻落实新时代发展理念的标杆;提升省会城市首位度、带动全省高质量发展的新增长极。济南新旧动能转换先行区将建设成为新旧动能转换综合试验区的样板,肩负起引领全省新旧动能转换的重大历史使命,充分把握先行先试的重要机遇,着力打造"新智造、新科技、新服务、新消费"四大产业生态体系。

(3) 总体目标:将先行区建设成为城河共荣、绿色低碳的生态新区,动能转换、产业创新的智慧新区,开放引领、协调共享的现代新区,传承文脉、以人为本的宜居新区。

(4) 发展目标:遵循城市和产业发展规律,按照"基础设施先行、生态环境先行、产业导入先行,产城河三位一体"的原则,蹄疾步稳、分步实施、有序推进。

3. 主导产业选择

集聚集约创新要素资源,发展高端高效新兴产业,形成"四新"产业体系,即新智造(交通装备制造、信息技术、医药制造、智能制造)、新科技(氢能源、石墨烯、量子科技)、新服务(智慧物流、科技服务、产业金融、创意设计)、新消费(智慧体验农业、文化旅游休闲产业、医养健康教育产业)。

抢抓新一轮科技革命和产业变革所带来的重大机遇,坚持产业为本,突出产业引领,聚焦新智造、新科技、新服务、新消费,强化研发创新引导,推进工业化与信息化深度融合,加快培育壮大新动能,改造提升传统动能,构建以新经济为特色的绿色现代产业体系,打造"无中生有"和"以产注能"的示范标杆。加快壮大新智造,超前布局新科技,着力培育新服务,快速激发新消费,改造提升旧动能,提高产业绿色化发展水平。

4. 空间布局

先行区通过"组团式"发展,放大城镇功能。集约发展城市组团,加快发展特色小(城)镇,全面建设美丽乡村,构建"一轴、两廊、多组团"的空间结构(图9-2和图9-3),形成"南城、中镇、北乡"的城乡总体空间布局。"一轴"即泉城特色风貌轴;"两廊"即沿黄河北岸形成带状组团分布的黄河北岸科创走廊和特色小(城)镇走廊;"一体"即先行区主体,由大桥组团、桑梓店组团、崔寨组团、济阳组团构成;"两翼"即先行区主体规划范围之外的东、西两侧区域。

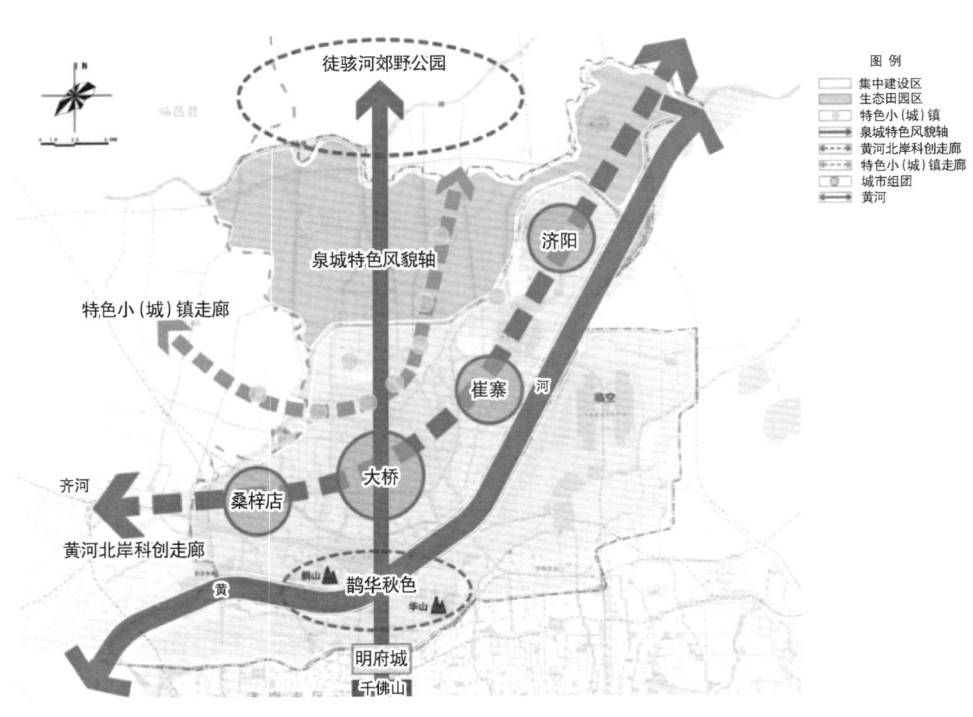

图9-2 先行区空间结构

图 9-3 先行区鸟瞰效果图

大桥组团定位为济南城市副中心,发展现代高端服务业,培育科技研发、总部经济、商务服务、文化创意等产业,预留政务服务功能空间。结合山东科学城建设,落实先行区"四新"产业布局,发展科技研发、高新技术产业,打造先行区创新服务重要极核。积极引入国内外总部企业,建设总部集群,加快布局高端商业金融、商务办公等现代服务业,打造总部与商务中心。结合重大文化设施建设,导入知名动漫、文旅、教育等文化产业,建设教育基地,打造泉城特色文化创意产业集群。

崔寨组团定位为高新产业城,发展现代物流、新能源、会展博览等产业。依托"中国氢谷"建设,布局氢能源科技园、氢能源产业园、氢能源会展商务区,打造全国氢能源产业高地。积极引进知名物流企业,加快发展现代物流产业,建设国际物流中心、智慧物流园等物流产业平台。融合会展经济及科技创新功能,布局重大会展场所,打造会展博览产业示范引领区。

济阳组团主要发展智能制造、食品饮料等产业。依托机械加工产业基础,按照产业链条化、配套本地化、制造服务化发展要求,大力发展智能制造产业。提升食品产业发展水平,推进食品饮料精深加工,全面提升产品技术、工艺装备和能效标准,加快有机食品、保健食品、功能食品、休闲食品开发力度。

桑梓店组团发展新材料、高端制造等产业。推动现有新材料产业融入高端制造供应链,完善研发创新功能,建设具有国内尖端水平的新材料研发和生产基地。改造提升物流产业,打造现代物流产业基地。加快引入机器人、数控机床、精密仪器等高端装备制造产业。

9.3 崔寨科学城片区城市设计要点及战略平台构建

尊重总体规划所确定的崔寨片区总体框架,崔寨科学城片区城市设计主要集中在三个方面：一是总体路网框架，即主干路网和对外交通的衔接；二是用地结构，包括产业用地比例指标和三区四线的划定；三是河网水系和绿道，采用总体规划确立的三横两纵的河网绿道空间结构。

9.3.1 规划总体构思

基于总体规划框架及引进项目功能，针对崔寨科学城片区的规划和城市设计，提出了以下四大构思：

（1）强化220国道的城市功能，打造南北组团的现代产业服务大道。崔寨科学城规划范围内有220国道，现状是以交通性功能为主的道路。未来220国道将提升城市产业服务功能，自北向南规划智慧物流枢纽、中国氢谷新能源智造、会展博览中心和黄河学院创意文化区等四大板块，以及两个公共服务和高速迎宾入口等节点。220国道将从交通性道路转型为城市功能联系通道，成为城市产业服务功能带（图9-4）。

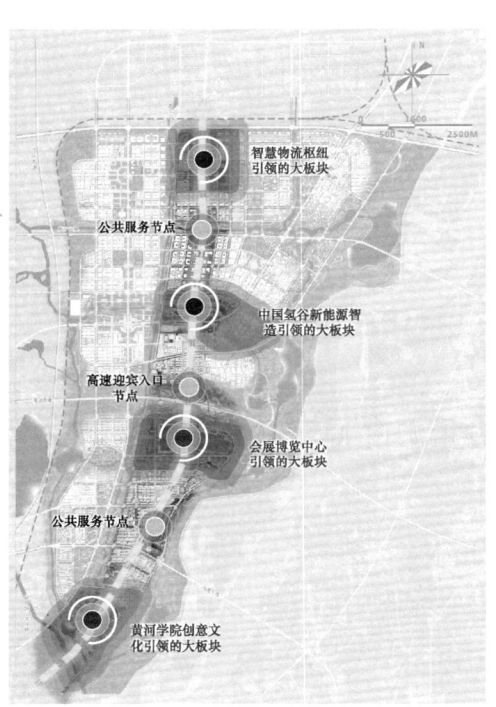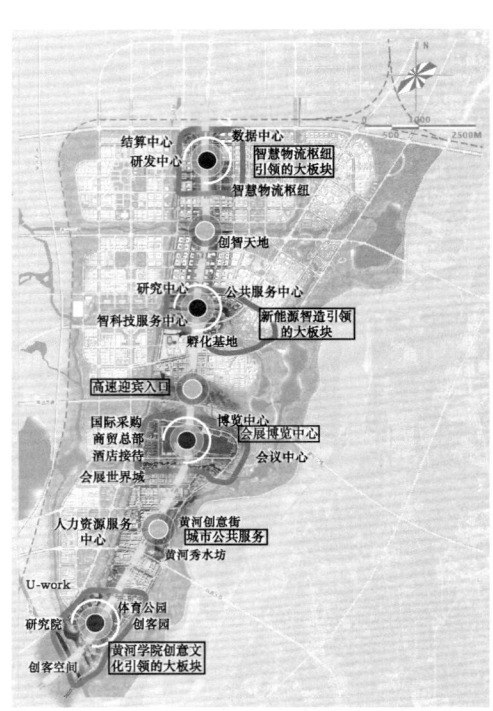

图9-4　220国道转型为城市产业服务功能带

（2）突出携河发展的理念，打造黄河休闲创意文化带（图9-5），三生融合的黄河空间发展带。济南跨河发展，需要面向黄河、拥抱黄河。在总体规划中，规划有沿河的黄河国家湿地公园带。本次分区规划着力优化黄河堤外空间，塑造滨河区域多元文化湿地功能，打造融合生产、生活、生态的多彩水岸空间。结合黄河国家湿地公园带的生态空间，规划黄河艺术中心、黄河演艺中心、黄河秀水坊等文化设施，休闲商业街、黄河码头商业等城市消费购物设施，创客空间、新能源科技馆等科创设施，会展会议中心、博览中心、文创交流中心等国际会展会议功能设施。

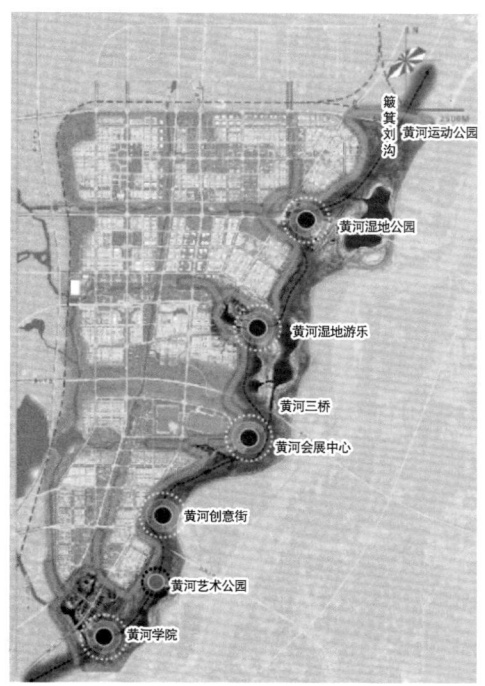
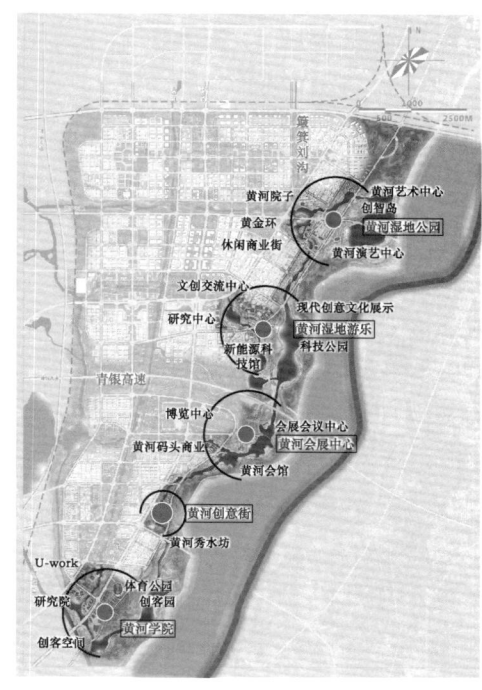

图9-5 黄河休闲创意文化带

(3) 依托轨道交通站点，通过TOD模式，建设复合功能通道。总体规划中崔寨科学城规划有沿220国道的南北向轨道交通。本次分区规划在轨道交通沿线的交通站点，利用其便捷性与人流的集聚性，打造城市级商业中心、次商业中心、会展接待中心、产业服务中心等功能节点，形成沿轨道交通的城市复合功能通道(图9-6)。

(4) 梳理蓝网绿道，构建水城共融的生态城市格局。理水，即以青宁河、青宁干渠为主脉，勾连周边河湖体系，重建区域的排蓄系统，形成一个分级有序、可蓄可泄、不盈不竭的网络体系。筑水，即河道蓝网与绿网交织，形成水绿共城的生态城市格局(图9-7)。营水，即构建"五心、七廊道、多公园、多通廊"的景观公园体系(图9-8)。

图9-6 沿轨道交通站点形成复合功能通道

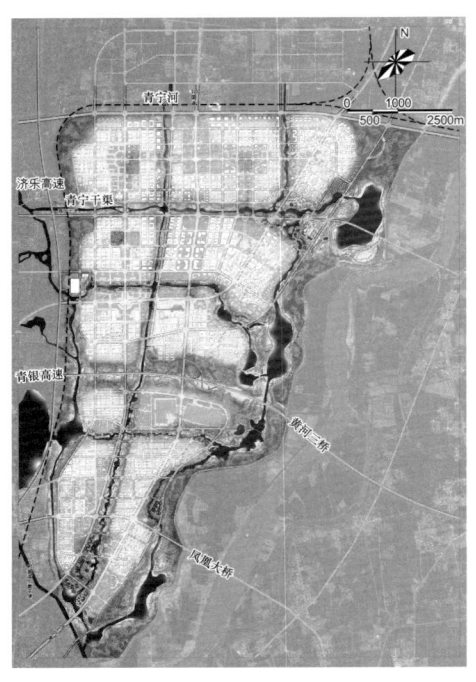
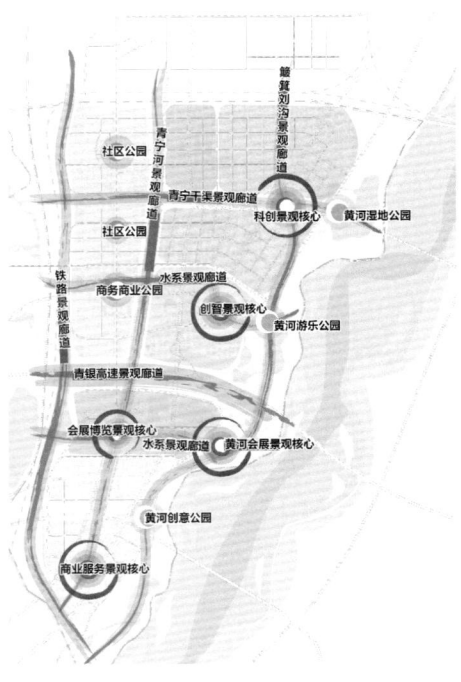

图 9-7 蓝网绿道　　　　图 9-8 崔寨科学城的景观公园体系

9.3.2　总体空间结构

本次分区规划形成了"两带、一环、四大区块"的空间结构。其中,"两带"分别是黄河空间发展带、220国道城市产业服务带,"一环"是城市产业服务环,"四大区块"分别是配套服务区、智慧物流区、中国氢谷新能源科创区和国际会展博览区(图9-9)。

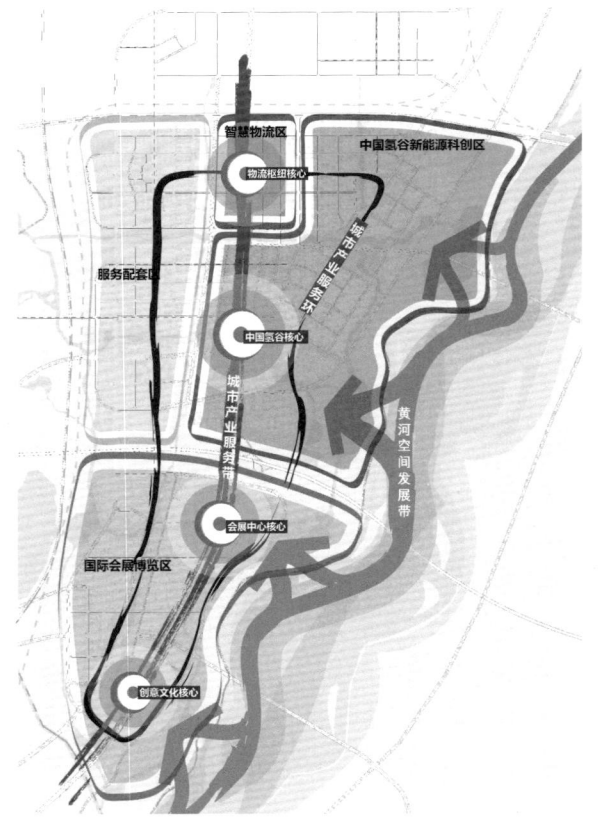

图 9-9　崔寨科学城总体空间结构

9.3.3 功能布局规划

四大区块分别布局如下功能平台：智慧物流区以智慧物流园区为主；中国氢谷新能源科创区有青创园、新能源研发、高校创智、黄河游乐公园、智能制造、智能工厂、工业4.0示范区、高端制造研发等模块；国际会展博览区有会展博览中心、会展配套、生活社区、商业服务、黄河学院、黄河创意文化公园等；服务配套区有配套居住、众创空间、商务商业、人才社区等（图9-10）。各功能子项目的平面布局如图9-11所示。

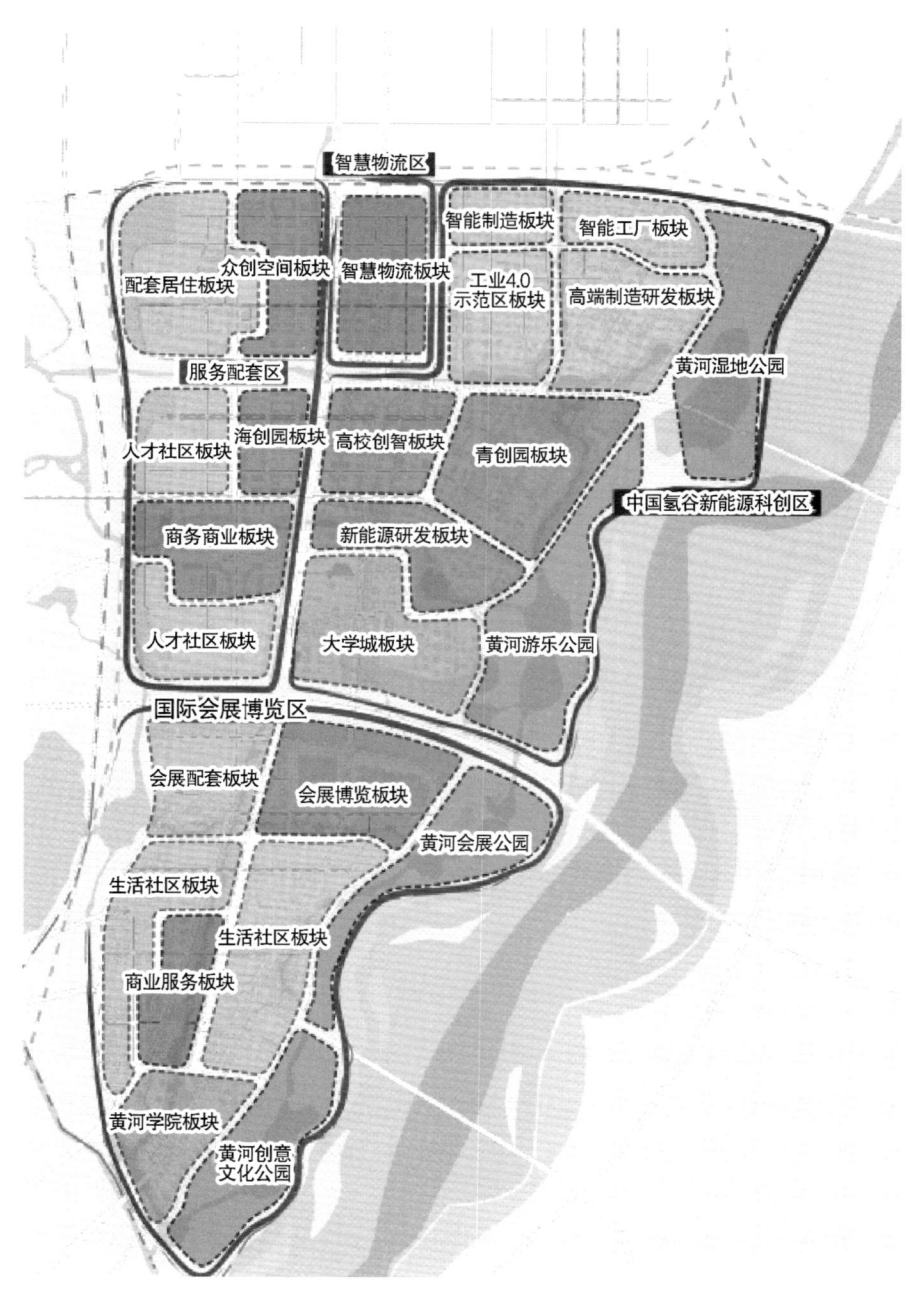

图9-10 崔寨科学城功能布局

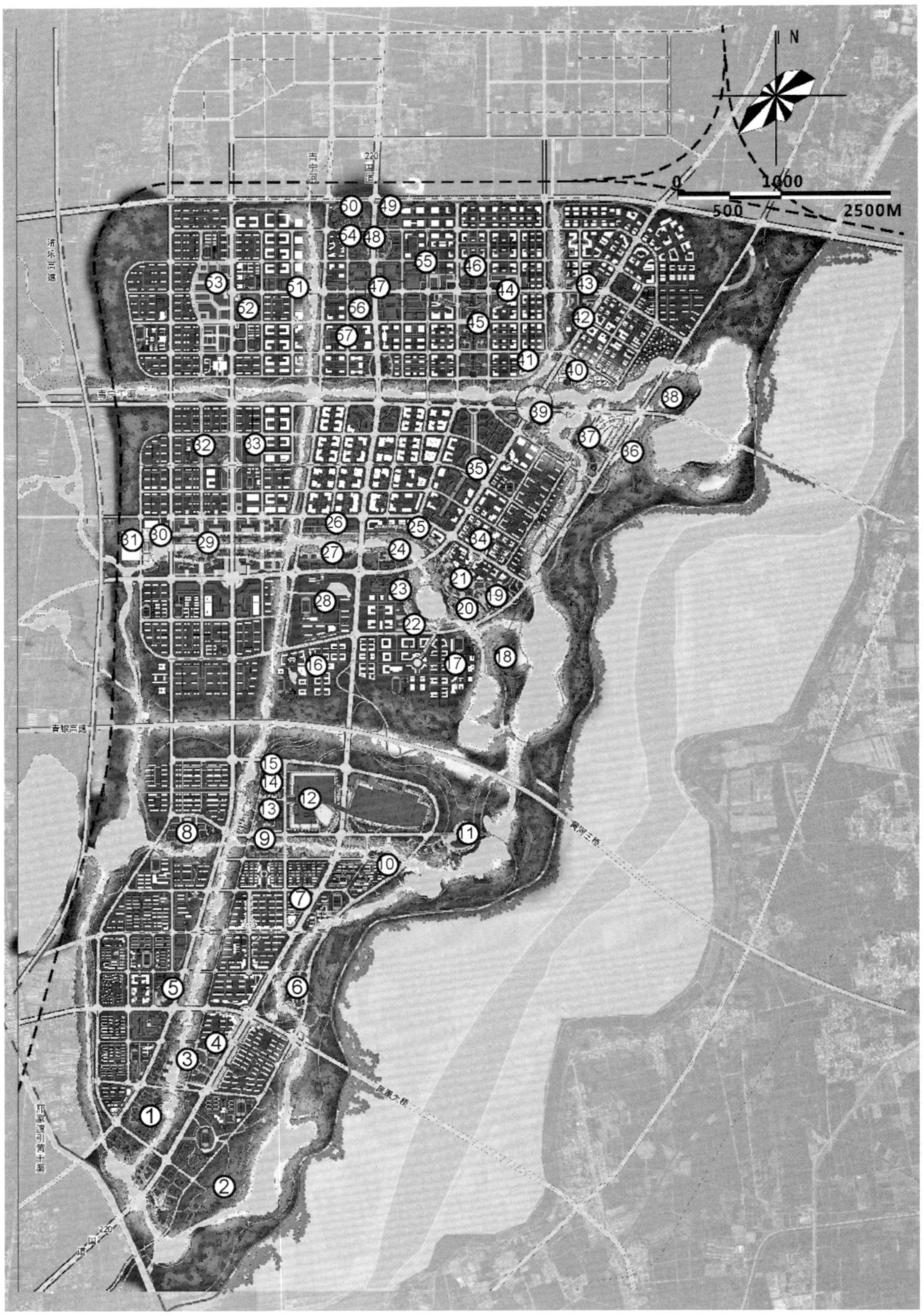

① 黄河学院；② 黄河创客公园；③ 滨水商业街；④ 齐鲁中心；⑤ 文化中心；⑥ 黄河创意街；⑦ 山东人力资源服务中心；⑧ 嘉禾国际医院；⑨ 金融湾；⑩ 黄河码头商业；⑪ 国际接待中心；⑫ 会展博览中心；⑬ 星级酒店；⑭ 会展世界城；⑮ 国际采购中心；⑮ 贸易中心；⑮ 商贸总部；⑯ 大学城；⑰ 智能学院；⑱ 黄河湿地娱乐；⑲ 中国氢谷研究院；⑳ 氢能源科技馆；㉑ 产学研创新中心；㉒ 能源科技服务中心；㉓ 科技领袖中心；㉔ 新能源会议中心；㉕ 孵化基地；㉖ 先进材料研究中心；㉗ 东旭国际石墨烯创新中心；㉘ 英才学院；㉙ 城市特色商业；㉚ 客运站；㉛ 火车站场；㉜ 公园；㉝ 商业中心；㉞ 创客空间；㉟ 青创园；㊱ 黄河码头岛；㊲ 创智岛；㊳ 湿地生活公园；㊴ 科技领袖之都；㊵ 科学家之家；㊶ 文创交流中心；㊷ 创新转化中心；㊸ 高端制造研发中心；㊹ 智能服务中心；㊺ 工业展示区；㊻ 工业博物馆；㊼ 联运枢纽中心；㊽ 技术服务中心；㊾ 智能商务中心；㊾ 电子商务大数据中心；㊿ 对外经贸合作中心；(51) 众创空间；(52) 柴火工厂；(53) 城市商业中心；(54) 智能物流控制中心；(55) 贸易口岸；(56) 菜鸟公寓；(57) 菜鸟网络基地。

图 9-11　各功能子项目平面布局

9.3.4 三大重点分区的城市设计

1. 智慧物流区

1) 核心功能模块

智慧物流区有四大核心功能模块：一是数据枢纽，包括大数据中心、智能物流控制中心、电子商务中心、关务中心、淘宝城等项目；二是联运枢纽，包括联运枢纽中心(敏捷物流枢纽)、菜鸟网络基地、智能仓储设施等子项目；三是智能研发中心，包括智能物流装备研发、物流软件服务研发、创业、电商孵化器等子项目；四是公共配套，主要包括商业设施、菜鸟公寓、医院、配套学校等(图9-12)。

图9-12 智慧物流区功能项目分布

2) 平面功能布局

智慧物流区的平面功能布局如图9-13所示。门户区是智慧物流区与外围的衔接区和片区的展示空间。数据枢纽区是信息中心，以半围合的形式，形成门户界面。智能研发区主要功能是服务数据研发与孵化。联运枢纽区是地上与地下的联运交通中心，是智慧物流区的核心区。在原总体规划的基础上，通过内部交通的外向化，进一步划分小地块，加密路网，街区基本控制在100～150米。

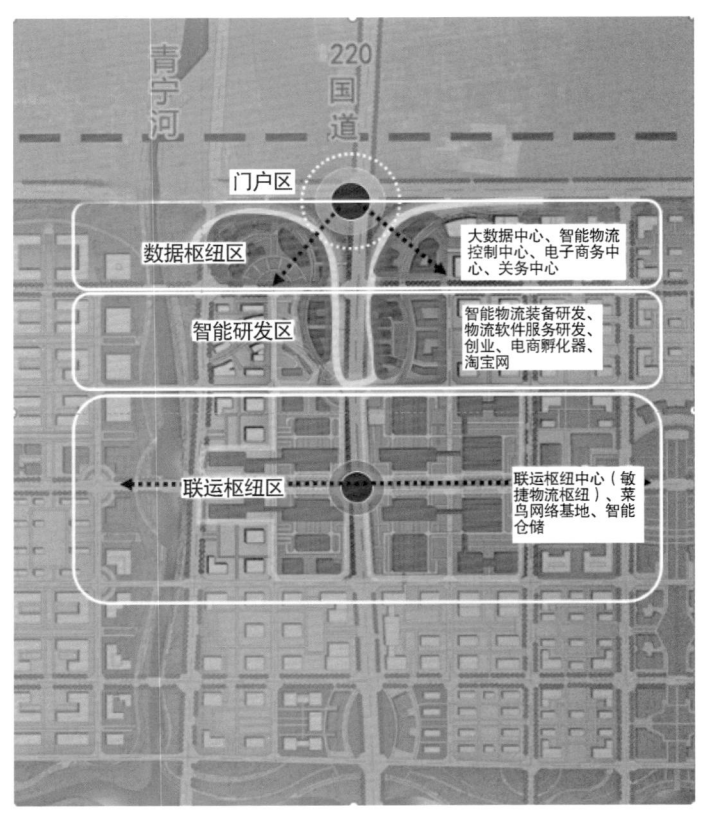

图 9-13 智慧物流区平面功能布局

2. 中国氢谷新能源科创区

1) 氢能产业价值链分析

中国氢谷应该是氢能产业链的研发、实验、技术生产等环节的集聚区。功能模块规划必须建立在对产业价值链环节分析的基础上,这样规划才能适合产业需求,有的放矢。氢能产业链上游环节包括有关原料回收技术、提取技术、催化材料、装置技术,中游环节包括制氢技术、存储技术、运输装置技术、转化技术、材料技术,下游环节包括能源技术、汽车应用技术、催化剂技术等(图9-14)。

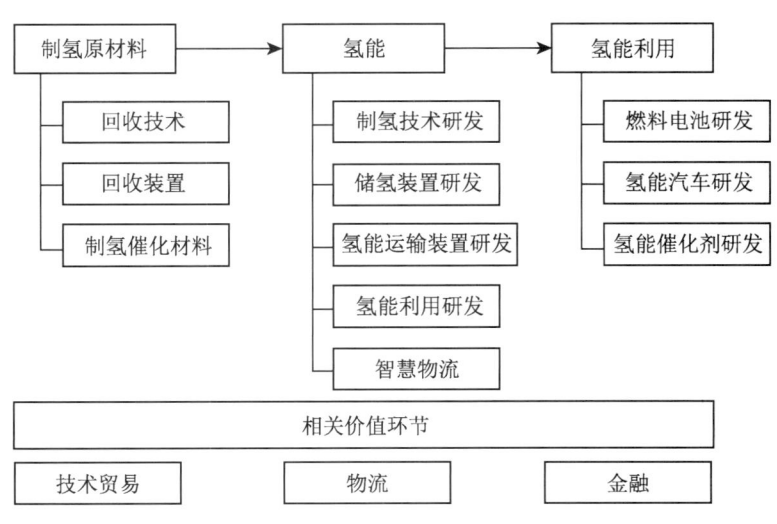

图 9-14 氢能产业价值链

2) 核心功能模块

中国氢谷新能源区的核心功能模块有以下五个：一是科创研究功能模块，子项目有中国氢谷研究院、东旭国际石墨烯创新研究中心、先进材料研究中心等；二是科技运用与转化功能模块，子项目有新能源研究基地、创业基地、孵化基地、科技领袖中心、能源科技服务中心、产学研创新中心（高校研究院、试验中心）、燃料技术中心、氢能装置中心、动力装置基地；三是科技交流与服务功能模块，子项目有国际技术交流中心、氢能源科技馆、公共服务中心；四是中小创企业基地功能模块，子项目有海外高端人才创新中心、青创园、海归苑；五是公共服务功能模块，子项目有人才社区、商业、配套的学校、医院等（图9-15）。

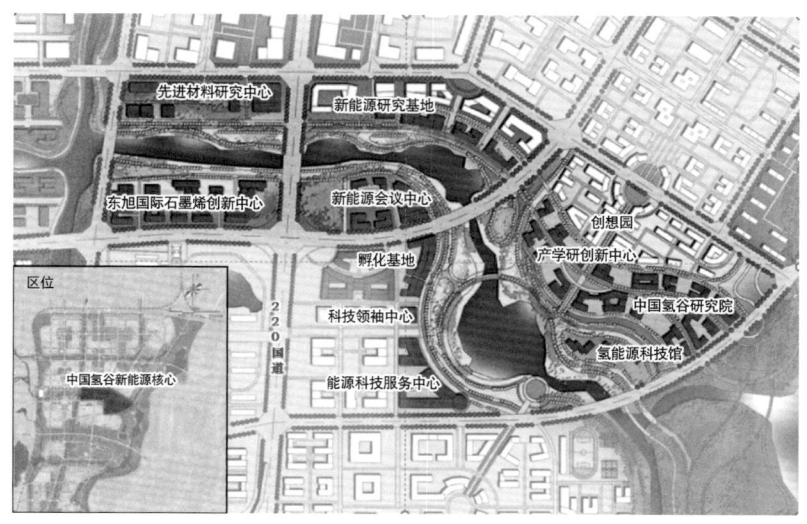

图9-15 中国氢谷新能源区功能项目分布

3) 平面功能布局

核心功能模块围绕蓝绿空间沿东西方向展开，在地块内部东侧，拓宽水面，形成一个人工湖面核心空间，布局氢能源科技馆、科技领袖中心、产学研创新中心和新能源会议中心等技术交流与展示功能（图9-16）。

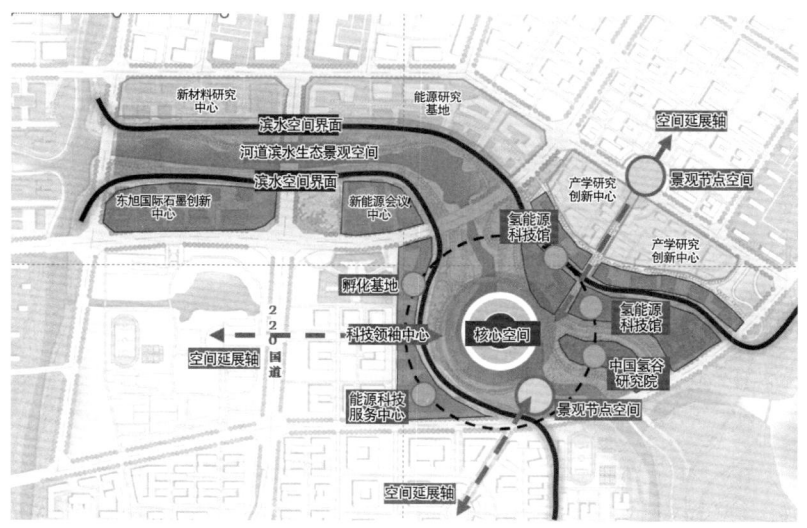

图9-16 中国氢谷新能源区平面功能布局

3. 国际会展博览区

1）核心功能模块

通过对国内外大型国际博览会展中心的分析（表 9-1）发现，国际博览会展中心一般具有会展、商务办公、商业消费、酒店、贸易服务等核心功能，同时会带有文化娱乐、旅游服务和居住等辅助功能。

表 9-1　　　　　　　　　　　国内外大型国际博览会展中心研究

案例研究对象	建筑面积/平方米	展馆面积/平方米	展馆数量/个	展厅尺寸/米×米	会议设施面积/平方米	层数	功能设施配套
苏州国际博览中心	417 000	100 000	8		50 000	2层	会展、金融商务、居住、贸易、酒店、旅游
郑州国际会展中心	227 600	166 800	2（可分割为12个）	330×104	60 800	展馆2层，会议6层	会展、商务办公、餐饮、文娱、旅游
南京国际博览中心	360 000	110 000	9	162×72，138×68		1层	会展、金融商务、居住、酒店
武汉国际博览中心		190 000	12	117×72		1层	会展、科技、文化、商务、休闲旅游、居住、物流中心
杭州奥体博览城	840 000	90 000			18 000	地上5层，地下2层	会展、酒店、商业、写字楼、体育、旅游、居住
成都世纪城会展中心	1 730 000	120 000	17			1层	会展、酒店、文化娱乐、商务办公、居住
中国西部国际博览城	2 650 000	305 000	15	170×70		1层	会展、商务、教育、文化、旅游、居住
广州国际会展中心	1 100 000	381 600	16			3层	会展、商务、文化娱乐、金融、居住、旅游
厦门国际会议会展中心	340 000	100 000	15	81×81		3层	会展、酒店、餐饮、旅游、仓储
新加坡博览中心			多个小型展厅				会展、购物、商务办公、货运
法兰克福展览中心			11				会展、商务、购物、酒店
芝加哥麦考密克会展中心	204 300				56 000		会展、酒店、舞厅、剧院

考虑到本次规划的国际会展博览区规模，规划将以核心功能为主，不在该区内布置辅助性功能。规划的核心功能模块有三个：一是会展博览功能模块，二是会展商务和商业功能模块，三是由会展引发的创新创意产业模块，例如广告创意产业中

心等。规划范围内的功能子项目有国际采购中心、会展博览中心、国际接待中心(国际会务中心)、贸易中心、会展世界城、商务广场、星级酒店、商贸总部、广告创意中心等。

2) 平面功能布局

本次规划将国际会展博览区从西向东分为三个空间：主展区西面布置会展产业集聚区；中部在220国道两侧布局主展区，将其作为会展龙头引领区；在黄河与内河道之间形成与黄河空间衔接的会展综合服务区，更好地利用黄河蓝绿生态空间，布局国际接待中心和黄河会馆等功能设施(图9-17)。

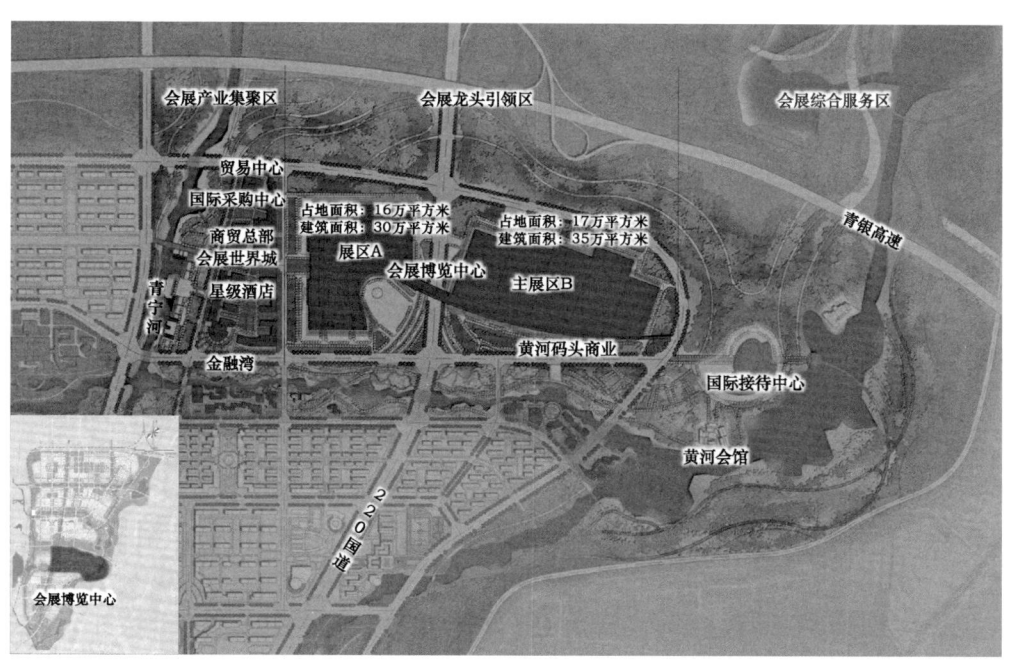

图9-17 国际会展博览区平面功能布局

参 考 文 献

[1] 韦伯.工业区位论[M].李刚剑,译.北京:商务印书馆,1997.
[2] 奥沙利文.城市经济学[M].苏晓燕,常荆莎,朱雅丽,译.4版.北京:中信出版社,2003.
[3] 巴曙松,邢毓静,杨现领.未来20年中国城市化的前景与挑战[J].改革与战略,2010,26(5):79-83.
[4] 霍尔.文明中的城市[M].王志章,译.北京:商务印书馆,2016.
[5] 波特.竞争优势[M].陈小悦,译.北京:华夏出版社,1985.
[6] 波特.国家竞争优势[M].李明轩,邱如美,译.北京:华夏出版社,2002.
[7] 毕秀晶.长三角城市群空间演化研究[D].上海:华东师范大学,2014.
[8] 陈光庭.21世纪中国城市发展的主要趋势[J].北京社会科学,1993(3):4-11.
[9] 陈红霞,李国平.中国生产性服务业集聚的空间特征及经济影响[J].经济地理,2016,36(8):113-119.
[10] 陈红霞.都市圈产业升级与区域结构重塑[M].北京:科学出版社,2018.
[11] 陈强,王浩,敦帅.全球科技创新中心:演化路径、典型模式与经验启示[J].经济体制改革,2020(3):152-159.
[12] 崔鑫.嵌入全球价值链:生产性服务业发展路径选择分析与对策研究[J].前沿,2009(5):53-56.
[13] 大前研一.民族国家的终结:区域经济的兴起[M].李宛蓉,译.台北:立绪文化事业有限公司,1996.
[14] 迪肯.全球性转变:重塑21世纪的全球经济地图[M].刘卫东,译.北京:商务印书馆,2007.
[15] 杜德斌.跨国公司R&D全球化的区位模式研究[M].上海:复旦大学出版社,2001.
[16] 范剑勇.产业集聚与地区间劳动生产率差异[J].经济研究,2006(11):72-81.
[17] 高峰.全球价值链视角下制造业与服务业的互动[J].现代管理科学,2007(1):43-45.
[18] 顾朝林.城市经济区理论与应用[M].长春:吉林科学技术出版社,1991.
[19] 黄少安.现阶段中国政府在开放经济条件下的定位[J].济南大学学报(社会科学版),2018,28(1):8-11.
[20] 金煜,陈钊,陆铭.中国的地区工业集聚:经济地理、新经济地理与经济政策[J].经济研究,2006(4):79-89.
[21] 克鲁格曼.克鲁格曼国际贸易新理论[M].黄胜强,译.北京:中国社会科学出版社,2001.
[22] 李健,宁越敏,石崧.长江三角洲城市化发展与大都市圈圈层重构[J].城市规划学刊,2006(3):16-21.
[23] 李健.全球生产网络与大都市区生产空间组织[M].北京:科学出版社,2011.
[24] 李健.世界城市研究的转型、反思与上海建设世界城市的探讨[J].城市规划学刊,2011(3):20-26.
[25] 刘军,徐康宁.中国工业聚集的历史研究[J].东南大学学报(哲学社会科学版),2009(5):54-58.

[26] 刘鹤.加快构建以国内大循环为主体、国内国际双循环相互促进的新发展格局[N].人民日报,2020-11-25(6).

[27] 刘鹤.两次全球大危机的比较研究[M].北京:中国经济出版社,2013.

[28] 刘志彪,陈柳.长三角区域一体化发展的示范价值与动力机制[J].改革,2018(12):65-71.

[29] 卢锋.产品内分工[J].经济学,2004,4(1):55-82.

[30] 路江涌,陶志刚.我国制造业区域集聚程度决定因素的研究[J].经济学,2007(4):801-816.

[31] 罗翔.从城市更新到城市复兴:规划理念与国际经验[J].规划师,2013,29(5):11-16.

[32] 罗勇.产业集聚、经济增长与区域差距:基于中国的实证[M].北京:中国社会科学出版社,2007.

[33] 吕拉昌.全球城市理论与中国的国际城市建设[J].地理科学,2007,27(4):449-456.

[34] 马嘉楠,周振华.地方政府财政科技补贴、企业创新投入与区域创新活力[J].上海经济研究,2018(2):53-60,99.

[35] 第亚尼.非物质社会:后工业世界的设计、文化与技术[M].滕守尧,译.成都:四川人民出版社,1998.

[36] 马歇尔.经济学原理[M].廉运杰,译.北京:华夏出版社,2005.

[37] 毛佳樑,王剑.站在新起点,谋求新发展:黄浦江两岸综合开发建设的回顾与展望[J].上海城市规划,2011(4):10-13.

[38] 宁越敏,石崧.从劳动空间分工到大都市区空间组织[M].北京:科学出版社,2011.

[39] 康纳.超级版图:全球供应链、超级城市与新商业文明的崛起[M].北京:中信出版社,2016.

[40] 芮明杰,赵小芸.产业发展与结构转型研究:基于价值链重构:上海生产性服务业与先进制造业动态匹配研究[M].上海:上海财经大学出版社,2012.

[41] 上海市规划和国土资源管理局.上海2035:迈向卓越的全球城市[M].上海:上海科学技术出版社,2018.

[42] 史云贵,刘晓君.绿色治理:走向公园城市的理性路径[J].四川大学学报(哲学社会科学版),2019(3):38-44.

[43] 史修松.高技术产业集聚与区域创新效率研究:基于中国省级样本的检验[D].南京:东南大学,2008.

[44] 施振荣.微笑曲线:缔造永续企业的王道[M].上海:复旦大学出版社,2014.

[45] 沈金箴,周一星.世界城市的涵义及其对中国城市发展的启示[J].城市问题,2003(3):13-16.

[46] 沈坤荣,李剑.中国贸易发展与经济增长影响机制的经验研究[J].经济研究,2003(5):32-40,56.

[47] 苏东水.产业经济学[M].北京:高等教育出版社,2005.

[48] 苏涛永,张亮亮,赵鑫.制造业与物流业耦合对制造企业生产率的影响:基于产业共生视角[J].工业工程与管理,2020,25(3):42-49.

[49] 王宝平,徐伟.城市网络:价值生产的空间组织[M].北京:科学出版社,2017.

[50] 汪德根,章鋆.高速铁路对长三角地区都市圈可达性影响[J].经济地理,2015,35(2):54-61,53.

[51] 王缉宪.高速铁路影响城市与区域发展的机理[J].国际城市规划,2011,226(6):1-5.

[52] 吴泓,林竞君,陈修颖,等.长三角旅游一体化研究[J].科学发展,2009(9):60-78.

[53] 吴志强,郑迪,邓弘.大都市战略空间制胜要素的迭代[J].城市规划学刊,2020(5):9-17.

[54] 肖林,周国平.卓越的全球城市:不确定未来中的战略与治理[M].上海:格致出版社,上海人民出版社,2017.

[55] 肖林.建设面向未来的具有影响力的全球城市[J].科学发展,2015(12):5-8.

[56] 肖林,周国平,钱智,等."十三五"时期上海经济社会发展重点难点问题研究[J].科学发展,2015(1):46-57.

[57] 谢守红.经济全球化与世界城市的形成[J].外国经济与管理,2002,24(4):8-12.

[58] 熊彼特.经济发展理论[M].何畏,易家详,译.北京:商务印书馆,2020.

[59] 徐鹏杰,黄少安.我国区域创新发展能力差异研究:基于政府与市场的视角[J].财经科学,2020(2):79-91.

[60] 雅各布斯.城市经济[M].项婷婷,译.北京:中信出版社,2018.

[61] 杨蕙馨,纪玉俊,吕萍.产业链纵向关系与分工制度安排的选择及整合[J].中国工业经济,2007(9):14-22.

[62] 杨锐,张洁,芮明杰.基于主体属性差异的生产性服务网络形成及双重结构[J].中国工业经济,2011(3):139-148.

[63] 易千枫,张京祥.全球城市区域及其发展策略[J].国际城市规划,2007,22(5):65-69.

[64] 文玫.中国工业在区域上的重新定位和聚集[J].经济研究,2004(2):84-94.

[65] 吴福象.经济全球化中制造业垂直分离的研究[J].财经科学,2005(3):113-120.

[66] 张健.城市空间战略平台构建:以邢台为例[M].上海:同济大学出版社,2020.

[67] 张健.城市空间与城市设计:公共空间引领的城市设计[M].北京:清华大学出版社,2016.

[68] 张健,苏涛永,孙晨语,等.城市网络研究脉络及其演进趋势:基于CiteSpace的可视化分析[J].经济问题探索,2019(5):97-106.

[69] 张京祥.城镇群体空间组合[M].南京:东南大学出版社,2000.

[70] 郑伯红.现代世界城市网络化模式研究[D].上海:华东师范大学,2003.

[71] 中共中央,国务院.中共中央 国务院对《北京城市总体规划(2016年—2035年)》的批复[A/OL].(2017-09-13)[2017-09-27].http://www.gov.cn/zhengce/2017-09/27/content_5227992.htm.

[72] 中共中央,国务院.中共中央 国务院印发《长江三角洲区域一体化发展规划纲要》[A/OL].[2019-12-01].http://www.gov.cn/zhengce/2019-12/01/content_5457442.htm.

[73] 中共中央,国务院.中共中央 国务院印发《粤港澳大湾区发展规划纲要》[A/OL].[2019-02-18].http://www.gov.cn/zhengce/2019-02/18/content_5366593.htm#1.

[74] 中共中央,国务院.北京通过贯彻《京津冀协同发展规划纲要》的意见[A/OL].(2015-07-11)[2015-07-12].http://www.gov.cn/xinwen/2015-07/12/content_2895589.htm.

[75] 中共河北省委,河北省人民政府.河北雄安新区规划纲要[A/OL].(2018-04-21)[2018-04-21].http://www.gov.cn/xinwen/2018-04/21/content_5284800.htm.

[76] 上海市规划和国土资源管理局.上海市城市总体规划(2017—2035年)[A/OL].http://www.shanghai.gov.cn/newshanghai/xxgkfj/2035004.pdf.

[77] 周振华,韩汉君.流量经济及其理论体系[J].上海经济研究,2002(1):21-31.

[78] 周振华.全球城市区域:全球城市发展的地域空间基础[J].天津社会科学,2007(1):67-71,79.

[79] 周振华.如何把握和开展面向未来30年的上海发展战略研究[J].科学发展,2014(6):94-98.

[80] BAUTISTA A D. Agglomeration economies, economic growth and the new economic geography in Mexico[J]. EconoQuantum, 2005, 1(2): 57-79.

[81] BRULHART M, MATHYS N A. Sectoral agglomeration economies in a panel of European regions[J]. Regional Science and Urban Economics, 2008, 38(4): 348-362.

[82] CAMAGNI R, CAPELLO R. The city network paradigm: Theory and empirical evidence[M]//CAPELLO R, NIJKAMP P. Urban Dynamics and Growth: Advances in Urban Economics. Netherlands: Elsevier B. V., 2004: 495-529.

[83] CARLIND G A, CHATTERJEE S, HUNT R M. Urban density and the rate of invention[J]. Journal of Urban Economics, 2007(61): 389-419.

[84] CASTELLS M. The Rise of Network Society[M]. Oxford: Wiley-Blackwell, 1996.

[85] CHAPMAN K, WALKER D F. Approaches to the study of industrial location[M]//HARRINGTON J W, WARF B. Industrial Location. 2nd ed. Oxford: Basil Blackwell, 1991.

[86] DICKEN P. Global Shift: Reshaping the Global Economic Map in the 21st Century[M]. 4th ed. London: Sage.

[87] DIXIT A K, STIGLITZ J E. Monopolistic competition and optimum product diversity[J]. The American Economic Review, 1977, 67(3): 297-308.

[88] ELLISON G, GLAESER E. The geographic concentration of industry, does natural advantage explain agglomeration? [J]. American Economic Review, 1999, 89(2): 311-316.

[89] FRIEDMANN J. The world city hypothesis[J]. Development and Change, 1986(17): 69-83.

[90] FRIEDMANN J. Where we stand: A decade of world city research[M]//KNOX P L, TAYLOR P J. World Cities in a World System. Cambridge: Cambridge University Press, 1995: 21-47.

[91] FUJITA M, THISSE J F. Economics of Agglomeration: Cities, Industrial Location, and Regional Growth[M]. Cambridge: Cambridge University Press, 2002.

[92] GEREFFI G, HUMPHREY J, STURGEON T. The governance of global value chains[J]. Review International Political Economy, 2005(2): 78-104.

[93] GEREFFI G, KORZENIEWICZ M. Commodity chains and global capitalism[J]. Contemporary Sociology, 1995, 24(3): 348-349.

[94] GLAESER E, KOHLHASE J. Cities, regions and the decline of transport costs[J]. Regional Science, 2004, 83(1): 197-228.

[95] GOODMAN A C. Hedonic prices, price indices and housing markets[J]. Jouranl of Urban Economics, 1978(5): 471-484.

[96] HALL P. The World Cities[M]. 3rd ed. London: Weidenfeld and Nicolson, 1966.

[97] HOLMES T. Localization of industry and vertical disintegration[J]. Review of Economics and Statistics, 1999, 81(2): 314-325.

[98] HUMPHREY J, SCHMITZ H. Developing country firms in the world economy: Governance and upgrading in global value chains[J]. INEF, Report, 2002: 1-35.

[99] HUMPHREY J, SCHMITZ H. Governance and upgrading: Linking industrial cluster and GVC research[J]. IDS Working Paper, 2000(120): 1-37.

[100] JACOBS J. The Economy of Cities[M]. New York: Vintage, 1969.

[101] KAPLINSKY R. Spreading the gains from globalization: What can be learned from value chain analysis? [J]. Problems of Economic Transition, 2004, 47(2): 74-115.

[102] KAPLINSKY R, MORRIS M. A Handbook for Value Chain Research[M]. Brighton: IDS, 2001.

[103] KRUGMAN P. Geography and Trade[M]. Cambridge: MIT Press, 1991.

[104] KRUGMAN P. Increasing returns and economic geography[J]. Journal of Political Economy, 1991, 99(3): 483-499.

[105] MARTIN P, OTTAVIANO G I P. Growth and agglomeration[J]. International Economic Review, 2001, 42(4): 947-968.

[106] MARTINEZ-GALARRAGA J, PALUZIE E, PONS J, et al. Agglomeration and labour productivity in Spain over the long term[J]. Cliometrica, 2008(2): 195-212.

[107] RICHARD E. A case study on heritage protection, tourism growth and community prosperity [J]. World Heritages, 2014(7): 126.

[108] ROSENTHAL S, STRANGE W. The determinants of agglomeration[J]. Journal of Urban Economics, 2001(50): 191-229.

[109] SASSEN S. The Global City: New York, London, Tokyo[M]. Princeton: Princeton University Press, 1991.

[110] SCOTT A J. Global City-Regions: Trends, Theory, Policy[M]. Oxford: Oxford University Press, 2002.

[111] SCOTT A J. Metropolis: From the Division of Labor to Urban Form[M]. Berkeley: University of California Press, 1988.

[112] SMILOR R, DONNELL N O, STEIN G, et al. The research university and the development of high-technology centers in the United States[J]. Economic Development Quarterly, 2007, 21(3): 203-222.

[113] STORPER M, VENABLES J. Buzz: face-to-face contact and the urban economy[J]. Journal of Economic Geography, 2004, 4(4): 351-370.

[114] STURGEON T, BIESEBROECK J, GEREFF G. Value chains, networks and clusters: Reframing the global automotive industry[J]. Journal of Economic Geography, 2008(8): 297-321.

[115] TAYLOR P J. Specification of the world city network[J]. Geographical Analysis, 2001, 33(2): 181-194.

[116] TAYLOR P J. World Cities Network: A Global Urban Analysis[M]. London: Routledge, 2004.

[117] TAYLOR P J, WALKER D R F. World cities: A first multivariate analysis of their service complexes[J]. Urban Studies, 2001, 38(1): 23-47.

[118] VENABLES A J. Equilibrium locations of vertically linked industries[J]. International Economic Review, 1996(37): 341-360.

[119] WOOD G A, PARR J B. Transaction costs, agglomeration economies, and industrial location [J]. Growth and Change, 2005, 36(1): 1-15.

[120] YOUTIE J, SHAPIRA P. Building an innovation hub: A case study of the transformation of university roles in regional technological and economic development[J]. Research Policy, 2008, 37(8): 1188-1204.